十四五

高等学校创新性数智化应用型经济管理规划教材（会计系列）

总主编 / 李雪　　主审 / 徐国君

非营利组织会计

李雪◎主编

闫婷婷　张玲◎副主编

立信会计出版社
LIXIN ACCOUNTING PUBLISHING HOUSE

图书在版编目(CIP)数据

非营利组织会计/李雪主编.--上海:立信会计
出版社,2025.7.--("十四五"高等学校创新性数智
化应用型经济管理规划教材). -- ISBN 978-7-5429
-7981-0

Ⅰ.F235

中国国家版本馆 CIP 数据核字第 2025SL6535 号

策划编辑　　方士华
责任编辑　　孙　勇
助理编辑　　刘大伟
美术编辑　　吴博闻

非营利组织会计
FEIYINGLI ZUZHI KUAIJI

出版发行	立信会计出版社			
地　　址	上海市中山西路 2230 号	邮政编码	200235	
电　　话	(021)64411389	传　真	(021)64411325	
网　　址	www.lixinaph.com	电子邮箱	lixinaph2019@126.com	
网上书店	http://lixin.jd.com	http://lxkjcbs.tmall.com		
经　　销	各地新华书店			
印　　刷	上海华业装潢印刷有限公司			
开　　本	787 毫米×1092 毫米　　1/16			
印　　张	17.5			
字　　数	332 千字			
版　　次	2025 年 7 月第 1 版			
印　　次	2025 年 7 月第 1 次			
书　　号	ISBN 978-7-5429-7981-0/F			
定　　价	49.00 元			

如有印订差错,请与本社联系调换

总　序

　　教材是高校实现人才培养目标的重要载体,教材及教材建设对高校发展具有举足轻重的作用。与培养模式相对应的教材是培养合格人才的基本保证,是实现培养目标的重要工具。由于历史的原因,在财经类教材的出版方面,相关出版社出版研究型本科或者高职高专、中等职业等层次的教材较多,出版应用型本科教材较少。虽然近年来一些应用型本科教材也陆续出版,但总体而言,这些教材还是缺乏权威性、普适性、实用性、创新性。造成这种状况的原因主要在于:出版社对财经类应用型本科教材的出版还不够重视,没有进行有效的组织;财经类应用型本科院校多为新建院校,教材建设相对滞后,主观上也较愿意使用研究型本科教材;在教材使用中存在比较严重的混用现象,教材目标读者群不明确,如不少教材既适用于研究型本科院校又适用于应用型本科院校,或者既适用于本科院校又适用于高职高专院校。

　　由于目前财经类应用型本科教材种类和数量匮乏或质量欠佳,财经类应用型本科院校不得不沿用传统研究型教材。这些教材本身的质量很好、级别很高,但是并不适用于应用型本科院校的教学,教师和学生普遍反映不好用。即使从全国范围看,相对成套、成熟的适合财经类应用型本科院校的教材也较为缺乏。现有教材存在的主要问题包括:①教材的定位和要求过高;②教材的内容偏多、难度偏大;③教材着重于理论解释,相关案例、实训等内容较少,缺乏普适性、实用性。

　　与此同时,信息技术的快速发展使学生的学习习惯和阅读习惯发生了改变,不断朝个性化、自主学习的方向发展,传统的单一纸质教材已经无法适应这种变化。翻转课堂、慕课、微课等网络课程的兴起,混合式教学的不断推进,也对立体化教材建设提出了新的要求。教材作为一种课堂上的教学工具、一种传播媒介,理应顺势而为,随课堂形式、学生学习方式的改变而改变,朝着数字化、立体化、可视化的方向发展。因此,我们认为需要编写适应学生水平、便于学生接受的立体化财经类应用型本科教材。

我们组织具有多年应用型人才培养经验的优秀教师和实务界专家编写了这套高等学校创新性数智化应用型经济管理规划系列(会计系列)教材。本系列教材有《会计基本技能》《出纳实务》《基础会计》《中级财务会计》《成本会计》《管理会计》《会计信息系统》《财务管理》《审计学》《高级财务会计》《商业分析》《税法》《经济法》《金融学》《非营利组织会计》等品种。为了保证教材的质量,本系列教材聘请了知名高校的专家教授进行专门指导和审核。每本教材至少有一名本学科的知名专家或学科带头人提出审核指导意见,至少有一名高等院校教学一线的高级职称教师组织编写,至少有一名行业协会、实务界专家或教学研究机构人员提出编写建议。

本系列教材的特色如下。

1. 应用性

应用型本科的教材建设应坚持培养应用型本科人才的定位,充分吸收和借鉴传统的普通本科教材与高职高专类教材建设的优点和经验,以就业为导向,做到理论上高于高职高专类教材,动手能力的培养上高于传统的本科院校教材。本系列教材坚持了应用型本科的定位,体现了素质教育和"以学生发展为本"的教育理念,遵循了高等教育教学的基本规律,重视知识、能力和素质的协调发展,根据应用型人才培养模式,对学生的创新精神、实践能力和适应能力提出了要求。教材在内容选材、教学方法、学习方法、实验和实训配套等方面突出了应用性特征。

2. 针对性

本系列教材的编写符合会计学、财务管理和审计学等专业的培养目标、培养需求、业务规格和教学大纲,与各专业的课程结构和课程设置相对应,与课程平台和课程模块相对应。教材在结构纵横的布局、内容重点的选取、示例习题的设计等方面符合教改目标和教学大纲的要求,把教师的备课、试讲、授课、辅导答疑等教学环节有机地结合起来。

3. 立体化

本系列教材为立体化教材,实现了由传统纸质教材向"纸质教材+数字资源"的转变,通过技术手段将晦涩难懂的理论知识转变为直观的具体知识。教材以立体化、数字化的方式呈现,包括图文、动画、音频、视频等多种形式,生动、有趣且易懂,不仅可以激发学生的学习兴趣,还有利于教学效果的提升。

4. 趣味性

本系列教材注重趣味性,使用了大量的例题和案例,每章都加入了"思政育人""相关思考""延伸阅读"等内容,使读者能够加深理解,便于掌握相关内容。教材在案例、例题等的设计选用上重点突出趣味性,易于引发读者的共鸣。

5. 先进性

本系列教材既能反映应用型会计人才教育教学改革的内容,又能反映学科领域的新发展,教材的整体规划、每一种教材的内容构建等均体现了创新性,还强调了系列配套,包括了教材、学习参考书、教学课件等。立体化教材在内容修订上更具有明显优势,线上资源可以随时根据政策法规、理论知识或工作实务等的变化进行调整,更有利于保持教材内容的先进性。

6. 基础性

本系列教材将打破传统教材自身知识框架的封闭性,尝试多方面知识的融会贯通,注重知识层次的递进,体现每一门科目的基本内容,同时在具体内容上突出实际运用能力,做到"教师易教,学生乐学,技能实用"。

7. 易于自学

自学能力是大学生的一项基本能力。学生只有具备了自主学习的能力,才能最终建立起终身学习的保障体系,这也是应用型本科人才培养的客观要求。应用技术型高校的生源素质与普通高校相比存在一定的差距,其生源除了一部分是高考发挥失误的学生,还有一部分是在学习习惯、基础知识等方面存在一定欠缺的学生。这就要求教材能够调动这部分学生的学习积极性,做到在理论方面尽量通俗易懂,在实践方面尽量采用案例式教学。为了有利于学生课后自主学习,本系列教材配套了学习指导书和教学课件。

因此,本系列教材的定位准确,特色明显,适用于应用型本科院校教学,容易得到学生和市场的认可,便于学生自学和教师教学。

高等学校创新性数智化应用型经济管理规划教材(会计系列)凝聚了众多领导、教授和专家多年来的经验和心血。当然,由于我们的经验和人力有限,本系列教材难免存在不足,我们期待着各位同行、专家和读者的批评指正。我们将伴随着经济发展和会计环境的变迁不断修订教材,以便及时反映学科的最新发展和人才培养的最新变化。

　　本系列教材自 2014 年出版后,得到市场的认可,深受广大高校师生的欢迎。为了更好地回馈读者,本系列教材从 2017 年启动第二版的修订工作,2019 年启动第三版的修订工作,2021 年启动第四版的修订工作。本系列教材的修订版将陆续出版。我们会一如既往地做好教材修订和相关服务工作,希望广大读者对本套系列教材继续给予支持。

李　雪

2024 年 1 月

前　言

　　《非营利组织会计》为高等学校创新性数智化应用型经济管理系列教材（会计系列）之一，具有应用性、针对性、先进性、基础性、易自学性的特点。本书在充分吸收和借鉴了传统普通本科教材、高职高专教材的建设优点和经验的基础上，以就业为导向编写，做到理论学习上高于传统高职高专教材，实践能力培养上高于传统普通本科教材。

　　"非营利组织会计"是会计学专业的专业课程之一。本书以非营利组织为主体，系统地介绍了非营利组织会计的基本理论、基本方法和实务操作技能等内容。本书在编写时注重学生的学习习惯和需求，遵循由浅入深、循序渐进和注重实务的编写原则，紧密结合最新法律、法规及相关准则规定，以2026年1月1日施行的《民间非营利组织会计制度》为依据，围绕应用型人才培养目标，以"以人为本、价值引领、能力导向"为教学准则，强调理论联系实际，注重案例教学，突出实务性和操作性，旨在培养学生的实践能力和职业素养。在内容编排上，本书通过设置清晰的学习目标、引入生动的引导案例、提供深入的思考分析以及丰富的图表资料等多种形式，帮助学生更好地理解和掌握重点知识。同时，本书以纸质教材为核心，结合学科课程特点，构建了多媒介、多形态、多用途、多层次的教学资源体系，形成了立体化的教材内容集合。本书兼具实用性与创新性，充分体现了以学生为中心的教学理念，致力于为学生提供全面、系统的学习支持，助力学生成长为适应社会需求的高素质应用型人才。

　　本书既可作为普通高等教育经济管理类专业教材，又可作为相关专业人员的参考书。

　　本书的特点如下：

　　（1）内容新颖，通俗易懂。本书结合最新的相关会计制度，用简明的语言、大量的图表和例题介绍非营利组织会计理论和应用，深入浅出，符合初学者的需要。

　　（2）突出案例，应用性强。本书设置了思政育人案例和专业知识案例，既包括经典案例，又融入最新行业动态，通过涵盖不同场景和难度层次的案例，增强读者的理解能力和应用能力。

（3）注重实操，实用性强。本书结合我国非营利组织的实际情况，每部分内容尽量通过例题加以说明，通过实务操作和综合训练，帮助读者将理论知识转化为解决实际问题的能力。

（4）内容翔实，体系完整。本书注重各门学科之间的联系和区别，突出非营利组织会计的完整理论体系。每章设置"思政育人""延伸阅读""相关思考"等模块，内容丰富。

（5）立体化特色鲜明。本书配备了丰富的立体化资料，包括针对重难点的配套课件及相关拓展内容等，以二维码形式嵌入书中，读者可扫码获取大量的多媒体学习资源，有助于读者自主学习。

本书的具体分工如下：本书由李雪任主编，闫婷婷、张玲任副主编，张燕、许琪、严贝、王婉珩参与编写。具体分工如下：第一章总论（李雪、张玲），第二章资产（闫婷婷），第三章负债（张燕），第四章净资产（张玲），第五章收入（许琪），第六章费用（严贝），第七章年终清理结算和财务会计报告（闫婷婷），第八章特殊交易或事项的会计处理（王婉珩）。

本书在编写的过程中参考了大量相关教材和论著，在此向有关作者致以深深的谢意！

本书的编写先后经过多次讨论研究，力求内容编排合理、避免错误，但本书难免存在考虑不周、表达不妥当的地方，敬请读者批评指正，以便再版时修订和完善。

编　者

2025 年 6 月

目　录

第一章 总 论

内容提要

本章主要讲解非营利组织的概念、组织形式及基本特征;非营利组织会计的概念及特点;非营利组织会计核算的基本理论,包括会计要素的定义及会计科目的设置。

重点难点

本章重点为非营利组织的基本理论,包括非营利组织的概念、组织形式及基本特征以及非营利组织会计的概念及特点;难点为非营利组织会计核算的基本理论。

学习目标

通过本章学习,学生应掌握非营利组织会计的概念与特点以及非营利组织会计核算的基本理论;熟悉非营利组织会计的规范,包括一般会计规范和特殊交易或事项的会计规范;了解非营利组织的概念、组织形式及基本特征。

知识框架

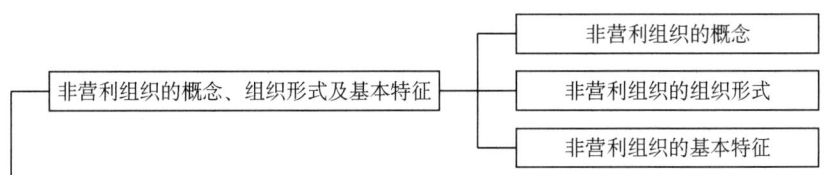

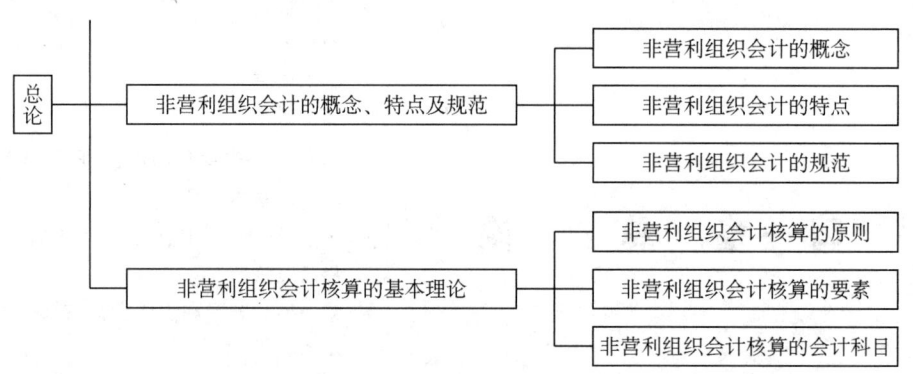

思政育人　　"三坚三守"开启中国会计职业道德新篇章

良好的职业道德是会计人员的立身之本,也是会计行业的立业之魂。财政部于2023年1月发布《会计人员职业道德规范》,其主要内容为"三坚三守",即坚持诚信,守法奉公;坚持准则,守责敬业;坚持学习,守正创新。坚持会计职业道德,做好"三坚三守",就是筑牢会计职业道德的长城。中国现代会计之父潘序伦先生曾言"立信,乃会计之本,没有信用,也就没有会计。"他创办的上海立信会计金融学院的校训为:"信以立志,信以守身,信以处世,信以待人,毋忘立信,当必有成"。从中可见"信"对于会计之重要。作为会计人,我们要做的就是守信。坚持诚信是一种内在素质的体现,是德性伦理的体现,是人格操守的体现。坚持诚信、守法奉公,需要会计人既讲德性伦理,又遵守规范伦理,需要会计人内外兼修,在提高自身素质与修养的基础上,遵守法律法规,遵从规范伦理。坚持准则,守责敬业。不做假账,是坚持准则的具体表现,是守责敬业的基本标准,是在遵循规范伦理的基础上体现出的内在素质与德性伦理的完美结合。通过守责敬业,实现自身价值;通过承担社会责任,得到社会公众的认可。经济越发展,会计越重要。随着信息社会和人工智能的发展,数字经济与数字化转型已成必然之势。会计人要想生存发展乃至锐意进取,必须坚持学习。我们既要学习德性伦理,提高自身综合素质,形成会计职业的凝聚力和向心力,树立会计职业的正面形象;又要学习规范伦理、法律法规,遵守准则,提高专业技能,做到内外兼修。客观公正是会计行业的精神支柱和灵魂,会计人守正,要透过现象看本质,不被表面现象所迷惑,对现象进行客观分析后用数字说话。唯有不断进取学习,在学习中创新,在创新中坚持客观公正,才能勇立潮头。

资料来源:杨良成,杨明."三坚三守"开启中国会计职业道德新篇章[EB/OL]. (2024-10-12)[2024-11-24]. http://www.ctaxnews.com.cn/2024-10/12/content_1038840.html.

【思政寄语】

党的二十大报告中指出"高质量发展是全面建设社会主义现代化国家的首要任务",会计工作作为宏观经济管理和市场资源配置的基础性工作,肩负着重要使命。

对于非营利组织会计而言,其要求具有鲜明的针对性与特殊性。一方面,要高度聚焦信息的透明度与公信力建设。非营利组织的资金多源于捐赠、政府资助与社会公益投入,会计必须如实反映资金的收支明细、项目执行成本以及资产负债状况,确保每一笔资金的流向清晰可查,通过规范的财务报告向社会各界展示组织的财务运作全貌,增强捐赠者与公众的信任。另一方面,强化预算管理与成本效益核算。依据非营利组织的公益项目目标与计划,精心编制预算并严格执行监控,杜绝资源浪费与不合理支出,以有限的资源实现最大化的社会公益效益。此外,严格遵循相关法律法规与会计准则,在会计核算、税务处理以及审计监督等环节保持合规性,保障非营利组织的财务活动合法有序开展,为其在社会公益领域持续发挥积极影响力奠定坚实的财务基础,推动非营利组织与整个社会的高质量协同发展。

第一节 │ 非营利组织的概念、组织形式及基本特征

一、非营利组织的概念

非营利组织是指兼具民间性、公益性、非营利性,且独立于政府与营利组织之外的社会组织。非营利组织存在的目的主要是提供服务、推动公益事业发展等,而不是追求将利润分配给所有者或成员。但非营利组织可以通过提供服务或生产产品来获得有偿报酬,只是这些收入不能用于个人分红,而应继续用于公益事业或组织使命的达成。

非营利组织是为社会提供政府和企业难以充分提供或不便提供的服务的组织,是除第一部门(政府组织)和第二部门(营利组织,一般指企业)之外的第三部门(除政府组织和营利组织之外的一切社会组织)。由于公立的非营利组织被纳入政府会计核算范畴,我国的非营利组织一般是指民间非营利组织。

二、非营利组织的组织形式

非营利组织包括依照国家法律、行政法规登记的社会团体、基金会、社会服务机构、宗教活动场所、国际性社会团体、外国商会和境外非政府组织在中国境内依法登记设立的代表机构等组织。

(一)社会团体

社会团体是指由中国公民自愿组成,为实现会员共同意愿,按照其章程开展活动的非营利性社会组织,如中国会计学会、机动车驾驶员协会等,会费收入是其主要业务活动收入。

(二)基金会

根据我国《基金会管理条例》规定,基金会是指利用自然人、法人或者其他组织捐赠的财产,以从事公益事业为目的,按照本条例的规定成立的非营利性法人。基金会的性质属于非营利性法人,应当为特定的公益目的而设立。基金会的章程必

二维码 1-1
如何选择适
合非营利组
织的组织形
式

须明确基金会的公益性质,不得规定使特定自然人、法人或者其他组织受益的内容。基金会的财产及其他收入受法律保护,任何单位和个人不得私分、侵占、挪用。基金会注销后的剩余财产应当按照章程的规定用于公益目的;无法按照章程规定处理的,由登记管理机关组织捐赠给与基金会性质、宗旨相同的社会公益组织,如宋庆龄基金会等。

(三)社会服务机构

非营利组织中的社会服务机构通常包括以下多种类型:从事科学、教育、文艺、卫生、体育等科学文化类的非企业单位,如民办医院诊所、民办学校、民办剧团、各类体育俱乐部、民办各类学科研究所等;从事各种社会救济的非企业单位,如民办孤儿院、民办养老院等;从事民间公证鉴定、法律服务、咨询服务等社会性服务的中介组织,如商务咨询所、法律服务所等。

(四)宗教活动场所

寺院、宫观、教堂是由有宗教信仰和热心宗教事务的人在国家支持下兴办的开展宗教活动的场所,主要包括佛教的寺院、道教的宫观、伊斯兰教的清真寺和基督教的教堂等。

2026年1月1日开始施行的《民间非营利组织会计制度》将寺院、宫观、清真寺、教堂统一表述为宗教活动场所。它增加了国际性社会团体、外国商会和境外非政府组织在中国境内依法登记设立的代表机构等民间非营利组织。

三、非营利组织的基本特征

(一)为公益目的或者其他非营利目的成立

非营利组织不以营利为目的,这是非营利组织与营利性企业之间的本质区别。非营利组织的设立和业务活动的最终目标在于为社会提供公益性服务,并不追求利润的实现。

(二)资源提供者向该组织投入资源不取得经济回报

非营利组织设立后,其财务资源是由社会其他组织或个人通过捐赠等方式提供的,资源提供者不得以取得经济回报为目的,非营利组织也不能以任何形式给予资源提供者经济回报。

(三)资源提供者对该组织的财产不保留或享有任何财产权利

非营利组织的资源提供者不能因为提供了财务资源而享有组织的所有权,非营利组织的所有权属于社会公众。如果非营利组织因终止服务而进行清算,剩余财产只能交给政府或其他非营利组织,使其继续服务于社会公益事业。

延伸阅读1-1

非营利组织会计信息的多元价值

非营利组织会计信息具有多方面的重要价值。对内而言,它有助于组织的高效管理与决策。管理者可依据准确的会计信息,如收入、费用的明细数据,了解各项目或业务活动的成本效益,合理规划资源分配,决定是否继续投入或调整项目方向,从而提升组织运营效率,更好地实现公益使命。对外而言,非营利组织会计信息对捐赠者意义重大。捐赠者通过财务报表等信息,能清楚知晓所捐资金的去向和使用效果,评估组织的财务管理能力和公信力,进而决定是否持续捐赠以及捐赠的规模,为非营利组织的资金筹集提供有力支持。对于政府监管部门而言,会计信息是其进行监督管理的重要依据。监管部门可借此审查非营利组织是否合规运营,资金使用是否符合法律法规和政策要求,从而确保公共资源及社会捐赠得到妥善运用,维护社会公益事业的健康发展。此外,社会公众也关注非营利组织的会计信息。透明、可靠的会计信息能够增强公众对组织的信任,提升组织的社会形象和影响力,促进组织在社会公益生态中更好地发挥作用,推动社会和谐发展。总之,非营利组织的会计信息在不同层面都发挥着不可或缺的作用,是组织可持续发展和社会公益事业进步的重要保障。

相关思考1-1

非营利组织会计目标有何不同

非营利组织有着独特的会计目标,它聚焦于公共服务与资源受托责任,与企业追求利润最大化有着很大的区别。这要求非营利组织会计信息不仅准确反映组织的财务状况,更要体现组织的公益成效与资源运用的合理性。首先,从会计主体角度看,非营利组织类型多样,涵盖慈善机构、社团等,不同主体在资金来源、运营模式上差异显著,相应的会计核算需精准适配。例如,慈善基金会的捐赠收入管理与会员制社团的会费核算重点截然不同。其次,会计环境对非营利组织会计影响深远。政策法规不断变化,如税收优惠政策调整会直接冲击会计处理与资金流向,而社会公众关注度提高,促使非营利组织会计信息披露走向透明化与精细化。思考这些方面有助于深刻理解非营利组织会计的复杂性与重要性,为后续深入研究与实践提供清晰的思维脉络与方向指引。

第二节 非营利组织会计的概念、特点及规范

一、非营利组织会计的概念

非营利组织会计是以非营利组织的基本业务活动和其他业务活动为对象,核算、反映和监督非营利组织经济活动过程及其结果的专业会计。

二、非营利组织会计的特点

（一）不进行利润核算

非营利组织是不以营利为目的和宗旨的团体，其在会计制度设计上，没有利润类会计科目。

（二）不进行所有权核算

在非营利组织中，资源提供者不享有该组织的所有权，因此，非营利组织净资产的核算只强调净资产的限定用途和非限定用途问题，而不进行所有权的确定。

三、非营利组织会计的规范

（一）一般会计规范

1. 会计目标

非营利组织会计的目标，是向会计信息使用者提供有用的会计信息，反映其受托责任履行情况，满足会计信息使用者经济决策和监督管理的需要。

非营利组织的会计信息使用者主要包括资源提供者、服务对象、债权人、政府和社会监管部门等。资源提供者关心其所提供的财务资源是否按规定的用途使用；服务对象关心财务资源的使用效果及收费的合理性；债权人关心非营利组织资产的流动性及偿债能力；政府和社会监管部门关心财务资源的运用是否符合法律、制度的规定。因此，非营利组织会计应当提供反映其受托责任履行情况和有助于作出经济决策的会计信息。

2. 会计基本假设

非营利组织的会计基本假设包括会计主体、持续经营、会计分期和货币计量四个假设。

会计核算应当以非营利组织的交易或者事项为对象，记录和反映该组织本身的各项经济业务事项；会计核算应当以非营利组织的持续开展活动为前提；会计核算应当划分会计期间，分期结算账目和编制财务会计报告，会计期间至少分为年度和月度，会计年度、月度等会计期间的起讫日期采用公历日期；会计核算应当以人民币作为记账本位币。业务收支以人民币以外的货币为主的非营利组织，可以选定其中一种货币作为记账本位币，但是其编制的财务会计报告中所涉货币应当折算为人民币。

非营利组织在核算外币业务时，应当设置相应的外币账户。外币账户包括外币现金、外币银行存款、以外币结算的债权和债务账户等，这些账户应当与非外币的各对应相同账户分别设置，并分别核算。非营利组织发生外币业务时，应当将有关外币金额折算为记账本位币金额记账。除另有规定外,所有与外币业务有关的账户,应当采用业务发生当日的即期汇率。

各种外币账户的外币余额,期末时应当按照期末的即期汇率折合为记账本位币。按照期末的即期汇率折合的记账本位币金额与账面记账本位币金额之间的差额,作为汇兑损益计入当期费用。但是,属于在借款费用应予资本化的期间内发生的与购建固定资产、无形资产等非流动资产有关的外币专门借款本金及其利息所产生的汇兑差额,应当予以资本化,计入固定资产、无形资产等非流动资产成本。

3. 会计核算基础

《民间非营利组织会计制度》第七条规定:"会计核算应当以权责发生制为基础。"非营利组织会计以外部信息使用者为主要服务对象,需要反映其受托责任履行情况,对非营利组织的运营业绩进行评价与考核。所以,非营利组织会计要求以权责发生制为确认基础。

4. 会计要素

非营利组织的会计要素可划分为资产、负债、净资产、收入和费用五项。

(二) 特殊交易或事项的会计规范

1. 捐赠的会计处理

捐赠(包括政府补助)是非营利组织能够维持正常运行的一项重要的经济来源。非营利组织取得的捐赠应当确认为收入,在业务活动表中予以反映,以完整地反映其收入来源和业务活动开展的情况。

2. 受托代理交易的会计处理

受托代理交易是指非营利组织,尤其是一些基金会、慈善组织等,从委托方收到受托资产,并按照委托人的意愿将资产转赠给其他组织或者个人,或者按照有关规定将资产转交给指定的其他组织或者个人的交易行为。非营利组织本身只是在交易过程中起中介作用。

《民间非营利组织会计制度》第五十八条第二款规定,民间非营利组织应当对受托代理资产比照接受捐赠资产的原则进行确认和计量,但在确认一项受托代理资产时,应当同时确认一项受托代理负债,从事受托代理业务时发生的应归属于其自身的费用应当计入其他费用。

3. 净资产的分类与列报

由于非营利组织既没有所有权属于出资者的资本,也没有针对出资者的分配,其净资产基本上都为收入扣减相应的费用后的余额。非营利组织的净资产按照使用是否受到限制分为限定性净资产和非限定性净资产,并按此分类进行核算和列报。分类与列报有利于会计信息的使用者判断净资产中属于使用受到资产提供者限制的有多少,属于使用不受资产使用者限制的有多少,即多少是非营利组织可以自由支配和使用的。

4. 收入的确认和列报

非营利组织应区分不同收入类型,按照项目、服务或业务大类进行核算和列报。在确认收入时,应当区分交换交易所形成的收入和非交换交易所形成的收入。同时,对于各项收入应当按是否存在限定区分为非限定性收入和限定性收入进行核算。期末,将本期限定性收入和非限定性收入分别结转至净资产项下的限定性净资产和非限定性净资产。

5. 费用的确认和列报

非营利组织的会计核算基础为权责发生制,需要对各项费用按是否存在限定区分为非限定性费用和限定性费用进行核算。期末结转时,要求将限定性费用结转至限定性净资产,非限定性费用结转至非限定性净资产。未来在费用类科目设置时,首先需要设置"非限定性费用"和"限定性费用"二级明细科目,其次再根据业务特点、费用性质等,设置三、四级明细科目进行明细核算。

6. 财务会计报告的组成和内容

我国非营利组织的财务会计报告,在新制度中由会计报表、会计报表附注和其他应当在财务会计报告中披露的相关信息和资料组成。"其他应当在财务会计报告中披露的相关信息和资料"基本为原"财务情况说明书"中规定披露的内容。

第三节 | 非营利组织会计核算的基本理论

一、非营利组织会计核算的原则

非营利组织会计核算的基本原则包括客观性、相关性、实质重于形式、一贯性、可比性、及时性、可理解性、配比性、谨慎性、划分费用性支出与资本性支出和重要性等原则。

二维码 1-3
如何提高非营利组织财务报告的可理解性

(一) 客观性原则

客观性原则是指非营利组织会计核算应当以实际发生的交易或事项为依据,如实反映组织的财务状况、业务活动情况和现金流量等信息的原则。这一原则要求非营利组织在会计核算时,要做到内容真实、数字准确、资料可靠;应当客观地反映其财务状况、运营绩效和现金流量,保证会计信息的真实性;会计核算应当正确运用会计原则和政策,如实反映非营利组织的实际情况;会计信息应当真实、可靠,能够经受反复验证。

(二) 相关性原则

相关性原则是指非营利组织会计核算所提供的信息应当能够满足会计信息使

用者(如出资人、设立人、捐赠人、会员、监管者等)的需要的原则。这一原则要求非营利组织在收集、加工、处理和提供会计信息的过程中,充分考虑会计信息使用者的信息需求,以满足会计信息使用者的决策需要。

(三) 实质重于形式原则

实质重于形式原则是指非营利组织会计核算应当按照交易或事项的实质进行,而不仅仅将它们的法律形式作为会计核算的依据的原则。例如,以融资租赁方式租入的资产应视为非营利组织的资产。

(四) 一贯性原则

一贯性原则是指非营利组织在进行会计核算时,会计政策前后各期应当保持一致,不得随意变更的原则。如有必要变更,应当在会计报表附注中披露变更的内容和理由、变更的累积影响数等,累积影响数不能合理确定的,应当披露累积影响数不能合理确定的理由。

(五) 可比性原则

可比性原则是指非营利组织在进行会计核算时,应当按照规定的会计处理方法进行,会计信息应当口径一致、相互可比的原则。它要求非营利组织的会计核算按照国家统一的会计制度的规定进行。

(六) 及时性原则

及时性原则是指会计核算应当及时进行,不得提前或延后的原则。及时性原则要求非营利组织及时收集、处理和传递会计信息。

(七) 可理解性原则

可理解性原则是指非营利组织的会计核算和编制的财务会计报告应当清晰明了,便于理解和使用的原则。

(八) 配比性原则

配比性原则是指非营利组织在会计核算中所发生的费用应当与其相关的收入配比,同一会计期间内的各项收入和与其相关的费用,应当在同一会计期间内确认,即要求因果配比和时间配比的原则。

(九) 谨慎性原则

谨慎性原则是指非营利组织会计核算应当谨慎,避免高估资产或收入、少计负债或费用,以真实反映非营利组织的财务状况和运营绩效的原则。

(十) 划分费用性支出与资本性支出原则

划分费用性支出与资本性支出原则是指非营利组织会计核算要合理划分应当计入当期费用的支出和应当予以资本化的支出的原则。在确认支出时,资本性支出应列于资产负债表中,作为资产反映,以真实反映其财务状况;应将费用性支出列于业务活动表中,反映当期净资产的减少,以正确计算其当期的运营绩效。

（十一）重要性原则

会计核算应当遵循重要性原则：对资产、负债、净资产、收入、费用等具有较大影响，并进而影响财务会计报告使用者据以作出合理判断的重要会计事项，必须按照规定的会计方法和程序进行处理，并在财务会计报告中予以充分披露；对于非重要的会计事项，在不影响会计信息真实性和不至于误导会计信息使用者作出错误判断的前提下，可适当简化处理。

二、非营利组织会计核算的要素

（一）会计要素的含义

会计要素是指对会计核算对象的基本分类。它是设定会计报表结构和内容的依据，也是进行确认和计量的依据。作为反映非营利组织财务状况和业务活动情况的基本单位，会计要素是会计报表的基本构件。

（二）会计要素的分类

非营利组织会计要素可以分为反映财务状况的会计要素和反映业务活动情况的会计要素。

（1）反映财务状况的会计要素包括资产、负债和净资产，其会计等式为：

$$资产-负债=净资产$$

（2）反映业务活动情况的会计要素包括收入和费用，其会计等式为：

$$收入-费用=净资产变动额$$

三、非营利组织会计核算的会计科目

（一）会计科目

会计科目是指对会计要素的具体内容进行分类核算的项目。它是将各项经济业务的具体内容，按其特征和经济管理要求进行归集、分类的类别名称。设置会计科目便于正确、系统和分门别类地核算和监督各项经济业务活动所引起的资金运动，为经济管理者提供有用的会计信息。

（二）会计科目设置的基本原则

会计科目是在会计要素的基础上设置的，非营利组织的会计科目设置应遵循如下原则。

（1）依照会计法，充分体现非营利组织资金的运动规律和特点。

（2）统一准确，简明扼要，特别是一级科目宜简不宜繁。

（3）有利于向有关方面及时提供会计信息。

（三）会计科目的内容

《民间非营利组织会计制度》规定设置的会计科目分为资产、负债、净资产、收入、费用五大类，其具体内容如表1-1所示。

表 1-1　　　　　　　　　　　　　非营利组织会计科目

编号	会计科目	核算内容
一、资产类		
1001	现金	核算非营利组织的库存现金
1002	银行存款	核算非营利组织存入银行或其他金融机构的存款
1009	其他货币资金	核算非营利组织的外埠存款、银行汇票存款、银行本票存款、信用卡存款、信用证保证金存款、存出投资款（或者存入其他金融机构）等各种其他货币资金
1101	短期投资	核算非营利组织持有的能够随时变现并且打算持有不超过1年（含1年）的投资，包括股票、债券投资等
1102	短期投资跌价准备	核算非营利组织提取的短期投资跌价准备
1111	应收票据	核算非营利组织因销售商品、提供劳务等而收到的商业汇票，包括银行承兑汇票和商业承兑汇票
1121	应收账款	核算非营利组织因销售商品、提供劳务等主要业务活动，应当向会员、购买单位或接受服务单位等收取的，但尚未实际收到的款项
1122	其他应收款	核算非营利组织除应收票据、应收账款以外的其他各项应收、暂付的款项，包括应收股利、应收利息、应向职工收取的各种垫付款项、职工借款、应收保险公司赔款等
1131	坏账准备	核算非营利组织提取的坏账准备
1141	预付账款	核算非营利组织预付给商品供应单位或者服务提供单位的款项
1201	存货	核算非营利组织在日常业务活动中持有以备出售或捐赠的，或者为了出售或捐赠仍处在生产过程中的，或者将在生产、提供服务或日常管理过程中耗用的材料、物资、商品等，包括材料、库存商品、委托加工材料，以及达不到固定资产标准的工具、器具等
1202	存货跌价准备	核算非营利组织提取的存货跌价准备
1301	待摊费用	核算非营利组织已经支出，但应当由本期和以后各期分别负担的分摊期在1年以内（含1年）的各项费用，如预付保险费、预付租金等
1401	长期股权投资	核算非营利组织准备持有超过1年（不含1年）的各种股权性质的投资，包括长期股票投资和其他长期股权投资
1402	长期债权投资	核算非营利组织购入的在1年内（不含1年）不能变现或不准备随时变现的债券和其他债权投资
1403	其他长期投资	核算非营利组织持有时间超过1年的除股权和债权以外的其他长期投资
1421	长期投资减值准备	核算非营利组织提取的长期投资减值准备

（续表）

编号	会计科目	核算内容
1501	固定资产	核算非营利组织固定资产的原价
1502	累计折旧	核算非营利组织固定资产的累计折旧
1505	在建工程	核算非营利组织进行在建工程(包括施工前期准备以及正在施工中的建筑工程、安装工程、技术改造工程等)所发生的实际支出
1506	文物资源	按照《中华人民共和国文物保护法》等有关法律、行政法规规定被认定为文物的有形资产和尚未被认定为文物的古籍等藏品,作为文物资源单独核算
1509	固定资产清理	核算非营利组织因出售、报废和毁损或其他处置等原因转入清理的固定资产价值及其清理过程中所发生的清理费用和清理收入等
1601	无形资产	核算非营利组织开展业务活动、出租给他人或为管理目的而持有的且没有实物形态的非货币性长期资产,包括专利权、非专利技术、商标权、著作权、土地使用权等
1602	累计摊销	核算非营利组织对使用寿命有限的无形资产进行摊销的情况
1701	长期待摊费用	核算非营利组织已经支出,但应由本期和以后各期负担的分摊期限在1年以上(不含1年)的各项支出,如对以经营租赁方式租入的固定资产发生的改良支出等
1801	受托代理资产	核算非营利组织接受委托方委托从事受托代理业务而收到的资产

二、负债类

编号	会计科目	核算内容
2101	短期借款	核算非营利组织向银行或其他金融机构等借入的期限在1年以下(含1年)的各种借款
2201	应付票据	核算非营利组织购买材料、商品和接受服务供应等而开出、承兑的商业汇票,包括银行承兑汇票和商业承兑汇票
2202	应付账款	核算非营利组织因购买材料、商品和接受服务供应等而应付给供应单位的款项
2203	预收账款	核算非营利组织向服务和商品购买单位预收的各种款项
2204	应付职工薪酬	核算非营利组织应付给职工的工资总额,包括在工资总额内的各种工资、奖金、津贴等,不论是否在当月支付,都应当通过本科目核算
2206	应交税费	核算非营利组织按照有关国家税法规定应当缴纳的各种税费,如增值税、所得税、房产税、个人所得税等
2209	其他应付款	核算非营利组织应付、暂收其他单位或个人的款项,如应付经营租入固定资产的租金等
2301	预提费用	核算非营利组织按照规定预先提取的已经发生但尚未支付的费用,如预提的租金、保险费、借款利息等
2401	预计负债	核算非营利组织对因或有事项所产生的现时义务而确认的负债,包括因对外提供担保、商业承兑票据贴现、未决诉讼等确认的负债

（续表）

编号	会计科目	核算内容
2501	长期借款	核算非营利组织向银行或其他金融机构借入的期限在1年以上（不含1年）的各项借款
2502	长期应付款	核算非营利组织的各项长期应付款项，如融资租入固定资产的租赁费等
2601	受托代理负债	核算非营利组织因从事受托代理业务、接受受托代理资产而产生的负债
三、净资产类		
3101	非限定性净资产	核算非营利组织的非限定性净资产，即非营利组织净资产中除限定性净资产之外的其他净资产
3102	限定性净资产	核算非营利组织的限定性净资产。如果资产或者资产产生的经济利益（如资产的投资收益和利息等）的使用和处置受到资源提供者或者国家有关法律、行政法规所设置的时间限制或（和）用途限制，由此形成的净资产即为限定性净资产
3201	以前年度净资产调整	核算非营利组织本年度发现的前期差错更正。调整增加以前年度收入或减少以前年度费用时，借记有关科目，贷记本科目；调整增加以前年度费用或减少以前年度收入时，借记本科目，贷记有关科目
四、收入类		
4101	捐赠收入	核算非营利组织接受其他单位或者个人捐赠所取得的收入
4201	会费收入	核算非营利组织根据章程等的规定向会员收取的会费收入
4301	提供服务收入	核算非营利组织根据章程等的规定向其服务对象提供服务取得的收入，包括学杂费收入、医疗费收入、培训收入等
4401	政府补助收入	核算非营利组织因为政府拨款或者政府机构给予的补助而取得的收入
4501	商品销售收入	核算非营利组织销售商品（如出版物、药品）等所形成的收入
4601	投资收益	核算非营利组织因对外投资取得的投资净损益
4701	总部拨款收入	核算非营利组织收到来自总部或上级机构拨付的，用于支持日常运营、专项业务活动、特定项目建设、组织发展等方面资金的收支情况、使用去向及相应的财务处理过程与结果
4901	其他收入	核算非营利组织除捐赠收入、会费收入、提供服务收入、商品销售收入、政府补助收入、投资收益等主要业务活动收入以外的其他收入，如确实无法支付的应付款项、存货盘盈、固定资产盘盈、固定资产处置净收入、无形资产处置净收入等
五、费用类		
5101	业务活动成本	核算非营利组织为了实现其业务活动目标、开展项目活动或者提供服务所发生的费用
5201	税金及附加	核算非营利组织业务活动发生的消费税、城市维护建设税、教育费附加、房产税、城镇土地使用税、车船税、印花税等相关税费

（续表）

编号	会计科目	核算内容
5301	管理费用	核算非营利组织为组织和管理其业务活动所发生的各项费用,包括非营利组织董事会(或者理事会等类似权力机构)经费和行政管理人员的工资、奖金、津贴、福利费、住房公积金、住房补贴、社会保障费、离退休人员工资与补助,以及办公费、水电费、邮电费、物业管理费、差旅费、折旧费、修理费、无形资产摊销费、存货盘亏损失、资产减值损失、因预计负债所产生的损失、聘请中介机构费和应偿还的受赠资产等
5401	筹资费用	核算非营利组织筹集业务活动所需资金而发生的费用,包括非营利组织获得捐赠资产而发生的费用以及应当计入当期费用的借款费用、汇兑损失(减汇兑收益)等
5501	资产减值损失	核算非营利组织计提各项资产减值准备所形成的损失
5601	所得税费用	核算非营利组织应当缴纳的所得税费用等
5901	其他费用	核算非营利组织发生的、无法归属到上述业务活动成本、管理费用或者筹资费用中的费用,包括固定资产处置净损失、无形资产处置净损失等

本 章 小 结

通过本章学习,学生应掌握非营利组织会计的概念与特点,深刻理解其独特的核算方式及信息反映侧重点;掌握非营利组织会计核算的基本理论,明晰会计要素的内涵及会计科目的设置逻辑,能够依据这些理论进行基础的会计处理与账务分析。此外,学生应熟悉非营利组织会计的规范,包括一般会计规范在日常财务操作中的运用准则,以及特殊交易或事项的会计规范处理要求,能在实际业务中遵循规范,保障会计信息质量;了解非营利组织的概念、组织形式和基本特征,知晓其在社会结构中的定位与作用,明白不同组织形式的差异及非营利组织所共有的不以营利为目的、资源提供者不图经济回报等基本特征,从而为深入学习非营利组织会计知识奠定坚实的理论与认知基础。

本章重要概念

非营利组织　非营利组织会计　客观性原则　相关性原则　实质重于形式原则　一贯性原则　可比性原则　及时性原则　可理解性原则　配比性原则　谨慎性原则　划分费用性支出与资本性支出原则　重要性原则　会计要素　会计科目

本章练习

一、单项选择题

1. 非营利组织与营利性组织最主要的区别在于（　　）。
   A. 组织目标
   B. 资金来源
   C. 会计核算方法
   D. 组织架构

2. 以下不属于非营利组织特征的是（　　）。
   A. 不以营利为目的
   B. 资源提供者不取得经济回报
   C. 没有剩余权益分配
   D. 不需要进行成本核算

3. 非营利组织会计核算的基础主要是（　　）。
   A. 收付实现制
   B. 权责发生制
   C. 现金制
   D. 可根据组织情况随意选择

4. 下列各项中，不属于非营利组织会计的基本假设的是（　　）。
   A. 会计主体假设
   B. 持续经营假设
   C. 货币计量假设
   D. 利润最大化假设

5. 非营利组织的会计要素不包括（　　）。
   A. 利润
   B. 资产
   C. 负债
   D. 净资产

二、多项选择题

1. 下列属于非营利组织主要特征的有（　　）。
   A. 不以营利为目的
   B. 资源提供者不取得经济回报
   C. 资源提供者不享有组织的所有权
   D. 有明确的盈利目标

2. 以下关于非营利组织运营特点的说法中，正确的有（　　）。
   A. 资金来源主要是捐赠、政府补助和会费收入
   B. 注重社会效益和公益目标的实现
   C. 可以不进行财务核算，只注重服务成果
   D. 组织的运营活动通常受到严格的法律法规监管

3. 非营利组织会计的目标包括（　　）。
   A. 提供反映组织财务状况的信息
   B. 提供反映组织业务活动情况的信息
   C. 提供有助于评价组织受托责任履行情况的信息

D. 提供组织盈利情况的信息

4. 下列对于非营利组织会计目标的表述,正确的有( )。

A. 满足捐赠者等外部信息使用者对组织财务信息的需求

B. 为组织内部管理决策提供数据支持

C. 主要目标是增加组织的经济价值

D. 向政府监管部门提供监管所需的财务报告信息

5. 下列关于非营利组织会计核算原则的说法中,正确的有( )。

A. 相关性原则要求会计信息应当与使用者的决策需要相关,有助于使用者对非营利组织过去、现在或者未来的情况作出评价或者预测

B. 实质重于形式原则是指非营利组织应当按照交易或者事项的法律形式进行会计核算

C. 一贯性原则要求非营利组织采用的会计政策在前后各期保持一致,不得随意变更

D. 及时性原则是指非营利组织对于已经发生的交易或者事项,应当及时进行会计核算,不得提前或者延后

三、判断题

1. 非营利组织不以营利为目的,所以不需要进行成本核算。 （ ）

2. 所有非营利组织都适用相同的会计制度。 （ ）

3. 非营利组织的资金来源主要是政府投入,因此其会计核算只需满足政府监管要求即可。 （ ）

4. 非营利组织会计的主要目标是记录组织的收支情况,为内部管理提供简单的数据支持。 （ ）

5. 在非营利组织中,不存在所有者权益,所以不需要进行净资产的核算。

（ ）

四、简答题

1. 简述非营利组织会计的特征。

2. 简述非营利组织与企业组织在会计目标上的区别。

第二章 资　产

内容提要

本章主要介绍了非营利组织资产的概念、特征及分类;现金、银行存款、其他货币资金、短期投资、长期股权投资、长期债权投资、应收票据、应收账款、存货、固定资产、无形资产、待摊费用、长期待摊费用、文物资源、委托代理资产等资产的概念、账户设置及主要账务处理。

重点难点

本章重点为现金、银行存款、其他货币资金、短期投资、应收票据、应收账款、存货、固定资产、无形资产、受托代理资产的主要内容与账务处理;难点为长期股权投资和长期债权投资的主要账务处理。

学习目标

通过本章学习,学生应掌握非营利组织各类资产的核算内容及核算方法;明确非营利组织对各类资产进行会计核算的基本原则。

知识框架

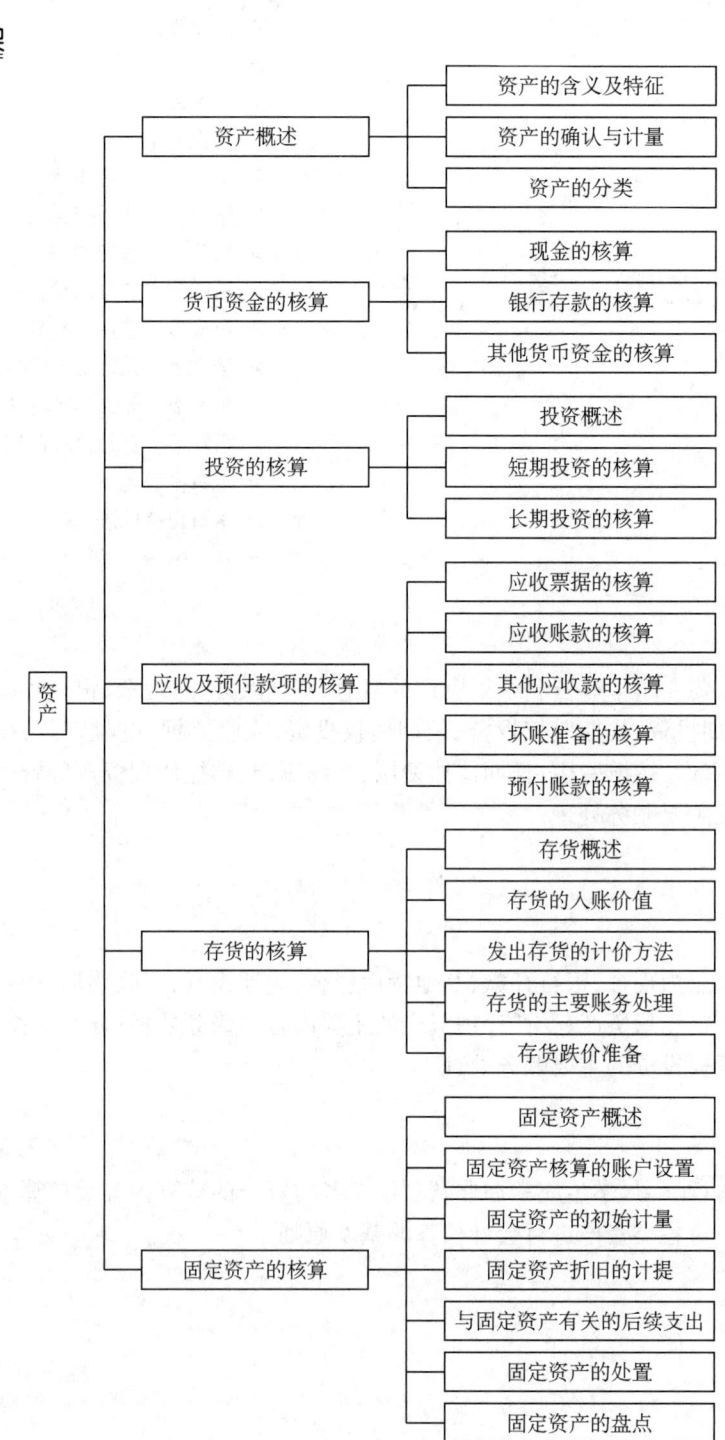

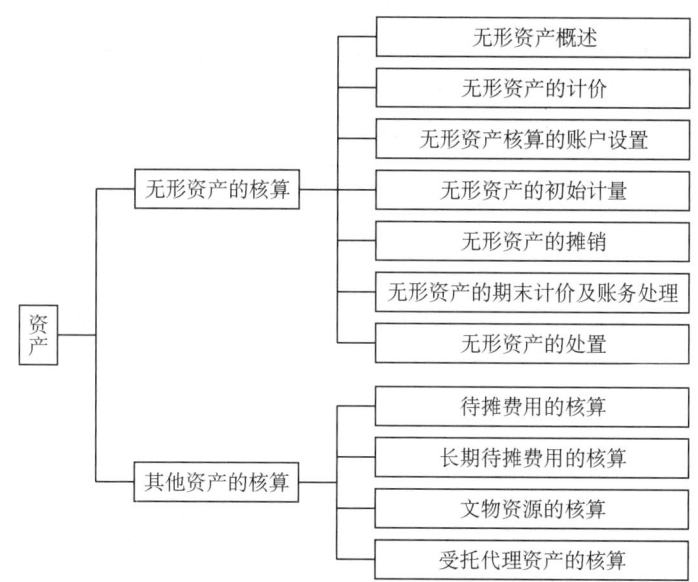

资产
├─ 无形资产的核算
│   ├─ 无形资产概述
│   ├─ 无形资产的计价
│   ├─ 无形资产核算的账户设置
│   ├─ 无形资产的初始计量
│   ├─ 无形资产的摊销
│   ├─ 无形资产的期末计价及账务处理
│   └─ 无形资产的处置
└─ 其他资产的核算
    ├─ 待摊费用的核算
    ├─ 长期待摊费用的核算
    ├─ 文物资源的核算
    └─ 受托代理资产的核算

思政育人　　　　合理管理资金，践行社会使命

某非营利组织(以下简称"A 组织")在资金运作方面秉持着极高的透明度与效益导向原则，致力于打造一个无可挑剔的财务管理体系。它深知，每一分捐赠都承载着捐赠者的殷切期望与社会责任，因此，确保资金的精准投放与高效利用成为其工作的重中之重。

为此，该组织精心构建了一套严格而周密的财务管理制度，这一制度不仅涵盖了从资金筹集、分配到使用的每一个环节，还融入了先进的监管机制和审计流程，以确保每一笔资金都能如同涓涓细流般，准确无误地汇入公益事业的大海，绝不容许丝毫的挪用或无谓损耗。

这种近乎苛刻的管理方式，不仅极大地提升了捐赠者及广大合作伙伴对该组织的信任度与认可度，让他们深感自己的每一份贡献都被珍视并得到了最有价值的回报；同时，也促使资金的使用效益实现了质的飞跃，使得更多的社会资源得以精准聚焦于最需要帮助的领域与人群，真正践行了非营利组织的社会使命与责任担当。

总之，该非营利组织通过其卓越的财务管理实践，不仅巩固了自身的公信力基石，更为推动社会公益事业的发展贡献出宝贵的力量，成为行业内资金高效利用与透明度建设的典范。

通过这个案例，请大家思考，上述非营利组织在项目实施过程中面临的资产问题是什么？其应对策略是什么？从思政角度出发，可以得出哪些启示？

资料来源：佚名. 非营利组织资金管理案例［EB/OL］.（2024－06－02）［2024－07－21］.https://www. chanjet. com/lker/657017d3e4b0dd556e862dee. html?a＝mkting&c＝sempzgw.

【思政寄语】

在新时代的征程中，非营利组织作为社会公益事业的重要力量，其资金管理的透明度与效益性,不仅关乎组织的健康发展,更关系到社会公益事业的持续繁荣与人民福祉的提升。党的二十大报告强调了社会组织的责任与担当,为我们指明了前进的方向。

非营利组织应深刻领会党的二十大精神,将资金管理作为组织发展的生命线,坚持公开透明、公正合理的原则,确保每一笔资金都能精准投放、高效利用。我们要建立健全财务管理制度,加强内部审计与监督,防范资金挪用与浪费,让每一分捐赠都成为社会进步的基石。

同时,非营利组织还应积极创新资金筹集方式,拓宽资金来源渠道,增强自身造血功能。我们要充分发挥自身优势,加强与政府、企业、社会等各界的合作,共同推动公益事业的发展。

在思政工作中,我们要引导非营利组织员工树立正确的价值观与使命感,将资金管理视为一项神圣的职责与使命。我们要加强员工的教育与培训,提升他们的专业素养与职业道德水平,为资金管理的规范化、高效化提供有力的人才保障。

让我们携手并进,以党的二十大精神为指引,共同推动非营利组织资金管理水平的不断提升,为构建和谐社会、实现中华民族伟大复兴的中国梦贡献我们的力量!

第一节 | 资产概述

一、资产的含义及特征

资产是非营利组织会计核算中一项重要的会计要素,几乎所有的会计要素都与其直接或间接相关。资产与收入的确定密切相关,通常收入的增加伴随着资产的增加;净资产是资产减去负债后的余额,资产增加有可能会导致净资产的增加。

(一)资产的概念

资产是指过去的交易或者事项形成的并由非营利组织拥有或者控制的资源。该资源预期会给非营利组织带来经济利益或者服务潜力。资产分为流动资产、非流动资产和受托代理资产等。

二维码2-1带您了解什么是民间非营利组织主要经济指标——资产合计

对符合资产定义的资源,同时满足以下条件时,应当确认为资产,且列入资产负债表。

(1)与该资源有关的服务潜力很可能实现或者经济利益很可能流入民间非营利组织。

(2)该资源的成本或者价值能够可靠计量。

(二)资产的特征

根据资产的概念,资产应当同时具备以下特征。

(1)资产预期能够给非营利组织带来经济利益或者服务潜力。经济利益是指直接或间接地流入非营利组织的现金或现金等价物。资产导致经济利益流入非营利组织的方式多种多样。例如,单独或与其他资产组合一起为非营利组织带来经济利益,以资产交换其他资产,以资产偿还债务等。在非营利组织中,对外投资是为了获得增值或者回报,应当作为资产予以确认;持有一些存货是为了对外出售换取现金,存货应当作为资产予以确认等。与企业不同的是,非营利组织持有许多资产并非为了获取经济利益,而是为了向服务对象提供服务。

又如,学校购入教学用计算机是为了向学生提供上机、上网服务;基金会接受捐赠的食品是为了向灾民提供食品;社会团体接受捐赠科研用设备是为了向学者提供资助,用于科学研究等。因此,对于非营利组织而言,是否具备服务潜力是衡量一项经济资源是否符合资产概念、是否应当作为资产予以确认和计量的重要标志。

(2)资产是非营利组织拥有或控制的。非营利组织拥有资产,就能够排他性地从资产中获取经济利益或服务潜力。有些资产虽然不为非营利组织拥有,但是非营利组织能够支配这些资产,因此非营利组织同样能够排他性地从资产中获取经济利益或者服务潜力。如果非营利组织不能拥有或控制资源所能带来的经济利益或者服务潜力,那么该资源就不能作为非营利组织的资产。

(3)资产是由过去的交易或事项形成的。资产必须是现实的资产,而不能是预期的资产。只有过去发生的交易或事项才能增加或减少非营利组织的资产,非营利组织不能根据谈判中的交易或计划中的经济业务来确认资产。

例如,已经发生的固定资产购买交易会形成非营利组织的资产,而计划中的固定资产购买交易则不会形成非营利组织的资产。

二、资产的确认与计量

(一)资产的初始确认和计量

1. 确认资产

非营利组织在确认资产时,原则上应当按照取得资产时所发生的实际成本进行计量,但也有一些应用历史成本对资产进行初始计量的特殊情况。

2. 接受捐赠的现金资产

接受捐赠的现金资产应当按照实际收到的金额入账。民间非营利组织接受捐赠收到的股权,应当按照民间非营利组织根据有关规定开具的捐赠票据等凭据金额入账。民间非营利组织接受捐赠的其他非现金资产,应当按照以下方法确定其入账价值。

(1)捐赠方提供了有关凭据(如发票、报关单、有关协议等)的,应当将凭据上标明的金额,作为入账价值。

(2)捐赠方没有提供有关凭据的,或者凭据上标明的金额与受赠资产公允价值相差较大,应当以受赠资产的公允价值作为入账价值。

（3）民间非营利组织接受的固定资产、无形资产捐赠，如果捐赠方没有提供有关凭据，且有确凿的证据表明该资产的公允价值确实无法可靠计量，应当按照名义金额（人民币1元）入账。民间非营利组织接受的文物资源捐赠，如果捐赠方没有提供有关凭据，应当按照名义金额入账。

（4）民间非营利组织接受的劳务捐赠，如果捐赠方提供了发票等有关凭据，且凭据上标明的金额能够反映受赠服务的公允价值，民间非营利组织应当按照凭据金额入账，其他情况不予确认。

（5）民间非营利组织接受非现金资产捐赠时发生的应归属于其自身的相关税费、运输费等，应当计入筹资费用。

3. 公允价值

公允价值是指市场参与者在计量日发生的有序交易中，出售一项资产所能收到或者转移一项负债所需支付的价格。公允价值的确定顺序如下。

（1）同类或者类似资产存在活跃市场的，应当按照同类或者类似资产的市场价格确定公允价值。本项所指的市场价格，一般指取得资产当日捐赠方自产物资的出厂价、捐赠方所销售物资的销售价、政府指导价、知名大型电商平台同类或者类似商品价格等。

（2）同类或类似资产不存在活跃市场，或者无法找到同类或者类似资产的，应当采用合理的计价方法确定资产的公允价值。

4. 非货币交易

非货币性交易是指交易双方以非货币性资产进行的交换。这种交换不涉及或只涉及少量的货币性资产（即补价）。其中，货币性资产是指民间非营利组织持有的货币资金和收取固定或可确定金额的货币资金的资产；非货币性资产是指货币性资产以外的资产。

非营利组织如发生非货币性交易，应当按照以下原则处理：以换出资产的账面价值，加上应支付的相关税费，作为换入资产的入账价值。非货币性交易中如果发生补价，应区别不同情况处理。

（1）支付补价的非营利组织，应以换出资产的公允价值加上补价和应支付的相关税费，作为换入资产的入账价值。换出资产的公允价值与账面价值之间的差额计入当期损益。

（2）收到补价的非营利组织，以换出资产的公允价值减去收到的补价再加上应支付的相关税费，作为换入资产的入账价值。换出资产的公允价值与其账面价值之间的差额计入当期损益。

有确凿证据表明换入资产的公允价值更加可靠的，以换入资产的公允价值和应支付的相关税费作为换入资产的初始计量金额，换入资产的公允价值减去支付补价的公允价值,与换出资产账面价值之间的差额计入当期损益。

在非货币性交易中,如果同时换入多项资产,应按换入各项资产的公允价值占换入资产公允价值总额的比例,对换出资产的公允价值总额和应支付的相关税费进行分配,以确定各项换入资产的入账价值。

对于通过接受捐赠、政府补助和受托代理等所取得的资产,非营利组织应当按照制度规定的计量基础进行初始计量,原则上应当按照公允价值对这些资产进行初始计量。

(二)资产的后续计量

资产的后续计量主要解决的是在会计期末资产应当按照什么计量基础或者价值进行列报、反映在资产负债表上的问题。尤其是在资产价值变动比较大或者资产的账面价值与其实际价值差异较大的情况下,为了向会计信息使用者提供有用的信息,资产在其存续期间究竟应当按照什么计量基础进行后续计量,便显得十分重要。

出于对会计信息有用性和会计谨慎性原则的考虑,非营利组织会计引入了资产减值会计。根据规定,非营利组织应当定期或者至少于每年年度终了,对短期投资、应收款项、存货、长期投资等资产是否发生了减值进行检查,如果这些资产发生了减值,应当计提减值准备,确认减值损失,并计入当期费用。对于固定资产、无形资产等其他资产,如果发生了重大减值,也应当计提减值准备,确认减值损失,并计入当期费用。如果已计提减值准备的资产价值在以后会计期间得以恢复,则应当在该资产已计提减值准备的范围内部分或全部转回已确认的减值损失,冲减当期费用。

三、资产的分类

资产可以按照不同的标准进行分类,比较常见的是按照流动性和有无实物形态进行分类。按照流动性对资产进行分类,资产可以分为流动资产和非流动资产。流动资产是指可以在 1 年内变现或耗用的资产,主要包括货币资金、银行存款、短期投资、应收款项和存货等。除流动资产以外的其他资产,都属于非流动资产,如长期资产、固定资产、无形资产等。按照有无实物形态对资产进行分类,资产可以分为有形资产和无形资产。有形资产通常具有物质实体,如存货、固定资产等。无形资产通常表现为某种法定权利或技术,如专利权、商标权等。

第二节 │ 货币资金的核算

非营利组织的货币资金是以货币形态存在的资产,包括现金、银行存款和其他货币资金。在非营利组织的所有资产中,货币资金是流动性最强的一种资产。就会计核算而言,货币资金的管理并不复杂,但因货币资金具有高度流动性,对其管理和控制显得十分重要。非营利组织应当按照有关法律法规的规定,做好货币资金的管理和会计核算工作。

一、现金的核算

(一)现金的管理

现金是货币资金的重要组成部分,是通用的支付工具,也是对其他资产进行计量的一般尺度和会计处理的基础。它可以随时被用于购买其他资产、清偿债务或支付有关费用。由于现金是流动性最强的一种货币资金,非营利组织必须对现金进行严格的管理和控制,使现金能在经营过程中合理、通畅地流转,进而提高现金的使用效率,保护现金的安全。现金是交换和流通的手段,又可当作财富来储藏,最容易被挪用和侵吞,因此,非营利组织必须建立一套完善而严密的现金管理制度,以确保现金的安全与完整。

1. 设置"现金日记账"

非营利组织应当设置"现金日记账",以加强对现金的管理和核算,以便系统地了解现金收付的动态和库存余额。所发生的现金收支业务必须通过出纳人员,由出纳人员根据审核无误后的收款凭证、付款凭证,按照经济业务发生的先后顺序,逐日逐笔登记"现金日记账"。每日终了,应当结算当天的现金收入合计数、现金支出合计数和余额,做到日清月结,账款相符。严禁以"白条"抵充库存现金。每月月终,"现金日记账"的月末余额必须与"现金"科目的余额相等。

2. 根据业务需要正确核定库存现金限额

库存现金限额一经核定,非营利组织就必须按规定的限额控制库存现金,超过库存限额部分的现金必须在当天或次日上午由非营利组织解交银行,以保证现金的安全。

3. 不得"坐支"现金

除零星开支外,一切付款均应用支票支付。非营利组织不得"坐支"现金,即以本单位的现金收入直接支付现金支出。因特殊情况需要"坐支"现金的,必须报经有关部门批准并在核定的范围和限额内进行,同时,收支的现金必须入账。

4. 库存现金要定期或不定期地由内部审计人员对其进行核查

非营利组织应当严格按照国家有关现金管理的规定收支现金,并严格按《民间非营利组织会计制度》的规定核算现金的各项收支业务。

(二)账户设置与账务处理

1. 账户设置

为了总括地反映和监督企业库存现金的收支结存情况,需要设置"现金"账户。本账户属于资产类。其借方反映库存现金的增加,贷方反映库存现金的减少,期末余额在借方,反映企业实际持有的库存现金。

2. 主要账务处理

(1) 提取现金。从银行提取现金,按照支票存根所记载的提取金额,借记"现金"科目,贷记"银行存款"科目;将现金存入银行,根据银行退回的进账单第一联,借记"银行存款"科目,贷记"现金"科目。

【例 2-1】　2×24 年 3 月 1 日,某慈善机构开出现金支票,从银行提取现金10 000 元。

二维码 2-2
"业务活动成本"账户核算的内容

借:现金　　　　　　　　　　　　　　　　　　　　　　　10 000
　　贷:银行存款　　　　　　　　　　　　　　　　　　　　　　　10 000

(2) 支用现金。因支付内部职工出差等所需的现金,按照支出凭证所记载的金额,借记"其他应收款"等科目,贷记本科目;收到出差人员交回的差旅费剩余款并结算时,按实际收回的现金,借记本科目,按应报销的金额,借记有关科目,按实际借出的现金,贷记"其他应收款"科目。

【例 2-2】　2×24 年 3 月 8 日,红十字会的王平出差回来,报销差旅费 3 000 元,原借款 2 500 元,出纳另以现金支付 500 元。

借:业务活动成本　　　　　　　　　　　　　　　　　　　　3 000
　　贷:其他应收款——王平　　　　　　　　　　　　　　　　　　2 500
　　　　现金　　　　　　　　　　　　　　　　　　　　　　　　　500

(3) 其他原因收到或支出现金。因其他原因收到现金,借记本科目,贷记有关科目;支出现金,借记有关科目,贷记本科目。

【例 2-3】　2×24 年 4 月 5 日,某寺院修缮庙宇,支出现金 2 000 元。

借:管理费用　　　　　　　　　　　　　　　　　　　　　　2 000
　　贷:现金　　　　　　　　　　　　　　　　　　　　　　　　　2 000

【例 2-4】　2×24 年 4 月 11 日,某社会团体收到某个会员以现金缴纳的当年会费 500 元,会员对于会费的使用没有限定专门的用途和使用时间。

借:现金　　　　　　　　　　　　　　　　　　　　　　　　500
　　贷:会费收入——非限定性收入　　　　　　　　　　　　　　　500

【例 2-5】　2×24 年 4 月 15 日,某基金会收到一笔无条件的现金捐赠10 000 元。

借:现金　　　　　　　　　　　　　　　　　　　　　　　10 000
　　贷:捐赠收入——非限定性收入　　　　　　　　　　　　　　10 000

（4）现金的清查。每日终了结算现金收支、财产清查等发现现金短缺或溢余，应当及时查明原因，并根据管理权限，报经批准后，在期末结账前处理完毕。

第一，如为现金短缺，属于应由责任人或保险公司赔偿的部分，借记"其他应收款"科目，贷记"现金"科目；属于无法查明的其他原因的部分，借记"管理费用"科目，贷记"现金"科目。

第二，如为现金溢余，属于应支付给有关人员或单位的部分，借记"现金"科目，贷记"其他应付款"科目；属于无法查明的其他原因的部分，借记"现金"科目，贷记"其他收入"科目。

【例2-6】 2×24年4月17日，某红十字会发生现金溢余300元，无法查明原因，经批准进行相应会计处理。

借：现金　　　　　　　　　　　　　　　　　　　　　　　　300
　　贷：其他收入　　　　　　　　　　　　　　　　　　　　　　　300

二、银行存款的核算

（一）银行存款账户的管理

银行存款是指非营利组织存放在本地银行或其他金融机构的货币资金。非营利组织根据业务需要，应该在其机构所在地的银行开设账户，进行存取款和各种收支转账业务的结算。

银行是全国的结算中心，各单位必须在银行开设账户，以办理存款、取款和转账等业务。为了维护金融秩序，规范全国银行账户的开立与使用，中国人民银行制定的《银行账户管理办法》规定，一个单位可以根据需要，在银行开立四种账户，包括基本存款账户、一般存款账户、临时存款账户和专用存款账户。

1. 基本存款账户

基本存款账户是指办理日常转账结算和现金收付业务的账户。单位工资、奖金等现金支取只能通过本账户，且一个单位只能在一家银行开立一个基本存款账户，即一个单位只有一个基本存款账户。

2. 一般存款账户

一般存款账户是指基本存款账户以外的用以办理转账结算等的账户。可以办理转账结算和现金缴存，但不能支取现金且不得在同一家银行的几个分支机构开立一般存款账户。例如，在华夏银行山东路支行开了一般存款账户，就不能在华夏银行南京路支行再开一个一般存款账户。

3. 临时存款账户

临时存款账户是指因临时经营活动需要而开立的账户。如异地商品展销、临时性采购等,可以支取和缴存现金。

4. 专用存款账户

专用存款账户是指因特殊用途需要而开立的账户,如专项基金等。

为了加强对基本存款账户的管理,单位开立基本存款账户,要遵守开户许可证制度,必须凭中国人民银行当地分支机构核发的开户许可证办理,不得为还贷、还债和套取现金而多头开立基本存款账户;不得出租、出借账户;不得违反规定因在异地存款和贷款而开立账户。任何单位和个人不得以个人名义开立账户存储单位的资金。

(二) 银行结算方式

在我国,非营利组织日常大量地与其他组织或个人的经济业务往来,都是通过银行结算的。银行是社会经济活动中各项资金流转清算的中心。为了保证银行结算业务的正常开展,使社会经济活动中各项资金得以通畅流转,根据中国人民银行颁发的《支付结算办法》规定,非营利组织目前可以选择使用的票据结算工具主要包括银行汇票、商业汇票、银行本票和支票等票据,可以选择使用的结算方式主要包括汇兑和委托收款两种结算方式,还包括信用卡。非营利组织采用的支付结算方式不同,其业务处理手续及有关会计核算也有所不同。

非营利组织应当严格按照国家有关支付结算办法,正确地进行银行存款收支业务的结算,并按照制度规定,核算银行存款的各项收支业务。

1. 银行汇票方式

银行汇票是由单位或个人将款项交存开户银行,由银行签发给单位或个人持往异地采购商品时办理结算或支取现金的票据。

非营利组织使用银行汇票,应向银行提交银行汇票申请书,详细填明申请人名称、申请人账号或住址、用途、汇票金额、收款人名称、收款人账号或住址、代理付款行等内容,并将款项交存银行。非营利组织收到银行签发的银行汇票和解讫通知后,根据"银行汇票申请书(存根)"联编制付款凭证。如有多余款项,应根据多余款项收账通知,编制收款凭证;申请人由于汇票超过付款期限或其他原因要求退款时,应交回汇票和解讫通知,并按照支付结算办法的规定提交证明或身份证件,根据银行退回并加盖了转讫章的多余款收账通知,编制收款凭证。

收款单位应将汇票、解讫通知和进账单交付银行,根据银行退回并加盖了转讫章的进账单和有关原始凭证,编制收款凭证。

2. 商业汇票方式

商业汇票是由出票人签发的,委托付款人在指定日期无条件支付确定的金额给收款人或者持票人的票据。采用商业汇票方式时,除了注意《支付结算办法》对商业汇票出票人、承兑人的资格、背书转让等作出的有关规定,还应注意以下方面。

（1）商业汇票的适用范围。商业汇票不仅限于"在银行开立账户的法人之间根据购销合同进行的商品交易"，还可以用于所有"在银行开立存款账户的法人以及其他组织之间，但是需具有真实的交易关系或债权债务关系"。

（2）商业汇票的当事人。根据《中华人民共和国票据法》的规定，商业汇票具有出票人、付款人和收款人三个基本当事人，商业汇票是委付证券，出票人必须与付款人具有真实的委托付款关系，并且具有支付汇票金额的可靠资金来源。因此，对银行承兑汇票，《支付结算办法》规定只能是由在承兑银行开立存款账户的单位作为出票人。

（3）商业汇票的付款期限。根据《中华人民共和国票据法》的规定。商业汇票的付款期限，最长不得超过 6 个月。

（4）商业汇票的付款日期。《中华人民共和国票据法》规定，商业汇票的付款期限有定日付款、出票后定期付款和见票后定期付款三种。《支付结算办法》也对付款期限作出了相应规定，即定日付款的汇票付款期限自出票日起计算，并在汇票上记载具体的到期日；出票后定期付款的汇票付款期限自出票日起按月计算，并在汇票上记载；见票后定期付款的汇票付款期限自承兑或拒绝承兑日起按月计算，并在汇票上记载。

（5）商业汇票的贴现。《支付结算办法》严格规定了办理贴现、转贴现及再贴现的条件。持票人必须提供与其直接前手之间的增值税发票和商品发运单据复印件，才能向银行申请贴现，贴现银行办理转贴现、再贴现时，也必须提供贴现申请人与其直接前手之间的增值税发票和商品发运单据复印件。鉴于银行承兑汇票的付款办法的现实情况，因贴现银行收取票款归还贴现资金需要收款时间，致使贴现逾期才能收回，会导致利息损失。为了不影响贴现银行的经营效益和办理贴现的积极性，《支付结算办法》除规定可匡算邮程提前委托收款外，还规定承兑人在异地的，贴现、转贴现和再贴现的期限以及贴现利息的计算另加 3 天的划款日期。

（6）商业汇票的付款方法。过去银行承兑汇票采取划付的方法，容易产生承兑银行和代理付款银行的结算纠纷；同时受通汇行的限制，未参加全国或省辖通汇的银行机构不能办理商业汇票的承兑、贴现，不利于商业汇票的推行。因此，《支付结算办法》将银行承兑汇票划付定为委托收款方式，并规定对于商业承兑汇票的付款，由银行将汇票留存并通知付款人，付款人在收到通知的当日再通知银行付款；如付款人不及时通知银行付款，即付款人在接到通知日的次日起 3 日内未通知银行付款的，视同付款人承诺付款，银行应于自付款人接到通知日的次日起第 4 日上午开始营业时，将票款划给持票人。银行在办理划款时，因付款人不能支付，应将商业承兑汇票和未付款通知书退给持票人。

（7）会计凭证的编制。采用商业承兑汇票方式的，收款单位应将到期的商业承兑汇票连同填制的邮划或电划委托收款凭证,一并送交银行办理收款,并在收到银行的收账通知时,编制收款凭证。付款单位在收到银行的付款通知时,编制付款凭证。

采用银行承兑汇票方式的,收款单位将要到期的银行承兑汇票连同填制的邮划或电划委托收款凭证,一并送交银行办理收款,并在收到银行的收账通知时,编制收款凭证。付款单位在收到银行的付款通知时,编制付款凭证。

收款单位持未到期的商业汇票向银行申请贴现时,应根据汇票填制贴现凭证,在贴现凭证第一联上按照规定签章后,将贴现凭证连同汇票一并送交银行,并根据银行退回并加盖转讫章的贴现凭证第四联(收贴通知),编制收款凭证。

3. 银行本票方式

银行本票是由银行签发的,承诺自己在见票时无条件支付确定金额给收款人或者持票人的票据。

采用银行本票方式时,应注意《支付结算办法》规定的如下相关要求。

(1)银行本票出票人的资格。银行本票的出票人为经中国人民银行当地分支行批准办理银行本票业务的银行机构。银行本票的出票人为票据的主债务人,负有无条件支付票款的责任。

(2)申请办理现金银行本票的条件。申请人和收款人均应为个人,才可申请办理现金银行本票。注明"现金"字样的银行本票只能向出票银行支取现金,并且可以做成"委托收款"背书,委托他人向出票银行提示付款。

(3)定额银行本票的面额。定额银行本票面额分为 1 000 元、5 000 元、10 000 元和 50 000 元。

(4)银行本票的提示付款期限。根据《支付结算办法》的规定,银行本票的提示付款期限为自出票日起最长不得超过 2 个月。

(5)银行本票的挂失止付。填明"现金"字样的银行本票可以挂失止付,未填明"现金"字样的银行本票不得挂失止付。银行本票丢失,失票人可以凭人民法院出具的其享有票据权利的证明,向出票银行请求付款或退款。

(6)银行本票的贴息。为了既保持银行本票见票即付的优点,又避免跨系统银行本票的兑付导致兑付银行因垫付资金而造成的利息损失,对于跨系统银行本票的兑付,持票人开户银行可根据中国人民银行规定的同业往来利率,向出票银行收取利息。

(7)会计凭证的编制。采用银行本票方式的,收款单位应将收到的银行本票连同进账单送交银行办理转账,根据银行盖章退回的进账单第一联和有关原始凭证,编制收款凭证。付款单位在填写"银行本票申请书"并将款项交存银行,收到银行签发的银行本票后,根据申请书存根联编制付款凭证。

申请人因本票超过提示付款期限或其他原因要求退款时,应填制一式两联进账单连同本票交给出票行,并按照支付结算办法的规定提交证明或身份证件,将银行审核盖章后退回的进账单第一联作为收账通知,编制收款凭证。

4. 支票方式

支票是出票人签发的,委托办理支票存款业务的银行在见票时无条件支付确定的金额给收款人或持票人的票据。采用支票方式时,应注意《支付结算办法》规定的以下几点要求。

(1) 银行审核支付支票票款的依据。支票出票人预留的银行签章是银行审核支票票款的依据,银行也可以与出票人约定使用支付密码作为银行审核支付支票票款的条件。

(2) 支票的当事人之间的责任。持票人通过其开户银行收款的,应做"委托收款"背书;直接向出票人开户银行提示付款的,应在支票的背面签章;持票人为个人的,还须交验本人身份证,并在支票背面注明证件名称、号码及发证机关。

(3) 支票的提示付款期限。根据有关规定,支票的提示付款期限为自出票日起 10 天。

(4) 支票的形式。普通支票左上角画两条平行线的为转账支票,不画线的为现金支票。

(5) 支票的退票和处罚。对出票人签发空头支票、签章与预留银行签章不符或者支付密码错误的支票,银行予以退票,并由银行按票面金额对出票人处以 5% 但不低于 1 000 元的罚款。此外,持票人有权要求出票人赔偿支票金额 2% 的赔偿金。采用支票方式的,收款单位应将收到的支票,连同填制好的两联进账单一并送银行,根据银行盖章退回的进账单第一联和有关的原始凭证,编制收款凭证。付款单位向银行提交支票时,要同时填制三联进账单,并根据银行盖章退回的进账单(回单)第一联和有关原始凭证,编制付款凭证。

5. 汇兑结算方式

汇兑是汇款人委托银行将其款项支付给收款人的结算方式。采用汇兑结算方式时,应注意《支付结算办法》规定的以下几点要求。

(1) 汇款人对汇出行已经汇出的款项退汇的规定。收款人在汇入行开立存款账户的,由汇款人与收款人自行联系;收款人未在汇入行开立存款账户的,汇款人应出具正式函件或出示本人身份证件以及原信、电汇回单,由汇出行通知汇入行,经汇入行核实汇款确未支付,方可退汇。

(2) 对汇款撤销的规定。汇款人对汇出银行尚未汇出的款项可以申请撤销,转汇银行不得受理汇款人或汇出行对汇款的撤销。

(3) 汇兑的委托日期。汇兑的委托日期是指汇款人向汇出银行提交汇兑凭证的当日。

（4）办理汇兑的现金管理。汇款人和收款人为个人，需要在汇入行支取现金的，才可以办理现金汇兑；未在银行开立账户的收款人，其转账汇兑款严禁转入储蓄和信用卡账户。

（5）会计凭证的规定。采用汇兑结算方式的，付款单位委托银行办理信汇时，应向银行填制一式四联信汇凭证：第一联回单，第二联借方凭证，第三联贷方凭证，第四联收账通知或代取款凭证。根据银行盖章退回的第一联信汇凭证，编制付款凭证。收款单位对通过信汇的方式汇入的款项，应在收到银行的收账通知时，编制收款凭证。

付款单位委托银行办理电汇时，应向银行填制一式三联电汇凭证：第一联回单，第二联借方凭证，第三联发电依据。根据银行盖章退回的第一联电汇凭证，编制付款凭证。收款单位对于通过电汇方式汇入的款项，应在收到银行的收账通知时，编制收款凭证。

6. 委托收款结算方式

委托收款是收款人委托银行向付款人收取款项的结算方式。采用委托收款结算方式时，应注意《支付结算办法》规定的以下几点。

（1）委托收款的适用范围。委托收款方式只适用于单位和个人凭已承兑商业汇票、债券和存单等付款人债务证明办理款项的结算。

（2）委托收款的拒付。根据相关规定，委托收款结算方式下只允许全额付款或全部拒绝付款，取消了部分拒绝付款的规定和银行对付款人无款支付情况下的制裁。

（3）会计凭证的规定。采用委托收款结算方式的，收款人办理委托收款时，采取邮寄划款的，应填制邮划委托收款凭证，邮划委托收款凭证一式五联：第一联回单，第二联贷方凭证，第三联借方凭证，第四联收账通知，第五联付款通知。采取电报划款的，应填制电划委托收款凭证，电划委托收款凭证一式五联：第一联回单，第二联贷方凭证，第三联借方凭证，第四联发电依据，第五联付款通知，收款人在第二联委托收款凭证上签章后，将有关委托收款凭证和债务证明提交开户银行，在收到银行转来的收账通知时，编制收款凭证，付款单位根据收到的委托收款凭证和有关债务证明，编制付款凭证。

7. 托收承付结算方式

托收承付是根据购销合同由收款人发货后委托银行向异地付款人收取款项，由付款人向银行承认付款的结算方式。目前这种结算方式的使用范围不大。使用该凭证的规定有：收款单位对于托收的款项，根据银行的收账通知和有关的原始凭证，编制收款凭证；付款单位对于承付的款项，应于承付时根据托收承付结算凭证的承付支款通知和有关发票账单等原始凭证,编制付款凭证。如拒绝付款属于全部拒付的,不作账务处理;属于部分拒付的,付款部分按上述规定处理,拒付部分不作账务处理。

(三) 银行存款余额调节表的编制

为了正确掌握银行存款的实有数,需要定期将银行存款日记账与来自银行的银行对账单进行核对,每月至少要核对一次,并编制"银行存款余额调节表"。

在银行存款日记账和银行对账单的业务和数字都一致的项目后打"√",最后未打"√"的业务便是造成两者不相符的原因,归纳起来造成两者不符的原因有两个方面。

(1) 非营利组织和银行存在一方或双方同时记账错误,如银行将收款串户记账或银行、非营利组织记账时发生数字错误,如非营利组织将"支付水费 969 元"记为"支付水费 996 元"等。

(2) 存在未达账项,未达账项是指由于结算凭证在非营利组织和银行之间的传递存在时间差,造成一方已收到凭证并已入账,而另一方尚未收到凭证仍未入账的款项。例如,2×24 年 12 月 30 日非营利组织开出一张转账支票支付货款,金额5 000 元,非营利组织已依据支票存根及发票或收据等凭证记账,贷记"银行存款"科目,而收款方却在 2×25 年 1 月 2 日向其开户行存入该款项,那么这一笔业务就出现了 12 月份非营利组织已支付,而银行未支付的未达账项情况。未达账项多数是由月末业务产生的单据传递存在时间差而造成的。

未达账项一般有四种情况:非营利组织已收款记账,而银行尚未收款记账,即"非营利组织已收,银行未收";非营利组织已付款记账,而银行尚未付款记账,即"非营利组织已付,银行未付";银行已收款记账,而非营利组织尚未收款记账,即"银行已收,非营利组织未收";银行已付款记账,而非营利组织尚未付款记账,即"银行已付,非营利组织未付"。

当记账错误和未达账项存在时,银行存款日记账的余额与银行对账单的余额是不相等的。在这种情况下,银行存款日记账余额与银行对账单余额都不能代表非营利组织银行存款的实有数。这时通过编制"银行存款余额调节表"得到的"调整后的余额"才是非营利组织银行存款的实有数。

需要说明的是,在实务中,如果首次核对,只需将银行存款日记账和银行对账单进行核对,据以编制"银行存款余额调节表",但之后月份核对时,还应将上一个月编制的"银行存款余额调节表"同本月的银行存款日记账和本月的银行对账单一起进行核对。如前述例子中所涉及的非营利组织已付款记账,而对方却在2×25 年 1 月 2 日才向其开户行存入该 5 000 元款项的业务,在编制 2×24 年12 月 30 日的"银行存款余额调节表"时,这笔业务会出现在"非营利组织已付,银行未付"的未达账项上,等到非营利组织编制 2×25 年 1 月 31 日的"银行存款余额调节表"时,这笔业务会出现在 1 月份的银行对账单款项减少项目中,但在 1 月份的银行存款日记账中却不会出现(因登记在 2×24 年 12 月)。这一笔业务实际上是与 2×24 年 12 月 30 日的"银行存款余额调节表"中"非营利组织已付,银行未付"未达账项的 5 000 元是相对应的,因此应将这对应的两笔同时打"√",否则会误认为还是未达账项。所以在实务中,在非首次核对时,一定要将上一个月编制的"银行存款余额调节表"拿出来一同核对。"银行存款余额调节表"格式如表 2-1 所示。

表 2-1

银行存款余额调节表

2×24 年 12 月 31 日

公司名称:××协会　　　　　　开户行:　　　　账号:　　　　单位:元

项目	金额	项目	金额
银行对账单余额		企业银行存款日记账余额	
加:企业已收,银行未收		加:银行已收,企业未收	
1.		1.	
2.		2.	
3.		3.	
4.		4.	
银行误记、串记(少记)		企业误记(少记)	
减:企业已付,银行未付		减:银行已付,企业未付	
1.		1.	
2.		2.	
3.		3.	
4.		4.	
银行误记、串记(多记)		企业误记(多记)	
调整后余额		调整后余额	

(四）账户设置与账务处理

1. 科目设置

为核算非营利组织存入银行或其他金融机构的存款,设置"银行存款"账户。

非营利组织的外埠存款、银行本票存款、银行汇票存款、信用卡存款等在"其他货币资金"账户核算,不在本账户核算。

2. 主要账务处理

非营利组织银行存款收支的主要业务有存款、提取和支用、利息收入、外币四类业务。

(1) 存款业务。将款项存入银行和其他金融机构时,借记"银行存款"科目,贷记"现金""应收账款""捐赠收入""会费收入"等有关科目。

【例 2-7】 2×24 年 4 月 17 日,某救灾志愿者协会收到华忠公司的抗震捐款 100 000 元,存入银行。

借:银行存款   100 000
 贷:捐赠收入   100 000

(2) 提取和支用业务。提取和支出存款时,借记"现金""应付账款""业务活动成本""管理费用"等有关科目,贷记"银行存款"科目。

【例 2-8】 2×24 年 4 月 19 日,某非营利组织提取现金 15 000 元。

借:现金   15 000
 贷:银行存款   15 000

【例 2-9】 2×24 年 4 月 23 日,某救灾志愿者协会以银行存款购买 20 000 元的抗震帐篷,送往灾区。

借:业务活动成本   20 000
 贷:银行存款   20 000

【例 2-10】 2×24 年 4 月 30 日,某非营利组织以银行存款支付当月物业管理费 1 300 元。

借:管理费用   1 300
 贷:银行存款   1 300

(3) 利息收入业务。收到存款利息时,借记"银行存款"科目,贷记"其他应收款""筹资费用"等科目。但是,收到属于在借款费用应予资本化的期间内发生的与购建固定资产专门借款有关的存款利息,借记"银行存款"科目,贷记"其他应收款""在建工程"科目。

【例 2-11】 2×24 年 5 月 20 日,某红十字会银行存款利息收入 300 元。

借:银行存款   300
 贷:筹资费用   300

?　相关思考2-1

企业会计准则对银行存款利息会计处理的规定

企业会计准则规定,收到银行存款的利息时,应贷记"财务费用"科目:

借:银行存款

　　贷:财务费用

(4) 外币业务。外币业务主要分以下五笔业务。

其一,以外币购入商品、设备、服务等,按照购入当日(或当期期初)的市场汇率将支付的外币或应支付的外币折算为人民币金额,借记"固定资产""存货"等科目,贷记"现金""银行存款""应付账款"等科目的外币账户。

【例2-12】　2×24年3月10日,某红十字会购入1 000美元的材料一批,材料已验收入库。该红十字会以当期期初的市场汇率作为记账汇率。3月1日美元的市场汇率为1∶6.8。

借:存货　　　　　　　　　　　　　　　　　　　　　　　6 800

　　贷:银行存款——美元户($1 000×6.8)　　　　　　　　　　　6 800

其二,取得外币。以外币销售商品、提供服务或者获得外币捐赠等,按照收入确认当日(或当期期初)的市场汇率将收取的外币或应收取的外币折算为人民币金额,借记"银行存款""应收账款"等科目的外币账户,贷记"捐赠收入""提供服务收入""商品销售收入"等科目。

【例2-13】　2×24年3月13日,某教会收到捐赠款5 000美元,并存入银行。该教会以当期期初的市场汇率作为记账汇率。3月1日美元的市场汇率为1∶6.8。

借:银行存款——美元户($5 000×6.8)　　　　　　　　　　　34 000

　　贷:捐赠收入　　　　　　　　　　　　　　　　　　　　　　34 000

其三,借入外币。借入外币借款时,按照借入当日(或当期期初)的市场汇率将借入款项折算为人民币金额,借记"银行存款"科目的外币账户,贷记"短期借款""长期借款"等科目的外币账户;偿还外币借款时,按照偿还当日(或当期期初)的市场汇率将偿还款项折算为人民币金额,借记"短期借款""长期借款"等科目的外币账户,贷记"银行存款"科目的外币账户。

【例2-14】　2×24年3月21日,某非营利组织向银行借入短期借款10 000美元。该非营利组织以当期期初的市场汇率作为记账汇率。3月1日美元的市场汇率为1∶6.8。

借：银行存款——美元户（$10 000×6.8）　　　　　　　　　　　　68 000
　　贷：短期借款　　　　　　　　　　　　　　　　　　　　　　　　68 000

其四,外币兑换。发生外币兑换业务时,如为购入外币,按照购入当日(或当期期初)的市场汇率将购入的外币折算为人民币金额,借记"银行存款"科目的外币账户,按照实际支付的人民币金额,贷记"银行存款"科目的人民币账户,按照两者之间的差额,借记或贷记"筹资费用"等科目;如为卖出外币,按照实际收到的人民币金额,借记"银行存款"科目的人民币账户,按照卖出当日(或当期期初)的市场汇率将卖出的外币折算为人民币金额,贷记"银行存款"科目的外币账户,按照两者之间的差额,借记或贷记"筹资费用"等科目。

【例 2-15】　2×24 年 3 月 23 日,某红十字会将 20 000 美元兑换成人民币,存入银行,当日银行的买入价为 1∶6.6。该红十字会以当期期初的市场汇率作为记账汇率。3 月 1 日美元的市场汇率为 1∶6.8。

借：银行存款——人民币户　　　　　　　　　　　　　　　　　132 000
　　筹资费用　　　　　　　　　　　　　　　　　　　　　　　　4 000
　　贷：银行存款——美元户（$20 000×6.8）　　　　　　　　　136 000

其五,期末调整。对各种外币账户的外币余额,期末时应当按照期末汇率折合为人民币。按照期末汇率折合的人民币金额与账面人民币金额之间的差额,作为汇兑损益计入当期费用,记入"筹资费用"科目。但是,属于在借款费用应予资本化的期间内发生的与购建固定资产有关的外币专门借款本金及其利息所产生的汇兑差额,应当予以资本化,记入"在建工程"科目。

【例 2-16】　2×24 年 3 月 31 日,某红十字会银行存款美元户的余额为 30 000 美元,人民币余额为 204 000 元。期末汇率为 1∶6.89。

本题汇兑损益的金额＝30 000×6.89－204 000＝2 700(元)

借：银行存款——美元户　　　　　　　　　　　　　　　　　　2 700
　　贷：筹资费用　　　　　　　　　　　　　　　　　　　　　　2 700

(5) 无法收回的银行存款。非营利组织应加强对银行存款的管理,并定期对银行存款进行检查,如果有确凿证据表明存在银行或其他金融机构的款项已经部分或者全部不能收回的,应当将不能收回的金额确认为当期损失,冲减银行存款,借记"管理费用"科目,贷记"银行存款"科目。

【例 2-17】　2×24 年 4 月 10 日,某宗教团体确定 15 000 元银行存款无法收回。

借：管理费用　　　　　　　　　　　　　　　　　　　　　　　15 000
　　贷：银行存款　　　　　　　　　　　　　　　　　　　　　　15 000

三、其他货币资金的核算

（一）其他货币资金核算的内容

其他货币资金是指除了现金和银行存款以外的货币资金。非营利组织的其他货币资金主要包括外埠存款、银行汇票存款、银行本票存款、信用卡存款、信用证保证金存款、存出投资款（或者存入其他金融机构）等。

（二）账户设置与账务处理

1. 账户设置

非营利组织在设置"其他货币资金"账户时，应按"外埠存款""银行汇票""银行本票""信用卡存款""信用证保证金存款""存出投资款"等设置明细账户，并按外埠存款的开户银行、银行汇票或本票的收款单位等设置明细账。

2. 主要账务处理

（1）外埠存款。外埠存款是指非营利组织到外地进行临时或零星采购时，汇往采购地银行开立采购专户的款项。非营利组织将款项委托当地银行汇往采购地开立专户时，借记"其他货币资金"科目，贷记"银行存款"科目。收到采购员交来供应单位发票、账单等报销凭证时，借记"存货"等科目，贷记"其他货币资金"科目。将多余的外埠存款转回当地银行时，根据银行的收账通知，借记"银行存款"科目，贷记"其他货币资金"科目。

外埠存款的核算一般分为以下环节。

其一，款项汇往采购地银行开立采购专户时：

借：其他货币资金——外埠存款——××
　　贷：银行存款

其二，支付材料款等，会计部门收到供应单位的货物发票、运单等凭证时：

借：存货等
　　贷：其他货币资金——外埠存款——××

其三，采购完毕，采购员离开采购地时，采购专户如有余额，应将剩余的外埠存款转回当地银行账户：

借：银行存款
　　贷：其他货币资金——外埠存款——××

具体核算如图 2-1 所示。

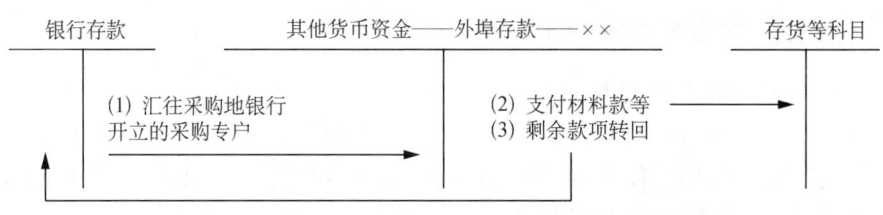

图 2-1 外埠存款核算示意图

【例 2-18】 2×24 年 4 月 13 日,某社会团体将 50 000 元汇往外地(采购地)银行开立的采购专户,准备采购材料。

借:其他货币资金　　　　　　　　　　　　　　　　　　　　　　　50 000
　　贷:银行存款　　　　　　　　　　　　　　　　　　　　　　　　　　50 000

【例 2-19】 接[例 2-18],2×24 年 4 月 16 日,某社会团体采购业务完成,共采购材料 45 000 元,依据采购员交来的供应单位发票、账单等报销凭证记账,同时将外埠采购专户中的余款转回本地银行。

借:存货　　　　　　　　　　　　　　　　　　　　　　　　　　　45 000
　　银行存款　　　　　　　　　　　　　　　　　　　　　　　　　　5 000
　　贷:其他货币资金　　　　　　　　　　　　　　　　　　　　　　　50 000

（2）银行汇票存款。银行汇票存款是指非营利组织为取得银行汇票,按规定存入银行的款项。非营利组织在填送"银行汇票申请书"并将款项交存银行,取得银行汇票后,根据银行盖章退回的申请书存根联,借记"其他货币资金"科目,贷记"银行存款"科目。非营利组织使用银行汇票后,根据发票账单等有关凭证,借记"存货"等科目,贷记"其他货币资金"科目。如有多余款或因汇票超过付款期等原因而收到退回款项,根据开户行转来的银行汇票第四联(多余款收账通知)。借记"银行存款"科目,贷记"其他货币资金"科目。

（3）银行本票存款。银行本票存款是指非营利组织为取得银行本票,按规定存入银行的款项。非营利组织向银行提交"银行本票申请书"并将款项交存银行,取得银行本票后,根据银行盖章退回的申请书存根联,借记"其他货币资金"科目,贷记"银行存款"科目。非营利组织使用银行本票后,根据发票、账单等有关凭证,借记"存货"等科目,贷记"其他货币资金"科目。因本票超过付款期等原因而要求退款时,应当填制进账单一式两联,连同本票一并送交银行,根据银行盖章退回的进账单第一联,借记"银行存款"科目,贷记"其他货币资金"科目。

（4）信用卡存款。信用卡存款是指非营利组织为取得信用卡,按照规定存入银行的款项。非营利组织应按规定填制申请表,连同支票和有关资料一并送交发卡银行,根据银行盖章退回的进账单第一联,借记"其他货币资金"科目,贷记"银行存款"科目。非营利组织用信用卡购物或支付有关费用,借记有关科目,贷记"其他货币资金"科目。非营利组织在信用卡使用过程中,需向其账户续存资金的,借记"其他货币资金"科目,贷记"银行存款"科目。

(5)信用证保证金存款。信用证保证金存款是指非营利组织为取得信用证,按规定存入银行的保证金,非营利组织向银行缴纳保证金,根据银行退回的进账单第一联,借记"其他货币资金"科目,贷记"银行存款"科目,根据开证行交来的信用证来单通知书及有关单据列明的金额,借记"存货"等科目,贷记"其他货币资金"科目和"银行存款"科目。

第三节｜投　资　的　核　算

一、投资概述

(一)投资的概念

投资有广义和狭义之分。广义的投资不仅包括对外投资,如对外长期股权投资等,还包括对内投资,如投资购买固定资产等。狭义的投资仅指对外投资,即非营利组织为增加财富或谋求其他利益,而将资产让渡给其他单位所获得的另一项资产。本书所述投资,除特殊情况外,仅指狭义的投资。

(二)投资的分类

一般而言,投资可按不同的标准分类。

1. 按照投资的流动性期限和投资目的分类,可分为短期投资和长期投资

短期投资是指非营利组织拥有的能够随时变现并且持有时间不准备超过1年(含1年)的投资。这种投资在很大程度上是为了暂时存放多余资金,并通过这种投资取得高于银行存款利率的利息收入或价差收入,这种投资待非营利组织需要使用现金时即可兑换成现金,如非营利组织购买的可上市交易的股票、债券、基金等。

由于季节性业务等原因,非营利组织往往有多余的、暂时闲置的货币资金等,为了获取比银行存款利息高的收益,非营利组织会购买有价证券。当然,这些有价证券应有公开买卖的市场,可以随时抛售变现,以满足非营利组织业务周转的需要。短期投资在1年内可以收回。

长期投资是指除短期投资以外的投资,包括长期股权投资和长期债权投资,是非营利组织不能够或者不准备随时变现、持有时间在1年(不含1年)以上的投资。

这种投资在很大程度上是为了积累整笔资金,以供特定用途之需。其是为了获得长期资产增值,通过控制其他单位或对其他单位实施重大影响而获得长期回报,或是为了达到其他长期性质的目的。非营利组织的长期投资一般都不准备在短期内转让出去或作为短期调度资金的手段。

按照投资流动性和目的分类,是为了确定投资的会计核算方法和在资产负债表中的列示。通常情况下,短期投资由于期限较短,并且能够随时变现,其在会计核算中采用较为简单的方法,在资产负债表上作为流动资产列示。而长期投资由于期限长、投资金额较大,其在会计核算中用不同的方法进行核算,在资产负债表中作为长期资产列示。因此,投资按照投资流动性和目的分类,在会计核算中具有重要意义。

长短期投资的划分主要依非营利组织管理层的意图而定:管理层准备短期持有的,作为短期投资核算;准备长期持有的,作为长期投资核算。

2. 按投资性质分类,可分为债权投资和股权投资

在《民间非营利组织会计制度》中,投资是按照其目的和期限(流动性)分类的。非营利组织在进行投资核算时,首先应当将投资分为短期投资和长期投资。在涉及长期投资的核算时,则又应当按照投资的性质进行分类,将长期投资分为长期股权投资和长期债权投资。本书也采取该分类方法对相关内容进行介绍。

债权投资是指非营利组织为了增加财富而购买债务人发行的债券,或通过委托银行贷款等其他形式所取得的债权。进行债权投资后,非营利组织成为被投资单位的债权人。债权投资的基本特点是收益稳定、风险较小。股权投资是指非营利组织为了增加财富,通过购买其他公司股票或与其他单位联营等形式所取得的股权。进行股权投资后,非营利组织即成为被投资单位的所有者或业主之一。股权投资的基本特点是收益高、风险大。

3. 按投资形式分类,可分为债券投资、股票投资、基金投资和其他投资

(1)债券投资即非营利组织以购买债券的形式对外投资。非营利组织购入债券,所关心的是定期收取的利息以及债券到期收回的本金。

(2)股票投资即非营利组织以购买股票的形式对外投资。非营利组织可以作为投资者认购股票,并成为股份有限公司的股东。

(3)基金投资即非营利组织以购买基金的形式对外投资。非营利组织作为投资者认购基金份额,成为基金持有人。

(4)其他投资是指除债券投资、股票投资和基金投资以外的其他投资,如有限责任公司的股权证投资、联营投资等。

4. 按被投资人接受投资的方式分类,可分为直接投资、委托贷款和委托投资

直接投资是指投资人将资产直接投给被投资人,如购买被投资人的股票、债券

等。委托贷款和委托投资是指投资人将资产委托给专门的投资机构,再由投资机构将资产投资给被投资人,是一种间接投资的方式。

二、短期投资的核算

(一) 账户设置

1. 设置"短期投资"账户

为了核算和监督短期投资的增加、处置和收益情况,非营利组织应设置"短期投资"账户。该账户属于资产类成本计算账户,借方登记短期投资的原始投资成本,贷方登记取得收益时对投资成本的抵减和短期投资处置时转销的投资成本,余额在借方,反映非营利组织持有的各种股票、债券、基金等短期投资的成本。该账户应按短期投资的种类设置明细账,进行明细核算;有委托贷款或者委托投资(包括委托理财)的非营利组织,还应在该账户下单设明细账户核算。

2. 设置"其他应收款"账户

非营利组织因股权投资和债权投资而应收取的现金股利或利息,一般在"其他应收款"账户内核算。

3. 设置"投资收益"账户

为了核算和监督非营利组织对外投资的损益情况,应设置"投资收益"账户。该账户属于收入类科目,借方登记投资的损失,贷方登记投资的收益。期末结转前,余额如在借方,反映非营利组织投资所发生的净损失;余额如在贷方,反映非营利组织投资所取得的净收益。结转后该账户应无余额。该账户应按投资收益的种类设置明细账,进行明细核算。如果存在限定性的投资收益,还应单独设置明细账户核算。

(二) 短期投资的主要账务处理

1. 取得短期投资

短期投资在取得时应当按照投资成本计量。

(1) 以现金购入的短期投资,按照实际支付的全部价款,包括税金、手续费等相关费用作为其投资成本,借记"短期投资"科目,贷记"银行存款"等科目。

如果实际支付的价款中包含已宣告但尚未领取的现金股利或已到付息期但尚未领取的债券利息,则按照实际支付的全部价款减去其中包含的已宣告但尚未领取的现金股利或已到付息期但尚未领取的债券利息后的金额作为短期投资成本,借记"短期投资"科目,按照应领取的现金股利或债券利息金额,借记"其他应收款"科目,按照实际支付的全部价款,贷记"银行存款"等科目。

【例2-20】 2×24 年 4 月 19 日,某非营利组织购入 M 公司债券,共支付100 000 元,其中包括已到付息期但尚未领取的债券利息 5 000 元。另支付交易税费3 000元,以银行存款支付。

借:短期投资——M公司债券   98 000

    其他应收款——M公司债券利息   5 000

    贷:银行存款   103 000

❓ **相关思考2-2**

企业会计准则规定,售价中包括的已到付息期但尚未领取的债券利息,应记入"应收利息"科目。

（2）接受捐赠的短期投资,按照所确定的投资成本,借记"短期投资"科目,贷记"捐赠收入"科目。

【例2-21】 2×24年4月20日,某非营利组织接受A公司所捐赠的股票100 000股,每股市值2元。

借:短期投资——A公司股票   200 000

    贷:捐赠收入   200 000

2. 收到利息或现金股利

收到被投资单位发放的利息或现金股利。按照实际收到的金额,借记"银行存款"等科目,贷记"短期投资"科目。但是,实际收到在购买时已记入"其他应收款"科目的利息或现金股利时,借记"银行存款"等科目,贷记"其他应收款"科目。

【例2-22】 接[例2-20],2×24年5月18日,收到M公司的债券利息5 000元,存入银行。

借:银行存款   5 000

    贷:其他应收款——M公司债券利息   5 000

持有股票期间所获得的股票股利,不作账务处理,但应在辅助账簿中登记所增加的股份。

3. 收回投资

对于收回的投资款按照已计提的减值准备,借记"短期投资跌价准备"科目,按照所出售或收回短期投资的账面余额,贷记"短期投资"科目,按照未领取的现金股利或利息,贷记"其他应收款"科目,按照其差额,借记或贷记"投资收益"科目。

【例2-23】 2×24年5月19日,某非营利组织收回N公司到期的债券投资共计60 000元,其中债券账面余额50 000元,已计提减值准备5 000元。

借：银行存款　　　　　　　　　　　　　　　　　　　　　　60 000

　　短期投资跌价准备　　　　　　　　　　　　　　　　　　5 000

　　贷：短期投资——N公司债券　　　　　　　　　　　　　　　50 000

　　　　投资收益（差额）　　　　　　　　　　　　　　　　　　15 000

4. 计提短期投资跌价准备

非营利组织应当定期或者至少于每年年度终了，对短期投资是否发生了减值进行检查。如果发生了减值，应当计短期投资跌价准备。

（1）如果短期投资的市价低于其账面价值，应当按照市价低于账面价值的差额计提短期投资跌价准备，借记"管理费用"科目，贷记"短期投资跌价准备"科目。

（2）如果以前期间已计提跌价准备的短期投资的价值在当期得以恢复，即短期投资的期末市价高于账面价值，按照市价高于账面价值的差额，在原已计提跌价准备的范围内，借记"短期投资跌价准备"科目，贷记"管理费用——短期投资跌价损失"科目。

【例2-24】　2×24年12月31日，某非营利组织所投资的B公司股票市价为160 000元，账面价值为180 000元，计提短期投资跌价准备。

借：管理费用　　　　　　　　　　　　　　　　　　　　　　20 000

　　贷：短期投资跌价准备　　　　　　　　　　　　　　　　　　20 000

三、长期投资的核算

（一）长期股权投资

长期股权投资核算非营利组织持有时间准备超过1年（不含1年）的各种股权性质的投资，包括长期股票投资和其他长期股权投资。

1. 账户设置

（1）"长期股权投资"账户。为了核算和监督长期股权投资的投出、处置、收益等情况，非营利组织应设置"长期股权投资"账户，该账户属于资产类科目，借方登记长期股权投资成本的发生期和价值的增加额，贷方登记长期股权投资成本的转销额和价值的冲减额。余额在借方，反映非营利组织持有的长期股权投资的价值，该账户应当设置"股票投资"和"其他股权投资"两个二级账户。

（2）"其他应收款"账户。

（3）"投资收益"账户。

（4）"其他收入——非货币性交易收益"明细账户。

非营利组织如果有委托贷款或者委托投资（包括委托理财）且作为长期股权投资核算的，应当在本账户下单设明细账户核算。

2. 长期股权投资的主要账务处理

长期股权投资应当采用成本法核算。如果非营利组织对被投资单位具有控制、共同控制或重大影响,应当在会计报表附注中作出相关披露。

第一,在取得长期股权投资时,应当按照取得时的实际成本作为初始投资成本,具体如下。

以现金购入的长期股权投资,按照实际支付的全部价款,包括税金、手续费等相关费用作为其初始投资成本,借记"长期股权投资"科目,贷记"银行存款"等科目。

如果实际支付的价款中包含已宣告但尚未领取的现金股利,则按照实际支付的全部价款减去其中已宣告但尚未领取的现金股利后的金额作为其初始投资成本,借记"长期股权投资"科目,按照应领取的现金股利,借记"其他应收款"科目,按照实际支付的全部价款,贷记"银行存款"等科目。

【例 2-25】 2×24 年 5 月 4 日,某非营利组织购买 C 公司股票 800 000 元,支付手续费用等 2 000 元。

借:长期股权投资——C 公司股票   802 000
 贷:银行存款   802 000

接受捐赠的长期股权投资,按照所确定的初始投资成本,借记"长期股权投资"科目,贷记"捐赠收入"科目。

【例 2-26】 2×24 年 5 月 8 日,某非营利组织接受 H 公司的股票 8 000 股,每股 50 元,另支付相关手续费 1 000 元,以银行存款支付。

借:长期股权投资——H 公司股票   401 000
 贷:捐赠收入   400 000
   银行存款   1 000

第二,长期股权投资持有期间,除非追加(或收回)投资或者发生减值,长期股权投资的账面价值一般保持不变。

被投资单位宣告发放现金股利或利润时,按照宣告发放的现金股利或利润中属于非营利组织应享有的部分,确认当期投资收益,借记"其他应收款"科目,贷记"投资收益"科目。

【例 2-27】 某非营利组织对长期投资采用成本核算法,2×24 年 5 月 10 日,B公司宣布发放现金股利,每股 0.4 元,某非营利组织持有股票 10 000 股。

借:其他应收款——B 公司股票投资收益   4 000
 贷:投资收益   4 000

实际收到现金股利或利润时,按照实际收到的金额,借记"银行存款"等科目,贷记"其他应收款"科目。

【例 2-28】 接[例 2-27]，某非营利组织收到 B 公司发放的现金股利，并存入银行。

> 借：银行存款 4 000
> 　贷：其他应收款——B公司股票投资收益 4 000

第三，处置长期股权投资时，按照实际取得的价款，借记"银行存款"等科目，按照已计提的减值准备，借记"长期投资减值准备"科目，按照所处置长期股权投资的账面余额，贷记"长期股权投资"科目，按照尚未领取的已宣告发放的现金股利或利润金额，贷记"其他应收款"科目，按照其差额，借记或贷记"投资收益"科目。

【例 2-29】 某非营利组织将持有的 D 集团公司的股票出售，出售时"长期股权投资"的账面余额为 60 000 元，"长期股权投资减值准备"账户余额为 2 000 元，取得收入 70 000 元，存入银行。

> 借：银行存款 70 000
> 　长期股权投资减值准备 2 000
> 　贷：长期股权投资——D集团公司股票 60 000
> 　　投资收益 12 000

第四，改变投资目的，将短期股权投资划转为长期股权投资，应将短期股权投资按照成本与市价孰低结转，并将据此确定的价值作为长期股权投资的成本，借记"长期股权投资"科目，按照已计提的相关短期投资跌价准备，借记"短期投资跌价准备"科目，按照原短期股权投资的账面余额，贷记"短期投资"科目，按照其差额，借记或贷记"管理费用"科目。

【例 2-30】 某非营利组织将 N 集团公司所捐赠的股票 5 000 股转为长期投资，该笔股票当前市值为每股 10 元，账面价值为每股 12 元，已计提短期投资跌价准备 2 000 元。

> 借：长期股权投资——N集团公司股票 50 000
> 　管理费用 8 000
> 　短期投资减值准备 2 000
> 　贷：短期投资——N集团公司股票 60 000

第五，期末，非营利组织应当对长期股权投资是否发生了减值进行检查。如果长期股权投资的可收回金额低于其账面价值，应当按照可收回金额低于账面价值的差额计提长期投资减值准备。如果长期股权投资的可收回金额高于其账面价值，应当在该长期股权投资期初已计提减值准备的范围内转回可收回金额高于账面价值的差额。

【例 2-31】 某非营利组织持有的 D 集团公司股票市值为 300 000 元,账面价值为 340 000 元。

借:管理费用——长期投资减值损失   40 000
  贷:长期投资减值准备   40 000

(二) 长期债权投资

长期债权投资是指非营利组织购入的在 1 年内(含 1 年)不能变现或不准备随时变现的债券和其他债权投资。

1. 账户设置

设置"长期债权投资"账户核算长期债权投资,非营利组织可以根据具体情况设置明细账户,进行明细核算,如债券投资、可转换公司债券和其他债权投资等,其中,债券投资下设面值、溢价或折价、债券费用、应收利息等明细账户。

非营利组织如果有委托贷款或者委托投资(包括委托理财)且作为长期债权投资核算的,应当在本账户下单设明细账户核算。

2. 长期债权投资的主要账务处理

(1) 取得长期债权投资时,应当将取得时的实际成本作为初始投资成本,具体如下。

① 以现金购入的长期债权投资,将实际支付的全部价款(包括税金、手续费等相关费用)作为其初始投资成本,借记"长期债权投资"科目,贷记"银行存款"等科目。如果实际支付的价款中包含已到付息日但尚未领取的债券利息,则将实际支付的全部价款减去其中已到付息日但尚未领取的债券利息后的金额作为其初始投资成本,借记"长期债权投资"科目,按照应领取的利息,借记"其他应收款"科目,按照实际支付的全部价款,贷记"银行存款"等科目。

【例 2-32】 某非营利组织在债券市场以银行存款购入一笔国债,包括税费等价款合计 180 000 元,其中已到付息期但尚未领取的债券利息 5 600 元。

借:长期债权投资——债券投资   174 400
  其他应收款   5 600
  贷:银行存款   180 000

② 接受捐赠的长期债权投资,按照所确定的初始投资成本,借记"长期债权投资"科目,贷记"捐赠收入"科目。

【例 2-33】 某非营利组织接受了 W 电器生产企业捐赠的可转换公司债券,市值 100 000 元。

借：长期债权投资——可转换公司债券　　　　　　　　　　　　　100 000
　　贷：捐赠收入　　　　　　　　　　　　　　　　　　　　　　　　100 000

（2）持有长期债权投资期间，应当按照票面价值与票面利率按期计算确认利息收入，如果是到期一次还本付息的债券投资，借记"长期债权投资债券投资（应收利息）"明细科目，贷记"投资收益"科目；如果是分期付息、到期还本的债权投资，借记"其他应收款"科目，贷记"投资收益"科目。

长期债权投资的初始投资成本与债券面值之间的差额，应当在债券存续期间，按照直线法于确认相关债券利息收入时摊销，如初始投资成本高于债券面值，按照应当分摊的金额，借记"投资收益"科目，贷记"长期债权投资"科目；如初始投资成本低于债券面值，按照应当分摊的金额，借记"长期债权投资"科目，贷记"投资收益"科目。

【例2-34】　某非营利组织所购的D公司一次还本付息债券，当期应得利息3 000元。

借：长期债权投资——债券投资（应收利息）　　　　　　　　　　3 000
　　贷：投资收益　　　　　　　　　　　　　　　　　　　　　　　　3 000

【例2-35】　某非营利组织所持E公司的债券，初始投资成本为130 000元，债券面值为120 000元，经计算，本期应分摊金额为5 000元。

借：投资收益　　　　　　　　　　　　　　　　　　　　　　　　　5 000
　　贷：长期债权投资——债券投资（溢价）　　　　　　　　　　　　5 000

（3）购入的可转换公司债券在转换为股份之前，应当按一般债券投资进行处理。可转换公司债券转换为股份时，按照所转换债券投资的账面价值减去收到的现金后的余额，借记"长期股权投资"科目，按照收到的现金等，借记"现金""银行存款"科目，按照所转换债权投资的账面价值，贷记"长期债权投资"科目。

【例2-36】　某非营利组织将D电器厂捐赠的80 000元可转换公司债券转换为股份，收到以前年度债券利息和债券转股时折余资金4 000元，余款76 000元为长期股权投资成本。

借：长期股权投资　　　　　　　　　　　　　　　　　　　　　　　76 000
　　银行存款　　　　　　　　　　　　　　　　　　　　　　　　　　4 000
　　贷：长期债权投资——可转换公司债券　　　　　　　　　　　　80 000

（4）非营利组织在处置长期债权投资时，应当将实际取得的价款合计与长期债权投资账面价值的差额，确认为当期投资收益。

处置长期债权投资时，按照实际取得的价款，借记"银行存款"等科目；按照已计提的减值准备,借记"长期投资减值准备——长期债权投资减值准备"科目;按照所处置长期债权投资的账面余额,贷记"长期债权投资"科目;按照未领取的债券利息,贷记"长期债权投资——债券投资(应收利息)"明细科目或"其他应收款——应收利息"科目;按照其差额,借记或贷记"投资收益"科目。

【例2-37】 某非营利组织将尚未到期的 N 公司的债券出售,取得款项110 000元存入银行,该债券的账面余额为90 000元,已计提的长期投资减值准备为5 000元。

```
借:银行存款                                              110 000
    长期投资减值准备                                        5 000
  贷:长期债权投资——债券投资                                 90 000
    投资收益                                              25 000
```

(5)非营利组织改变投资目的,将短期债权投资划转为长期债权投资的,应当将短期债权投资按账面价值与市价孰低结转,并将按此确定的价值作为长期债权投资的成本,借记"长期债权投资"科目,按照已计提的相关短期投资跌价准备,借记"短期投资跌价准备"科目,按照原短期债权投资的账面余额,贷记"短期投资"科目,按照其差额,借记或贷记"管理费用"科目。

【例2-38】 某非营利组织将一笔账面余额为80 000元的短期债券转换为长期投资,该笔债券的市值为86 000元,已计提短期投资跌价准备2 000元。

```
借:长期债权投资                                           80 000
    短期投资跌价准备                                        2 000
  贷:短期投资债券投资                                       80 000
    管理费用                                               2 000
```

(6)期末,非营利组织应当对长期债权投资是否发生了减值进行检查,如果长期债权投资的可收回金额低于其账面价值,应当按照可收回金额低于账面价值的差额计提长期投资减值准备,如果长期债权投资的可收回金额高于其账面价值,应当在该长期债权投资期初已计提减值准备的范围内,转回可收回金额高于账面价值的差额。

【例2-39】 某非营利组织持有 E 集团公司的债券,账面价值为130 000元,可收回金额为120 000元。

```
借:管理费用——长期投资减值损失                              10 000
  贷:长期投资减值准备                                      10 000
```

(三)其他长期投资

其他长期投资应当按照以下原则进行会计处理。

1. 其他长期投资取得

其他长期投资在取得时,应当按照取得时的实际成本作为初始投资成本。初始投资成本按以下方法确定。

(1)以现金购入的其他长期投资,按照实际支付的全部价款,包括税金、手续费等相关费用,作为初始投资成本。实际支付的价款中包含的已到期但尚未领取的权益,应当作为应收款项单独核算,不构成初始投资成本。

(2)接受捐赠取得的其他长期投资,按非货币性资产交易处理。

2. 持有期间

其他长期投资在持有期间实际取得的分红、利息等现金收益,应当确认为投资收益。

3. 其他长期投资处置

处置其他长期投资时,应当将实际取得价款与投资账面价值的差额,确认为当期投资损益。

(四)长期投资减值准备

非营利组织应当定期或者至少于每年年度终了时,对长期投资是否发生了减值进行检查,如果发生了减值,应当计提长期投资减值准备。

如果已计提减值准备的长期投资价值在以后期间得以恢复,则应当在已计提减值准备的范围内部分或全部转回已确认的减值损失,冲减当期费用。

长期投资减值准备的主要账务处理如下:

如果长期投资的期末可收回金额低于账面价值,按照可收回金额低于账面价值的差额,借记"管理费用——长期投资减值损失"科目,贷记"长期投资减值准备"科目。

如果以前期间已计提减值准备的长期投资价值在当期得以恢复,即长期投资的期末可收回金额高于账面价值,按照可收回金额高于账面价值的差额,在原计提减值准备的范围内,借记"长期投资减值准备"科目,贷记"管理费用——长期投资减值损失"科目。

第四节 │ 应收及预付款项的核算

一、应收票据的核算

(一)应收票据的概念

应收票据是非营利组织因销售商品,提供劳务等而收到的商业汇票。商业汇票是一种由出票人签发的,委托付款人在指定日期无条件支付确定金额给收款人或者持票人的票据。商业汇票的付款期限最长不得超过6个月。

按承兑人不同,商业汇票分为商业承兑汇票和银行承兑汇票。商业承兑汇票是指由付款人签发并承兑,或由收款人签发,交由付款人承兑的汇票;银行承兑汇票是指由在承兑银行开立存款账户的存款人签发,由承兑银行承兑的票据。两者的不同具体表现为汇票到期付款人无力付款时的处理:商业承兑汇票到期时,付款人若无足够的存款,银行不负责付款;银行承兑汇票到期时,无论付款人有无足够的存款,银行均需无条件付款。

按是否计息,商业汇票分为不带息商业汇票和带息商业汇票。带息票据到期时,持票人可以收到票面金额和自票据开出日到票据到期日的利息,即:票据到期值=票据面值+票据利息。不带息的票据到期时,持票人只能收到票据的面额,即:票据到期值=票据面值。

(二)账户设置

非营利组织应设置"应收票据"账户核算应收票据,取得的商业汇票记入借方,汇票到期或贴现时记入贷方,期末借方余额,反映非营利组织持有的商业汇票的票面价值和应计利息。"应收票据"账户应按"银行承兑汇票"和"商业承兑汇票"分别设置明细账户进行核算。

(三)应收票据的主要账务处理

1. 取得商业汇票

因销售商品、提供服务等收到开出、承兑的商业汇票,按照应收票据的面值,借记"应收票据"科目,贷记"商品销售收入""提供服务收入"等科目。

收到应收票据以抵偿应收账款时,按照应收票据的面值,借记"应收票据"科目,贷记"应收账款"科目。

【例2-40】 2×24年3月12日,某非营利组织销售一批商品给G公司,取得收入50 000元,购货方开出一张60天不带息的银行承兑汇票。

借:应收票据——G公司　　　　　　　　　　　　　　　　　　50 000
　　贷:商品销售收入　　　　　　　　　　　　　　　　　　　　　50 000

2. 商业汇票贴现

商业汇票到期前,非营利组织若急需资金,可以持未到期的商业汇票向银行申请贴现,以获取所需资金。持未到期的商业汇票向银行贴现,应按实际收到的金额(即减去贴现息后的净额),借记"银行存款"等科目,按贴现息部分,借记"筹资费用"等科目,按商业汇票的票面金额,贷记"应收票据"科目(适用于符合金融工具确认和计量准则有关金融资产终止确认条件的情形)或"短期借款"科目(适用于不符合金融工具确认和计量准则有关金融资产终止确认条件的情形)。应收票据贴现所得额的计算如下。

$$贴现所得额＝票据到期值－贴现息$$
$$票据到期值＝票据面值＋票据利息$$
$$贴现息＝票据到期值×贴现率×贴现期$$
$$票据贴现期＝票据期限－持票期限$$

（1）持未到期的应收票据向银行贴现,应当根据银行盖章退回的贴现凭证第四联收账通知,按实际收到的金额(即减去贴现息后的净额),借记"银行存款"科目,按照应收票据的账面余额,贷记"应收票据"科目,按照差额,借记"筹资费用"科目。

【例 2-41】　2×24 年 6 月 12 日,某非营利组织将尚未到期的银行承兑汇票贴现,该商业汇票账面余额为 120 000 元,发生的贴现息 1 800 元,实收金额 118 200 元。

借:银行存款　　　　　　　　　　　　　　　　　　118 200
　　筹资费用　　　　　　　　　　　　　　　　　　　1 800
　　贷:应收票据　　　　　　　　　　　　　　　　　　　　120 000

（2）贴现的商业承兑汇票到期,因承兑人的银行账户不足支付,申请贴现的非营利组织收到银行退回的应收票据、支款通知和拒绝付款理由书或付款人未付票款通知书时,按照所付本息,借记"应收账款"科目,贷记"银行存款"科目。如果申请贴现的非营利组织的银行存款账户余额不足,银行作逾期贷款处理时,按照转作贷款的本息,借记"应收账款"科目,贷记"短期借款"科目。

【例 2-42】　2×24 年 3 月 10 日,某非营利组织持有的一张 H 公司的商业承兑汇票到期,本息共计 160 000 元,对方账户余额不足。

借:应收账款——H 公司　　　　　　　　　　　　　160 000
　　贷:应收票据——H 公司　　　　　　　　　　　　　　160 000

（3）背书转让商业票据。将持有的应收票据背书转让,已取得所需物资时,按照所取得物资应确认的成本,借记"存货"等科目;按照应收票据的账面余额,贷记"应收票据"科目;按照实际收到或支付的银行存款等,借记或贷记"银行存款"等科目。

【例 2-43】　2×24 年 3 月 22 日,某非营利组织将持有的一张金额为 35 000 元的未到期的 F 公司的银行承兑汇票背书转让给海运公司,以购入其材料一批,材料价款 36 000 元,不足部分(1 000 元)以银行存款支付。

借:存货　　　　　　　　　　　　　　　　　　　　36 000
　　贷:应收票据——F 公司　　　　　　　　　　　　　　35 000
　　　　银行存款　　　　　　　　　　　　　　　　　　　1 000

（4）应收票据到期时，应当分以下情况处理。

① 收回应收票据，按照实际收到的金额，借记"银行存款"科目，按照应收票据的账面余额，贷记"应收票据"科目。

【例2-44】 2×24年4月13日，某非营利组织持有一张金额为113 000元的G公司的无息银行承兑汇票到期，通过银行委托收款，款已到账。

借：银行存款   113 000

    贷：应收票据——G公司   113 000

② 因付款人无力支付票款，收到银行退回的商业承兑汇票、委托收款凭证、未付票款通知书或拒绝付款证明等，按照应收票据的账面余额，借记"应收账款"科目，贷记"应收票据"科目。

【例2-45】 2×24年4月19日，某非营利组织持有的一张金额为60 000元的H公司的无息商业承兑汇票到期，H公司无力支付，收到银行未付票款通知书。

借：应收账款——H公司   60 000

    贷：应收票据——H公司   60 000

（5）无法兑现的应收票据。如果有确凿证据表明所持有的未到期应收票据不能够收回或收回的可能性不大时，按照应收票据账面余额，借记"应收账款"科目，贷记"应收票据"科目。

【例2-46】 2×24年4月21日，某非营利组织持有一张金额为40 000元的J公司未到期的无息商业承兑汇票，由于J公司经营不善，此未到期的应收票据款项收回的可能性不大。

借：应收账款——J公司   40 000

    贷：应收票据——J公司   40 000

（6）带息票据的核算。如果应收票据为带息票据，应当在持有期间的期末、贴现、背书转让或票据到期时，按照带息应收票据的票面价值和确定的利率计提利息，计提的利息增加带息应收票据的账面余额，借记"应收票据"科目，贷记"筹资费用"科目。

【例2-47】 2×24年12月31日，某非营利组织持有一张金额为100 000元的K公司带息银行承兑汇票，经计算，该票据当期应计利息为6 000元。

借：应收票据——K公司   6 000

    贷：筹资费用   6 000

（7）应收票据备查簿。非营利组织应当设置"应收票据备查簿"，逐笔登记每一应收票据的种类、号数、出票日期、票面金额、票面利率、交易合同号、付款人、承兑人、背书人的姓名或单位名称、到期日、背书转让日、贴现日期、贴现率、贴现净额、计提的利息,以及收款日期、收回金额、退票情况等资料,应收票据到期结清票款或退票后,应当在备查簿内逐笔注销。

二、应收账款的核算

(一)应收账款概述

1. 应收账款的概念

应收账款是指非营利组织因销售商品、提供服务等主要业务活动,应当向会员、购买单位或接受服务单位等收取的,但尚未实际收到的款项。

2. 应收账款的确认

应收账款应当按照其实际发生额入账,由于应收账款的确认往往与收入的确认相对应,因此,应收账款的确认时点及其金额应当依据相对应的收入确认时点和金额而定。

涉及应收账款的业务经常涉及商业折扣和现金折扣的情况,需要予以分别考虑。

(1)商业折扣。商业折扣是指非营利组织为促进商品销售而在商品标价上给予的价格扣除,销量越多、价格越低的促销策略,即通常所说的"薄利多销"。例如,企业为鼓励客户多买商品可能规定,购买 10 件以上商品给予客户 10% 的折扣。此外,非营利组织为了尽快出售一些残次、陈旧的商品,也可能降价(即打折)销售。商业折扣在销售时即已发生,并不构成最终成交价格的一部分,因此,非营利组织销售商品涉及商业折扣的,应当按照扣除商业折扣后的金额确定销售商品收入。

(2)现金折扣。现金折扣是指债权人为鼓励债务人在规定的期限内付款而向债务人提供的债务扣除。现金折扣一般用符号"折扣率/付款期限"表示,例如"2/10,1/20,N/30"表示销货方给予客户最长的付款期限为 30 天,如果客户在 10 天内付款,销货方可按商品售价给予客户 2% 的折扣;如果客户在 11~20 天内付款,销货方可按商品售价给予客户 1% 的折扣;如果客户在 21~30 天内付款,将不能享受现金折扣。

在存在现金折扣的情况下,对于应收账款入账金额的确认,我国会计准则要求采用总价法进行核算。总价法是将未扣除现金折扣前的金额作为应收账款的入账价值,现金折扣只有客户在折扣期内支付款项时方可确认。销售方给予客户的现金折扣,视为销货方为提前收回款项而发生的理财费用,会计上作为期间费用记入"筹资费用"科目。

（二）账户设置

非营利组织应设置"应收账款"账户核算应收账款，发生应收账款时记入借方，应收账款减少时记入贷方，期末借方余额反映非营利组织尚未收到的应收账款。该账户应按非营利组织赊销客户的名称设置明细账户进行核算。不设置"预收账款"账户的非营利组织，其预收的账款也在"应收账款"账户中核算。

（三）应收账款的主要账务处理

1. 发生应收账款

发生应收账款时，按照应收未收金额，借记"应收账款"科目，贷记"会费收入""提供服务收入""商品销售收入"等科目。

【例2-48】 2×24年3月13日，某非营利组织销售一批商品给Ｉ公司，实现收入20 000元，货款尚未收到。

借：应收账款——Ｉ公司	20 000
贷：商品销售收入	20 000

2. 收回应收账款

收回应收账款时，按照实际收到的款项金额，借记"银行存款"等科目，贷记"应收账款"科目。

【例2-49】 接［例2-48］，2×24年3月22日，收到Ｉ公司的货款，存入银行。

借：银行存款	20 000
贷：应收账款——Ｉ公司	20 000

3. 应收账款改用商业汇票结算

如果应收账款改用商业汇票结算，在收到承兑的商业汇票时，按照票面价值，借记"应收票据"科目，贷记"应收账款"科目。

【例2-50】 接［例2-48］，2×24年3月22日，收到Ｉ公司交来的金额为20 000元的银行承兑汇票一张，系为了结算3月13日的货款。

借：应收票据——Ｉ公司	20 000
贷：应收账款——Ｉ公司	20 000

4. 计提坏账准备

非营利组织应当定期或者至少于每年年度终了，对应收账款进行全面检查，计提坏账准备。借记"管理费用"科目，贷记"坏账准备"科目。

【例2-51】 2×24年12月31日，某非营利组织对应收账款计提坏账准备，金额为15 000元。

借：管理费用　　　　　　　　　　　　　　　　　　　　　　15 000
　　贷：坏账准备　　　　　　　　　　　　　　　　　　　　　　　15 000

5. 确认坏账准备

对于确实无法收回的应收账款应当及时查明原因，并根据管理权限，报经批准后，按照无法收回的应收账款金额，借记"坏账准备"科目，贷记"应收账款"科目。

【例2-52】　2×24年3月31日，某非营利组织确认应收L公司的货款18 000元无法收回，报经批准后予以转销。

借：坏账准备　　　　　　　　　　　　　　　　　　　　　　18 000
　　贷：应收账款——L公司　　　　　　　　　　　　　　　　　　18 000

6. 已转销的应收账款，后期又收回

如果已转销的应收账款后期又收回，按照实际收回的金额，借记"应收账款"科目，贷记"坏账准备"科目；同时，借记"银行存款"科目，贷记"应收账款"科目。

【例2-53】　接[例2-52]，2×24年4月26日，某非营利组织应收L公司交来转账支票一张，用来支付3月31日的货款18 000元。

借：应收账款——L公司　　　　　　　　　　　　　　　　　18 000
　　贷：坏账准备　　　　　　　　　　　　　　　　　　　　　　　18 000

同时：

借：银行存款　　　　　　　　　　　　　　　　　　　　　　18 000
　　贷：应收账款——L公司　　　　　　　　　　　　　　　　　　18 000

7. 销售退回

如果发生销售退回，不论是属于本年度还是属于以前年度销售的，都应冲减本期的业务收入，借记"商品销售收入"或"其他收入"科目，贷记"银行存款"或"应收账款"科目；单位为取得业务收入而发生的折扣和折让，也应当相应冲减业务收入。

【例2-54】　2×24年5月6日，因质量不符合合同要求，甲非营利组织赊销给M公司的价值3 390元的商品发生退货。

借：商品销售收入　　　　　　　　　　　　　　　　　　　　3 390
　　贷：应收账款　　　　　　　　　　　　　　　　　　　　　　　3 390

三、其他应收款的核算

(一) 其他应收款概述

其他应收款是指非营利组织除应收票据、应收账款以外的其他各项应收、暂付款项,包括应收股利、应收利息、应向职工收取的各种垫付款项、职工借款、应收保险公司赔款等。

其他应收款一般与单位的主要业务没有直接关系,而且其数额也不大。尽管如此,非营利组织对各种其他应收款仍应履行规定的手续,及时催收催报,认真进行核算,以防止类似资产发生损失。

(二) 账户设置

为了核算除应收票据、应收账款以外的其他应收及暂付款项,非营利组织应当设置"其他应收款"账户。该账户属于资产类结算账户,借方登记所发生的各种应收、暂付款项,贷方登记收回和抵销的应收、暂付款项,余额一般在借方,反映非营利组织尚未收回和抵销的应收、暂付款项,如为贷方余额,则表示非营利组织的其他应付款。

在核算过程中,为便于管理,非营利组织应当将其他应收款按具体项目进行分类,并按不同的债务人设置明细账,进行明细核算,必要时按其他应收款类别设置二级科目。在实务中,对其他应收款的核算要做到:建立、健全单位内部的备用金领用和报销管理制度;反映和监督各种垫付及其他支付的合法性;对于单位发生的损失,要分清经济责任,应由个人承担的,必须向责任人收取,应向保险公司或其他单位索赔的,要及时办理索赔及核算。

(三) 其他应收款的主要账务处理

1. 对外进行短期或长期股权投资应收取的现金股利

(1) 购入股票时,如果实际支付的价款中包含已宣告但尚未领取的现金股利,按照实际支付的全部价款减去其中已宣告但尚未领取的现金股利后的金额,借记"短期投资""长期股权投资"科目;按照应当领取的现金股利,借记"其他应收款"科目;按照实际支付的价款,贷记"银行存款"等科目。

【例 2-55】 2×24 年 3 月 27 日,某非营利组织以 60 000 元购入股票,其中包含已宣告但尚未发放的现金股利 3 000 元。

借:短期投资 57 000
　　其他应收款 3 000
　　贷:银行存款 60 000

(2) 对外长期股权投资应分得的现金股利或利润,非营利组织应当于被投资单位宣告发放现金股利或分派利润时,借记"其他应收款"科目,贷记"投资收益"或"长期股权投资"等科目。

【例2-56】 某非营利组织持有的M公司股票,2×24年3月29日,M公司宣告发放现金股利,该组织可获得现金股利7 000元。

借:其他应收款 　　　　　　　　　　　　　　　　　　　　　　　7 000
　　贷:长期股权投资——M公司 　　　　　　　　　　　　　　　　　7 000

(3)实际收到的现金股利或利润,按照实际收到的金额,借记"银行存款"科目,贷记"其他应收款"科目。

【例2-57】 接[例2-56],某非营利组织实际收到现金股利7 000元,存入银行。

借:银行存款 　　　　　　　　　　　　　　　　　　　　　　　　7 000
　　贷:其他应收款 　　　　　　　　　　　　　　　　　　　　　　7 000

2. 对外进行短期或长期债权投资应收取的利息

到期一次还本付息的长期债权投资应收取的利息,在"长期债权投资"账户核算,不在"其他应收款"账户核算。

(1)购入债券,如果实际支付的价款中包含已到付息期但尚未领取的债券利息,按照实际支付的全部价款减去其中已到付息期但尚未领取的利息后的金额,借记"短期投资""长期债权投资"科目,按照应当领取的利息,借记"其他应收款"科目,按照实际支付的价款,贷记"银行存款"等科目。

【例2-58】 2×24年4月5日,某非营利组织购入债券50 000元,其中包含已到付息期但尚未领取的债券利息1 000元。

借:长期债权投资 　　　　　　　　　　　　　　　　　　　　　49 000
　　其他应收款 　　　　　　　　　　　　　　　　　　　　　　　1 000
　　贷:银行存款 　　　　　　　　　　　　　　　　　　　　　　50 000

(2)确认投资收益。非营利组织持有分期付息、到期还本的债券以及分期付息的其他长期债权投资期间,已到付息期而应收未收的利息,应于确认投资收益时,按照应获得的利息,借记"其他应收款"科目,贷记"投资收益"科目。

【例2-59】 2×24年12月31日,某非营利组织计算所持有的长期债权投资利息5 000元。

借:其他应收款 　　　　　　　　　　　　　　　　　　　　　　5 000
　　贷:投资收益 　　　　　　　　　　　　　　　　　　　　　　5 000

（3）实际收到利息。实际收到的利息,按照实际收到的利息金额,借记"银行存款"科目,贷记"其他应收款"科目。

【例 2-60】 接［例 2-59］,2×25 年 1 月 8 日,某非营利组织的银行存款进账 5 000 元,为收到的债券利息。

借：银行存款　　　　　　　　　　　　　　　　　　　　5 000
　　贷：其他应收款　　　　　　　　　　　　　　　　　　　　　　5 000

3. 发生的其他各项应收、暂付款项的核算

发生的其他各项应收、暂付款项等,借记"其他应收款"科目,贷记"现金""银行存款"等科目;收回上述各项款项时,借记"现金""银行存款"等科目,贷记"其他应收款"科目。

【例 2-61】 2×24 年 2 月 23 日,某非营利组织职工王晓出差预借差旅费 3 000 元,以现金支付。

借：其他应收款——王晓　　　　　　　　　　　　　　　3 000
　　贷：现金　　　　　　　　　　　　　　　　　　　　　　　　3 000

四、坏账准备的核算

（一）坏账的概念及其确认

1. 坏账的概念

坏账是指非营利组织无法收回或收回的可能性极小的应收款项。由发生坏账而产生的损失,称为坏账损失。

非营利组织应当定期或者至少于每年年度终了,对应收款项进行全面检查,分析其可收回性,对预计可能产生的坏账损失计提坏账准备,确认坏账损失并计入当期费用。

2. 坏账的确认

非营利组织在判断坏账时,应当遵循会计核算的目标和原则,具体分析各应收款项的特性、金额的大小、信用期限、债务人的信誉和当时的财务状况等因素。一般来讲,非营利组织对有确凿证据表明确实无法收回的应收款项,如债务人已撤销、破产、资不抵债、现金流量严重不足等,应根据非营利组织的管理权限,经非营利组织董事会、理事会或者类似权力机构批准后,作为坏账损失。

通常情况下,非营利组织的应收款项符合下列条件之一的,应确认为坏账：

（1）债务人死亡,以其遗产清偿后仍然无法收回;

（2）债务人破产,以其破产财产清偿后仍然无法收回;

（3）债务人较长时期内未履行其偿债义务，并有足够的证据表明债务无法收回或收回的可能性极小。

（二）坏账损失的核算方法

应收款项坏账损失的核算方法主要有两种：一是直接转销法；二是备抵法。

直接转销法是指只有在坏账实际发生时，才将坏账损失予以确认，并冲销应收款项的一种核算方法。而备抵法是采用一定的方法按期预计坏账损失，计提坏账准备，并计入当期费用；当某项应收款项全部或部分被确认已经成为坏账时，按确认的坏账金额冲减已计提的坏账准备，同时转销相应的应收款项的一种核算方法。

由于坏账的发生不是非营利组织在坏账发生时的管理不善造成的，而是非营利组织自债权形成之日起的一段时期内的管理和市场方面的问题造成的，因而不能把坏账损失全部确认在坏账发生的会计期间。为了贯彻"配比性"会计原则，根据《民间非营利组织会计制度》的规定，非营利组织只能采用备抵法核算坏账损失。

非营利组织应当定期或者至少于每年年末对应收款项进行全面检查，预计各项应收款项可能发生的坏账，对没有把握收回的应收款项，应当计提坏账准备。在会计实务中，只对应收账款和其他应收款坏账计提坏账准备。对于应收票据出现的坏账，将其转入应收账款后才能计提坏账准备；对于预付账款，将其转入其他应收款后才能计提坏账准备。

（三）坏账准备的计提方法及账务处理

1. 坏账准备的计提方法

计算应提坏账准备金额的总思路是根据应收款项的数量和质量估算一个金额，再用这个金额减去前期已提坏账准备金额，得出当期应提坏账准备金额。

当期应补提或冲减的坏账准备按照以下公式计算：

当期应补提或冲减的坏账准备＝当期按应收款项计算应计提的坏账准备金额－"坏账准备"科目期初贷方余额（或＋"坏账准备"科目的借方余额）

按照上述公式：

（1）如果当期按应收款项计算出的应提坏账准备金额大于"坏账准备"科目的贷方额，应当按差额提取坏账准备；

（2）如果当期按应收款项计算出的应提坏账准备金额小于"坏账准备"科目的贷方额，应按差额冲减前期已提取的坏账准备；

（3）如果当期按应收款项计算应提坏账准备金额为零，应将前期提取的"坏账准备"余额全部冲回。

在确定应计提的坏账准备金额时,非营利组织应根据以往的经验和债务人的资信状况、财务状况、现金流量状况等相关信息予以合理估计。非营利组织应当根据应收款项的实际可收回情况合理计提坏账准备,不得多提或少提。非营利组织在确定坏账准备的计提比例时,也应当根据非营利组织以往的经验、债务单位的实际财务状况,以及其他相关信息合理地估计。

除有确凿证据表明该项应收款项不能收回,或收回的可能性不大外(如债务单位撤销、破产等),下列各种情况下一般不能全额计提坏账准备:① 当年发生的应收款项;② 计划对应收款项进行重组;③ 与关联方之间发生的应收款项;④ 除上述三种情况以外,尽管已经逾期,但无确凿证据证明不能收回的应收款项。

计算提取坏账准备的方法有应收款项余额百分比法、账龄分析法、销货百分比法和个别认定法等几种方法,非营利组织可以根据实际情况自主选择。

2. 坏账准备的账务处理

(1)账户设置。第一步,设置"坏账准备"账户,计提时贷记"坏账准备"科目,冲减核销时借记"坏账准备"科目,本科目期末余额一般在贷方,反映非营利组织已提取的坏账准备。第二步,设置"管理费用——坏账损失"账户,核算当期应提取或应冲减的坏账准备金额。以下以应收款项余额百分比法及账龄分析法为例。

(2)应收款项余额百分比法。第一步,计算坏账准备期末余额:应收账款期末余额×计提坏账准备的百分比。第二步,计算当期应计提或冲回的坏账:坏账准备期末余额-"坏账准备"科目原有余额,其中:"坏账准备"科目的原有余额="坏账准备"科目的期初余额-本期转销的坏账+本期收回已转销的坏账。

【例2-62】 2×23 年 12 月 31 日,某非营利组织对应收甲公司的账款进行减值测试。应收账款余额合计为 1 000 000 元,某非营利组织根据甲公司的资信情况确定按 10% 计提坏账准备。

本例中,"坏账准备"科目期末余额为:1 000 000×10%=100 000(元)。"坏账准备"科目原有余额为 0。本期计提的坏账准备为 100 000 元,某非营利组织 2×23 年年末计提坏账准备的会计分录为:

借:管理费用——坏账损失   100 000
    贷:坏账准备   100 000

【例2-63】 接[例2-62],2×24 年 12 月 31 日,某非营利组织 2×24 年对甲公司的应收账款实际发生坏账损失 30 000 元。

某非营利组织转销坏账时的会计处理为:

借：坏账准备 30 000

贷：应收账款 30 000

【例 2-64】　接[例 2-62]和[例 2-63],某非营利组织 2×24 年年末应收甲公司的账款余额为 1 200 000 元,经减值测试,某非营利组织决定仍按 10％计提坏账准备。

在本例中"坏账准备"科目期末余额为:1 200 000×10％＝120 000(元)。"坏账准备"科目原有余额为:100 000－30 000＝70 000(元)。本期计提的坏账准备为:120 000－70 000＝50 000(元)。某非营利组织 2×24 年年末计提坏账准备的会计分录为:

借：管理费用——坏账损失 50 000

贷：坏账准备 50 000

(3)账龄分析法。账龄分析法是指根据应收款项账龄的长短并结合以往的经验来确定坏账百分比,估计坏账损失的方法。这种方法是以应收账款被拖欠的时间越长,坏账发生的可能性就越大为前提的。

采用账龄分析法计提坏账准备,先要对应收账款按照账龄的长短进行分类,然后分别确定各类应收账款计提坏账的百分比,据以计算各类应收账款应计提的坏账准备金额,接着将各类应收账款计提的坏账准备进行加总,以求得全部应收账款应计提的坏账准备金额。采用这种方法对应收账款计提坏账准备的会计处理方法与应收账款余额百分比法相同,但计算确定的坏账准备金额比应收款项余额百分比法更精确、更合理。

(4)坏账准备的主要账务处理有以下三个步骤。

第一步,计提坏账准备。提取坏账准备时,借记"管理费用——坏账损失"科目,贷记"坏账准备"科目;冲减坏账准备时,借记"坏账准备"科目,贷记"管理费用——坏账损失"科目。

【例 2-65】　2×24 年 3 月 31 日,某非营利组织根据其他应收款、应收账款等账户余额,计提当期坏账准备 5 000 元。

借：管理费用——坏账损失 5 000

贷：坏账准备 5 000

【例 2-66】　2×24 年 4 月 30 日,某非营利组织根据其他应收款、应收账款等账户余额,冲减已计提的坏账准备 1 200 元。

借：坏账准备 1 200

贷：管理费用——坏账损失 1 200

第二步,确认坏账准备。对于确实无法收回的应收款项,应当及时查明原因,并根据管理权限,报经批准后,按照无法收回的应收账款金额,借记"坏账准备"科目,贷记"应收账款""其他应收款"等科目。

【例2-67】 2×24年5月31日,某非营利组织确认应收N公司的货款15 000元无法收回,报经批准后予以转销。

借:坏账准备 15 000
　　贷:应收账款——N公司 15 000

第三步,已转销的应收账款,后期又收回。如果已确认并转销的应收款项在以后期间又收回,按照实际收回的金额,借记"应收账款""其他应收款"科目,贷记"坏账准备"科目;同时,借记"银行存款"科目,贷记"应收账款""其他应收款"科目。

【例2-68】 接[例2-67],2×24年11月7日,N公司交来转账支票一张,用来支付5月31日的货款15 000元。

借:应收账款——N公司 15 000
　　贷:坏账准备 15 000

同时:

借:银行存款 15 000
　　贷:应收账款——N公司 15 000

五、预付账款的核算

(一) 预付账款的概念

预付账款是指非营利组织预付给商品供应单位或者服务提供单位的款项。预付款项是单位因业务需要,根据合同约定预付给供应单位的款项。预付账款和应收账款都是单位的短期债权,但两者有显著区别:应收账款是由单位销货引起的,而预付账款则是由购货引起的;应收账款需要等待客户付款,而预付账款是因本单位主动支付款项形成的。

(二) 账户设置

为了反映和监督预付款项的支出和结算情况,非营利组织应设置"预付账款"账户。该账户是一个资产类结算账户,借方登记支付的预付款项,贷方登记抵销或退回的预付账款,余额一般在借方,反映非营利组织尚未结算的预付款项。该账户有时也会出现贷方余额,反映非营利组织预付款不足抵偿货款的差额,其性质属于应付账款。

"预付账款"账户应按供应单位的名称设置明细账。在实务中,非营利组织预付账款的核算应做到:严格遵守国家的有关结算制度和订货合同,控制预付货款的范围、比例和期限,监督预付款项所订货物的入库情况,及时结算预付账款。

预付账款是非营利组织采购业务中形成的债权,如果非营利组织预付账款业务不多,可不单设"预付账款"账户,而设"应付账款"账户即可。

(三) 主要账务处理

1. 因购货而预付款项

因购货而预付款项时,按照实际预付的金额,借记"预付账款"科目,贷记"银行存款"等科目。

【例 2-69】 某非营利组织采用预付款的方式采购存货,2×24 年 4 月 19 日,以银行存款预付给 R 公司 30 000 元。

借:预付账款——R公司　　　　　　　　　　　　　　　　　30 000
　　贷:银行存款　　　　　　　　　　　　　　　　　　　　　　　30 000

2. 收到所购货物

收到所购货物时,按照应确认所购货物成本的金额,借记"存货"等科目,按照"预付账款"科目账面余额,贷记"预付账款"科目,按照退回或补付的款项,借记或贷记"银行存款"等科目。

【例 2-70】 接[例 2-69],2×24 年 4 月 22 日,某非营利组织所购存货已到,总价款 100 000 元,余款以银行存款支付。

借:存货　　　　　　　　　　　　　　　　　　　　　　　100 000
　　贷:预付账款——R公司　　　　　　　　　　　　　　　　　30 000
　　　　银行存款　　　　　　　　　　　　　　　　　　　　　　70 000

3. 其他

(1) 如果有确凿证据表明预付账款并不符合预付款项性质,或者因供货单位破产、撤销等原因收到所购货物已无望的,按照预付账款账面余额,借记"其他应收款"科目,贷记"预付账款"科目。

【例 2-71】 接[例 2-69],2×24 年 4 月 22 日,因 R 公司单位即将破产,无望再收到所购货物。

借:其他应收款——R公司　　　　　　　　　　　　　　　　30 000
　　贷:预付账款——R公司　　　　　　　　　　　　　　　　　30 000

(2) 非营利组织对其预付账款,一般不计提坏账准备。如果有确凿证据表明预付账款并不符合预付款项性质,或者因供货单位破产、撤销等原因收到所购货物已无望的,应当先将其转入其他应收款,然后再按规定计提坏账准备。

第五节 存货的核算

一、存货概述

(一) 存货的概念及特征

1. 存货的概念

存货是指非营利组织在日常业务活动中持有以备出售或捐赠的,或者为了出售或捐赠仍处在生产过程中的,或者将在生产、提供服务或日常管理过程中耗用的材料、物资、商品等,包括材料、库存商品、委托加工材料,以及达不到固定资产标准的工具、器具、用品等。

2. 存货的特征

非营利组织的存货主要有以下特征:

(1) 非营利组织持有存货的目的是出售、捐赠或耗用,既不是投资增值,也不是长期持有。存货往往在短期内被使用或者流出,这将存货与投资、固定资产和无形资产等区分开来。

(2) 非营利组织存货的状态可能是多样的,它有可能是产成品或者商品,可以直接对外出售、捐赠或者用于提供服务;有可能是购入的可以直接耗用的或者尚需加工的材料、物资等;也有可能是尚处于生产过程但尚未制成产成品的在产品或者半成品等。

(3) 非营利组织的存货具有一定的时效性。在正常的业务活动中,存货通常能在 1 年内转换为其他资产或者被耗用,但已经过时、不能耗用或长期不能出售的存货就会失去效用,变成积压物资,造成资产的损失。

(二) 存货的确认

非营利组织在判断一项资产是否应当确认为存货时,首先要看其是否符合存货的概念。其次还要看其是否同时符合以下两项条件。

第一,该存货包含的经济利益或者服务潜力很可能流入非营利组织。

第二,该存货的成本能够可靠地计量。

具体来说,存货范围确认的标准是非营利组织对货物具有法定产权或实际控制权。凡是在盘存期,法定产权或控制权属于非营利组织的物品,不论其存放何处或处于何种状态,都应该确认为非营利组织的存货。

基于以上概念、特征和确认条件,非营利组织的存货可能在不同的单位有不同的形态。例如,在一些社会团体,存货可能主要表现为一些办公用品,如果有出版物,还包括编辑、出版和发行的出版物等;在一些基金会,存货除了一些办公用品外,还可能包括接受捐赠的各类存货,如衣服、物资等,这些存货有可能将被赠送给他人,也有可能将被出售;在一些通过捐资创办的学校,购入的将发给学生使用的教材、书籍等也属于存货;在一些民间非营利的医院,自制的或者外购的药品及材料等,也属于存货核算的范围。

二、存货的入账价值

存货入账价值的确定是否正确、科学、合理,直接影响着存货的核算基础,进而影响非营利组织损益的计算。根据实际成本原则,各种存货应当按取得时的实际成本入账。

(一)取得存货实际成本的内容

存货成本包括采购成本、加工成本和其他成本。一般而言,材料、购入即为了出售的商品等,其取得成本由采购成本构成;而产成品、在产品、半成品等需要通过进一步加工取得的存货的成本,则由采购成本、加工成本以及使存货达到目前场所和状态所发生的其他成本构成。

非营利组织取得存货时,其实际成本的构成如下。

1. 采购成本

采购成本一般包括实际支付的采购价款、相关税费、运输费、装卸费、保险费等采购费用以及其他可直接归属于存货采购的费用。

(1)购货价款。这是存货价值的最主要内容。一般来讲,非营利组织购入的存货,应根据发票金额确认购货价格。但由于存在购货折扣等原因,可能出现发票价格与实际付款数额不一致的情况,在发生购货折扣的情况下,商业折扣一般已从购货价格中扣除。供货者允许扣除的现金折扣,则没有从购货价格中扣除,也不抵减有关存货的成本,在允许扣除折扣的期限内取得的现金折扣,应作为理财收益,冲减当期筹资费用。

(2)购货费用。非营利组织购入的各种存货,不仅要支付买价,在购入过程中还需支付其他一些费用,如运输费、装卸费等。

(3)相关税费。非营利组织购入存货时,除了支付物资的买价和有关的费用外,还要按规定缴纳流转税。目前我国的流转税有两种:一种是价内税,即销售价格内包含了流转税,如消费税、资源税和城市维护建设税等,这些价内税应当构成存货的实际成本;另一种是价外税,即税金不包含在销售价格中,如增值税。由于非营利组织一般不是经税务机关认定的"增值税一般纳税人",非营利组织购入存货时,不管是取得一般购货发票,还是取得增值税专用发票,都应当将增值税作为存货的实际成本;此外,还涉及进口物资的关税问题,进口物资的关税是指进口物资进口报关时按照有关规定缴纳的关税,也构成进口物资的成本。

(4)其他可直接归属于存货采购的费用。即采购成本中除上述各项以外的可直接归属于存货采购的费用,如在存货采购过程中发生的仓储费、包装费、运输途中的合理损耗和入库前的挑选整理费用等。这些费用中,能分清负担对象的,应直接计入存货的采购成本;不能分清负担对象的,应选择合理的分配方法,分配计入有关存货的采购成本。此类费用的分配方法通常为按所购存货的重量或采购价格比例进行分配。

但是,对于采购过程中发生的物资毁损、短缺等,除合理的损耗应当作为存货的其他可直接归属于存货采购的费用计入采购成本外,应区别不同情况进行会计处理,即如果属于应从供应单位、外部运输机构等收回的物资短缺或其他赔款,应当冲减存货的采购成本,如果属于因遭受意外灾害而又难以得到补偿的损失等,不得增加物资的采购成本,应当及时作为损失处理。

2.加工成本

加工成本包括直接人工以及按照合理方法分配的与存货加工有关的间接费用,包括工资、职工福利费、折旧费、修理费、办公费、水电费、物料消耗和劳动保护费等。这些费用也应构成非营利组织的在产品、产成品等存货的入账价值。这里,直接人工是指非营利组织在生产产品的过程中,直接从事产品生产的人员的工资及其福利费。直接人工和间接人工的划分依据是生产人员是否与所生产的产品直接相关。在非营利组织存货加工过程中发生的直接人工和制造费用,如果能够直接计入有关的成本核算对象,则应直接计入。否则,应按照一定方法分配计入有关成本核算对象,分配方法一经确定,不得随意变更。

3.其他成本

其他成本是指除采购成本、加工成本以外的,使存货达到目前场所和状态所发生的其他支出,如非营利组织为特定产品生产所发生的设计费等。

(二)取得存货实际成本的形式

取得存货的来源不同,其实际成本的表现形式就不同。

1.购入的存货

该存货按买价加运输费、装卸费、保险费、包装费等费用、运输途中的合理损耗和按规定应计入成本的税金以及其他可直接归属于存货采购的费用,作为实际成本。

2.自行加工的存货

该存货以制造过程中的各项实际支出作为实际成本。

3. 委托外单位加工完成的存货

该存货以实际耗用的材料或者物料成本加上加工费、运输费、装卸费和保险费以及按规定应当计入成本的税金，作为实际成本。

4. 接受捐赠的存货

如果既没有捐赠方提供的有关凭证，又暂时没有确切的证据估计出存货公允价值，则该存货暂不入账，待日后能够估计出其公允价值时再入账。

在许多非营利组织中，资产（包括存货）的一个重要来源是接受捐赠。但是由于非营利组织在取得资产时并没有付出成本或者付出的成本较小，在这种情况下，如果要对接受捐赠的资产进行确认，就无法应用历史成本原则。因为按照历史成本原则对这些资产进行确认，这些资产的入账价值将等于零或者其入账价值将远远偏离其实际价值，从而不利于真实反映非营利组织的财务状况。为此，引入了公允价值计量基础，对于接受捐赠的资产允许用公允价值进行计量。

具体来说，又可分以下三种情况。

（1）如果捐赠方提供了有关凭证（如发票、报关单、有关协议等）的，应当按照凭证上标明的金额作为实际成本。如果凭证上标明的金额与受赠资产的公允价值相差较大，或者捐赠方没有提供有关凭据的，应当以公允价值作为存货的入账价值。

在实务中，有时捐赠方所提供的凭据标明的捐赠资产的价值往往与其实际价值不相符：凭据标明的价值有时可能远远大于资产的实际价值，有时又有可能远远低于资产的实际价值。在这种情况下，如果非营利组织直接按照凭据上标明的金额入账，就会扭曲非营利组织的资产状况和财务状况。为了向信息使用者提供对其决策有用的信息，如实反映非营利组织的资产状况和财务状况，非营利组织应当采用公允价值计量接受的捐赠资产。

（2）如果捐赠方没有提供有关凭据的，受赠资产应当以公允价值作为入账价值。

（3）如果有确凿证据表明所接受捐赠资产的公允价值确实无法可靠地计量，则非营利组织应当设置辅助账，单独登记所取得资产的名称、数量、来源和用途等情况，并在会计报表附注中作相关披露。在以后的会计期间，如果该资产的公允价值能够可靠地计量，非营利组织应当在其能够可靠地计量的会计期间予以确认，并以公允价值计量。这也就是说，当接受捐赠资产的公允价值不能够可靠地计量时，制度允许非营利组织对该资产不予确认和计量，但必须在会计报表附注中予以披露。

需要指出的是，考虑到确定资产的公允价值需要较多地依赖会计人员的职业判断，因此，必须明确公允价值的含义及如何确定资产的公允价值。

公允价值是指市场参与者在计量日发生的有序交易中，出售一项资产所能收到或者转移一项负债所需支付的价格。公允价值应当按照以下顺序确定：

第一，如果同类或者类似资产存在活跃市场的，应当按照同类或者类似资产的市场价格确定其公允价值。

第二，如果同类或者类似资产不存在活跃市场，或者无法找到同类或者类似资产的，应当采用合理的计价方法确定资产的公允价值。

5. 非营利组织通过债务人以非现金资产抵偿债务方式取得的存货，或以应收债权换入的存货

对这类存货应当按照应收债权的账面价值加上应当支付的相关税费，作为实际成本。涉及补价的，分为收到补价和支付补价两种情况。

（1）收到补价的，按应收债权的账面价值减去补价、加上应支付的相关税费，作为实际成本。

（2）支付补价的，按应收债权的账面价值加上支付的补价和应支付的相关税费，作为实际成本。

6. 盘盈的存货

非营利组织对存货应当定期进行清查盘点，每年至少盘点一次，对发生的盘盈、盘亏以及变质、毁损存货，应当及时查明原因，并根据非营利组织的管理权限，经理事会、董事会或类似权力机构批准后，在期末结账前处理完毕。对于盘盈的存货，应当按照其公允价值入账，并确认为当期收入；对于盘亏或者毁损的存货，应先扣除残料价值、可以收回的保险赔偿和过失人的赔偿等，再将净损失确认为当期费用。

制度规定，对于非营利组织发生的盘盈的存货，应当采用公允价值计量，公允价值计量的方法与前述接受捐赠的资产的公允价值的计量方法相一致。而对于盘亏的存货，则应当将盘亏净损失确认为当期费用，计入管理费用。

三、发出存货的计价方法

发出存货的计价方法是指对发出存货和每次发出存货后的存货价值的计算确定方法。发出存货价值是否正确，直接影响到当期的销售成本，影响当期损益和有关税金的计算，也直接影响到各期期末存货价值的确定，从而影响到资产负债表中的相关项目。

非营利组织的业务性质不同，业务规模不一，存货收发的频繁程度以及每次收发存货的数量等都有所不同。因而，存货计价方法的选用也有所不同。在发出存货时，非营利组织应当根据实际情况，采用先进先出法、月末一次加权平均法或个别计价法，确定发出存货的实际成本。

（一）先进先出法

先进先出法是以先购入的存货应先发出（销售或耗用）的存货实物流动假设为前提，对发出存货进行计价的方法。采用这种方法，先购入的存货成本在后购入存货成本之前转出即先购入存货的成本先转出，据此确定发出存货和期末存货的成本。

（二）月末一次加权平均法

月末一次加权平均法是指以当月全部进货数量加上月初存货数量作为权数，去除当月全部进货成本加上月初存货成本，计算出存货的加权平均单位成本，以此为基础计算当月发出存货的成本和期末存货的成本的方法，其核算步骤如下。

1. 计算出加权平均单位成本

加权平均单位成本＝（月初结存存货的成本＋本月验收入库存货的成本）/（月初结存存货的数量＋本月验收入库存货的数量）

2. 计算月末结存存货的成本

由于在计算加权平均单位成本时往往不能除尽，为了保证月末结存存货的数量、单位成本与总成本相一致，在实务中，应先按加权平均单位成本计算出月末结存存货的成本，然后倒挤本月发出存货的成本，并将计算的尾差倒挤到发出存货的成本中，这种方法叫倒挤法。其公式如下：

月末结存存货的成本＝加权平均单位成本×月末结存存货的数量

3. 计算本月发出存货的成本

本月发出存货的成本＝月初结存存货的成本＋本月验收入库存货的成本－月末结存存货的成本

（三）个别计价法

个别计价法亦称个别认定法、具体辨认法、分批实际法，其特征是注重所发出存货具体项目的实物流转与成本流转之间的联系，逐一辨认各批发出存货和期末存货所属的购进批别或生产批别，分别按购入或生产存货时所确定的单位成本计算各批发出存货和期末存货的成本。即把每一种存货的实际成本作为计算发出存货成本和期末存货成本的基础，以达到存货的成本流转与实物流转完全一致。

对于不能替代使用的存货、为特定项目专门购入或制造的存货以及提供的劳务，通常采用个别计价法确定发出存货的成本。

某批发出存货的成本＝该批存货发出数量×该批存货实际的单位成本

四、存货的主要账务处理

(一) 账户设置

民间非营利组织应设置"存货"账户,取得、盘盈存货时借记"存货"科目,发出、盘亏时贷记"存货"科目。"存货"期末余额在借方,反映存货实际库存价值。"存货"账户应当按照存货的种类和存在形式设置明细账进行明细核算。

(二) 存货的主要账务处理

1. 取得存货的核算

民间非营利组织在取得存货时,应当以其成本入账。

(1) 外购的存货,按照采购成本借记"存货"科目,贷记"银行存款""应付账款"等科目。非营利组织可以根据需要在"存货"科目下设置"材料""库存商品"等明细科目。

【例 2-72】 2×24 年 3 月 28 日,某非营利组织购入一批材料,用银行存款支付货款 30 000 元。

借:存货   30 000
  贷:银行存款   30 000

(2) 自行加工或委托加工完成的存货,按照采购成本、加工成本(包括直接人工以及按照合理方法分配的与存货加工有关的间接费用)和其他成本(指除采购成本,加工成本以外的,使存货达到目前场所和状态所发生的其他支出),借记"存货"科目,贷记"银行存款""应付账款""应付职工薪酬"等科目。非营利组织可以根据实际情况,在"存货"科目下设置"生产成本"等明细科目归集相关成本。

【例 2-73】 2×24 年 4 月 3 日,某非营利组织委托某加工单位加工一批商品,开出一张转账支票,支付加工费 4 000 元。

借:存货   4 000
  贷:银行存款   4 000

(3) 接受捐赠的存货,按照所确定的成本,借记"存货"科目,贷记"捐赠收入"科目。

【例 2-74】 2×24 年 4 月 12 日,某非营利组织接受捐赠一批材料,价值为 17 000 元,材料已验收入库。

借:存货   17 000
  贷:捐赠收入   17 000

2. 发出存货的核算

民间非营利组织在发出存货时,应当根据实际情况采用个别计价法、先进先出法或者加权平均法,确定发出存货的实际成本,具体如下。

（1）在业务活动过程中领用存货,按照确定的成本,借记"管理费用"等科目,贷记"存货"科目。

【**例 2-75**】 2×24 年 4 月 17 日,某非营利组织办公室领用材料一批,价值为 4 500 元。

借:管理费用　　　　　　　　　　　　　　　　　　　　　　　　4 500
　　贷:存货　　　　　　　　　　　　　　　　　　　　　　　　　　4 500

（2）对外出售或捐赠存货,按照确定的出售存货成本,借记"业务活动成本"等科目,贷记"存货"科目。

【**例 2-76**】 2×24 年 4 月 22 日,某社会团体将一批食品捐赠给医院的病人,该批食品的成本为 3 200 元。

借:业务活动成本　　　　　　　　　　　　　　　　　　　　　　3 200
　　贷:存货　　　　　　　　　　　　　　　　　　　　　　　　　　3 200

3. 存货的清查

非营利组织应当定期对各种存货进行清查盘点,每年至少盘点一次。对于发生的盘盈、盘亏以及变质、毁损等存货,应当及时查明原因,并根据管理权限,报经批准后,在期末结账前处理完毕。

（1）如为存货盘盈,按照其公允价值,借记"存货"科目,贷记"其他收入"科目。

（2）如为存货盘亏或者毁损,按照存货账面价值扣除残料价值、可以收回的保险赔偿和过失人的赔偿等后的金额,借记"管理费用"科目,按照可以收回的保险赔偿和过失人赔偿等,借记"现金""银行存款""其他应收款"等科目,按照存货的账面余额,贷记"存货"科目。

【**例 2-77**】 2×24 年 12 月 31 日,社会团体进行存货的年末盘点,盘盈原料 10 件,每件价值 50 元。

借:存货　　　　　　　　　　　　　　　　　　　　　　　　　　500
　　贷:其他收入　　　　　　　　　　　　　　　　　　　　　　　　500

【**例 2-78**】 2×24 年 12 月 31 日,某社会团体进行存货的年末盘点,盘亏产成品 80 件,每件价值 70 元。

借:管理费用　　　　　　　　　　　　　　　　　　　　　　　　5 600
　　贷:存货　　　　　　　　　　　　　　　　　　　　　　　　　　5 600

五、存货跌价准备

存货跌价准备是指非营利组织提取的存货跌价准备。非营利组织应当定期或者至少于每年年度终了,对存货是否发生减值进行检查,并按照成本与可变现净值孰低法进行相应的处理。如果发生了减值,则应当计提存货跌价准备。

如果已计提跌价准备的存货价值在以后期间得以恢复,则应当在已计提跌价准备的范围内部分或全部转回已确认的跌价损失,冲减当期费用。

成本与可变现净值孰低法是指对期末存货按照成本与可变现净值两者之中较低者计价的方法。当成本低于可变现净值时,存货按成本计价;当可变现净值低于成本时,存货按可变现净值计价。这里所讲的"成本"是指存货的历史成本,"可变现净值"是指非营利组织在正常业务活动过程中,以存货的估计售价减去至完工将要发生的成本以及销售所必需的费用后的价值,并不是指存货的现行售价。在估计可变现净值时,还应当考虑持有存货的其他因素。例如,有合同约定的存货,通常按合同价作为计算基础。如果非营利组织持有存货的数量大于销售合同订购的数量,超出部分存货的可变现净值应以一般销售价格为计算基础。

第六节 固定资产的核算

一、固定资产概述

(一)固定资产的含义

固定资产是指非营利组织同时具有以下特征的有形资产:

(1)为行政管理、提供服务、生产商品或者出租目的而持有的;

(2)预计使用年限超过1年;

(3)单位价值较高。

(二)固定资产的特征

(1)固定资产的使用年限超过1年,且在使用过程中保持原来的物质形态不变。这表明,非营利组织为了获得资产并将其投入业务活动而发生的支出属于资本性支出而不是收益性支出。按照权责发生制的要求,凡支出的效益与几个会计年度相关的,应当作为资本性支出。固定资产所提供效益的时间长于一个会计年度,因此,为购置固定资产所发生的支出属于资产性支出,应将其资本化,然后再根据各期的受益程度将其价值逐步摊销转作费用。在固定资产的使用过程中,其价值虽在逐渐减少,但其物质形态基本保持不变。

(2)固定资产的使用寿命是有限的(土地和文物资源除外)。这说明了计提折旧的必要性。固定资产随着不断使用、磨损会逐渐丧失服务能力,因此就必须在其有效的使用年限内计提折旧费用,这不仅是为了使非营利组织将来有能力重置资产,维持业务的持续经营,更主要的是为了把购置固定资产的支出分配于各个收益期,实现收入与费用的正确配比。

(3) 取得固定资产是用于业务活动而不是为了出售。这是固定资产区别于商品等流动资产的重要标志。非营利组织外购的某些资产也可能价值很高且非营利组织占有(或存放)时间较长,但如果其购置目的不是使用而是为了出售,就不能作为固定资产,而应列为流动资产。

(三) 固定资产的确认标准

(1) 固定资产的各主要组成部分是否可以单独确认。非营利组织的某些固定资产可能由多个部分组成,这些不同的组成部分是否可以单独作为固定资产加以确认,主要是看这些组成部分与固定资产整体在使用过程中为非营利组织提供服务的方式以及使用年限是否相同。如果固定资产的各组成部分以不同的方式为非营利组织提供服务,或具有不同的使用年限,则可单独确认为固定资产。

(2) 一些不重要的资产(如工具、模具等),在我国的会计实务中,一般是将其作为低值易耗品核算和管理。

(四) 固定资产的分类

非营利组织的固定资产种类繁多、规格不一,为加强管理,便于组织会计核算,非营利组织有必要对固定资产进行合理的分类。根据不同的管理需要和核算要求以及不同的分类标准,固定资产有不同的分类方法。常见的固定资产分类方法主要有按经济用途分类、按使用情况分类。

1. 按固定资产经济用途分类

按固定资产经济用途分类,非营利组织的固定资产可分为行政管理用固定资产和非行政管理用固定资产。

(1) 行政管理用固定资产是指直接用于非营利组织行政管理的各种固定资产,如办公用房屋、建筑物,办公用车,办公用家具和办公用设备(如计算机)等。

(2) 非行政管理用固定资产是指非营利组织除行政管理用固定资产以外的其他固定资产,如用于制造存货的房屋、建筑物、机器、设备、器具和工具等。

2. 按固定资产使用情况分类

按固定资产使用情况分类,非营利组织的固定资产可分为使用中固定资产、未使用固定资产和不需用固定资产。

(1) 使用中固定资产是指正在使用中的各项固定资产。由于季节性或大修理等原因,暂时停止使用的固定资产仍属于非营利组织使用中的固定资产;非营利组织出租(指经营性租赁)给其他单位使用的固定资产和内部替换使用的固定资产也属于使用中的固定资产。

(2)未使用固定资产是指已完工或已购建的尚未正式使用的新增固定资产以及因进行改建、扩建等原因暂停使用的固定资产,如非营利组织购建的尚未正式使用的固定资产,因工作任务变更停止使用的固定资产以及主要的备用设备等。

(3)不需用固定资产是指非营利组织多余的或不适用的固定资产。

按照固定资产使用情况分类,有利于反映非营利组织固定资产的使用情况及比例关系,便于分析固定资产的利用效率,挖掘固定资产的使用潜力,促使非营利组织合理地使用固定资产。

二、固定资产核算的账户设置

(一)"固定资产"账户

为了核算和监督非营利组织固定资产的取得、处置、报废和结存情况,非营利组织应设置"固定资产"账户。该账户属于资产类账户,借方登记非营利组织取得和盘盈固定资产的原价,贷方登记非营利组织处置、报废和盘亏固定资产的原价,期末余额在借方,反映非营利组织期末固定资产的账面原价。

非营利组织应当设置"固定资产登记簿"和"固定资产卡片",按固定资产类别、使用部门和每项固定资产进行明细核算。

经营租入的固定资产,应当另设辅助簿进行登记,不在本账户核算。

(二)"累计折旧"账户

为了核算和监督非营利组织固定资产折旧的提取、转销和结余情况,应设置"累计折旧"账户。该账户属于资产类备抵账户,借方登记因固定资产的处置、报废和盘亏等原因而转销的金额,贷方登记非营利组织提取的或因固定资产的取得而转增的折旧金额。期末余额在贷方,反映非营利组织提取的资产折旧的累计数。

该账户不进行明细分类核算。

(三)"在建工程"账户

非营利组织为了正确地计算在建工程的成本并形成自行建造、安装、改造的固定资产的原始价值或大修理支出总额,应设置"在建工程"账户。该账户属于资产类成本核算账户,借方登记工程建造过程中发生的各种支出,贷方登记结转的完工或报废工程成本。期末余额在借方,反映非营利组织尚未完工的基建工程发生的各项实际支出。

该账户应当设置的明细账户有建筑工程、安装工程、施工前期准备、技术改造工程、大修理工程及其他支出。

非营利组织应当设置"在建工程其他支出备查簿"，专门登记基建项目发生的构成项目核算内容但不通过"在建工程"账户核算的其他支出，包括按照建设项目核算内容购置的不需要安装设备、现成房屋、无形资产以及发生的递延费用等。非营利组织在发生上述支出时，应当通过"固定资产""无形资产"和"长期待摊费用"账户核算，但同时应在"在建工程其他支出备查簿"中进行登记。

（四）"存货——工程物资"账户

为了核算和监督非营利组织为基建工程、技术改造工程和大修理工程准备的各种物资的取得、发出、处置和结存等情况，可在"存货"总账账户下设置"存货——工程物资"二级明细账户。该账户属于资产类科目，借方登记工程物资的取得数，贷方登记工程物资的发出、处置等减少数。余额在借方，反映非营利组织为工程购入的但尚未领用的专用材料的实际成本，购入需要安装设备的实际成本以及为生产准备但尚未交付的工具及器具的实际成本。

该账户应设置的三级明细账户有专用材料、专用设备、预付大型设备款、生产准备的工具及器具。

建造业务少的非营利组织可不设置"存货——工程物资"二级明细账户，而只设置"存货"总账账户。

（五）"固定资产清理"账户

为了核算和监督非营利组织在固定资产清理过程中发生的成本、税费和收入情况，正确计算固定资产清理损益，应设置"固定资产清理"账户，借方登记清理过程中发生的成本和税费，贷方登记固定资产清理过程中发生的各种收入。其余额反映尚未清理完毕的固定资产的价值以及清理净收入（清理收入减去清理费用）。

该账户应按被清理的固定资产设置明细账，进行明细核算。

三、固定资产的初始计量

（一）固定资产初始计量的基本原则

《民间非营利组织会计制度》规定，固定资产初始计量的基本原则是采用实际成本原则，即固定资产在取得时，应当按取得时的实际成本入账。取得时的实际成本应当包括买价、包装费、运输费、缴纳的有关税金等相关费用，以及为使固定资产达到预定可使用状态前所必要的支出。

在实务中，固定资产初始成本的确定因其取得方式的不同而有所不同，比如外购的、自行建造的、融资租入的、接受捐赠的、非货币性交易换入的、盘盈的固定资产，其成本的构成和计量均会有所不同。

（二）外购的固定资产

外购的固定资产，按照实际支付的买价、相关税费以及为使固定资产达到预定可使用状态前发生的可直接归属于该固定资产的其他支出（如运输费、安装费、装卸费等），借记"固定资产"科目，贷记"银行存款""应付账款"等科目。

如果以一笔款项购入多项没有单独标价的固定资产，按照各项固定资产公允价值的比例对总成本进行分配，分别确定各项固定资产的入账价值。

在实务中，应当区分购入不需要安装的固定资产和购入需要安装的固定资产，分别进行账务处理。

1. 购入不需要安装的固定资产

购入不需要安装的固定资产是指非营利组织购入的固定资产不需要安装就可以直接交付使用。非营利组织应按购入时实际支付的买价、包装费、运杂费、保险费、专业人员服务费和相关税费等，借记"固定资产"科目，贷记"银行存款"等科目。

【例2-79】 2×24年3月15日，某非营利组织购入一台电脑，买入价20 000元，相关税费等1 000元，共计21 000元，以银行存款支付。

借：固定资产   21 000
　　贷：银行存款   21 000

2. 购入需要安装的固定资产

购入需要安装的固定资产是指非营利组织购入的固定资产需要经过安装才能交付使用。非营利组织购入固定资产时实际支付的买价、包装费、运杂费、安装费、保险费、专业人员服务费和相关税费等均应通过"在建工程"账户核算；待安装完毕达到预定可使用状态时，由"在建工程"账户转入"固定资产"账户。

非营利组织购入固定资产时，按实际支付的买价、包装费、运杂费、安装费、保险费和相关税费等，借记"在建工程"科目，贷记"银行存款"科目；发生的专业人员服务费等，应借记"在建工程"科目，贷记"银行存款"等科目；安装完毕达到预定可使用状态时，按其实际成本，借记"固定资产"科目，贷记"在建工程"科目。

【例2-80】 2×24年4月10日，某非营利组织购入一台需要安装的设备，价款40 000元，支付运杂费等500元，均以银行存款支付；4月20日安装时，领用材料费3 500元，以银行存款支付安装费2 000元；4月21日安装完毕。假设不考虑其他税费。

① 4月10日，购入设备时。

借：在建工程   40 500
　　贷：银行存款   40 500

② 4月20日，安装时。

```
借：在建工程                                          5 500
    贷：存货——工程物资                                    3 500
      银行存款                                          2 000
```

③ 4 月 21 日，安装完毕。

```
借：固定资产                                          46 000
    贷：在建工程                                          46 000
```

（三）自行建造的固定资产

非营利组织自行建造的固定资产应当按照建造该项资产达到预定可使用状态前所发生的全部必要支出确定其成本。

在实务中，应当区分自营工程和出包工程进行核算。

1. 自营工程

对于自营工程，非营利组织应当按照为建造工程所发生的直接材料费、直接人工费、直接机械使用费等确定其成本。

（1）领用材料物资时，应当按照所领用材料物资的账面金额，借记"在建工程"科目，贷记"存货"科目。

（2）发生应负担的职工工资时，按照实际应负担的工资金额，借记"在建工程"科目，贷记"应付职工薪酬"科目。

（3）对于工程应当分摊的水、电等其他费用，按照实际应分摊的金额，借记"在建工程"科目，贷记"银行存款"等科目。

【例 2-81】　某非营利组织 2×24 年 5 月利用剩余生产能力自行制造一台设备。在建造过程中主要发生以下支出。

① 5 月 15 日，领用材料物资 30 000 元。

② 5 月 28 日，用银行存款支付自营工程的电费共计 3 000 元。

③ 5 月 31 日，自营工程应负担人工费 10 000 元。

④ 5 月 31 日，设备达到预定可使用状态。

会计处理如下。

① 5 月 15 日，领用材料物资 30 000 元。

```
借：在建工程                                          30 000
    贷：存货——工程物资                                    30 000
```

② 5 月 28 日，用银行存款支付自营工程的电费共计 3 000 元。

```
借：在建工程                                          3 000
    贷：银行存款                                          3 000
```

③5月31日,自营工程应负担人工费10 000元。

借:在建工程　　　　　　　　　　　　　　　　　　　　　10 000
　　贷:应付职工薪酬　　　　　　　　　　　　　　　　　　　　　10 000

④5月31日,设备达到预定可使用状态。
设备制造成本＝30 000＋3 000＋10 000＝ 43 000(元)

借:固定资产　　　　　　　　　　　　　　　　　　　　　43 000
　　贷:在建工程　　　　　　　　　　　　　　　　　　　　　43 000

2. 出包工程

对于非营利组织的出包工程,应当按照应支付的工程价款等确定其成本,具体如下。

(1) 按照合同规定向承包商预付工程款、备料款时,按照实际预付的金额,借记"在建工程"科目,贷记"银行存款"科目。

(2) 与承包商办理工程价款结算时按照补付的工程款,借记"在建工程"科目,贷记"银行存款""应付账款"等科目。

(3) 属于在建工程发生的工程管理费、征地费、可行性研究费等,借记"在建工程"科目,贷记"银行存款"等科目。

需要说明的是,无论是自营工程还是出包工程,非营利组织发生的为购建固定资产的专门借款的借款费用,在允许资本化的期间内,应当按照实际发生的专门借款的借款金额,借记"在建工程"科目,贷记"长期借款"等科目。

当所建造的固定资产已达到预定可使用状态时,非营利组织应当将在建工程转为固定资产,按照在建工程的成本,借记"固定资产"科目,贷记"在建工程"科目。

❓ 相关思考2-3

如何判断所构建的固定资产是否达到预定可使用状态

在判断一项所购建的固定资产是否达到预定可使用状态时,需要会计人员根据实质重于形式的原则进行职业判断,具体可以从以下几个方面进行判断。

(1) 固定资产的实体建造(包括安装)工作已经全部完成或实质上已经完成,即认为固定资产的购建工作已经完成。

(2) 所购建的固定资产与设计要求或者合同要求相符或者基本相符,即使有个别与设计或者合同要求不相符的地方,也不影响其正常使用。

(3) 继续发生在所购建固定资产上的支出金额很少或者几乎不再发生。

【例2-82】 某非营利组织将一幢厂房的建造工程出包给甲公司承建。2×24年

3月5日,其按合理估计的发包工程进度和合同规定,向甲公司结算进度款 600 000 元。7月25日工程完工后,其收到甲公司有关工程结算单据,补付工程款 400 000 元。7月31日,工程完工并达到预定可使用状态。

会计处理如下。

① 3月5日按合理估计的发包工程进度和合同规定向甲公司结算进度款时。

借：在建工程 600 000
　　贷：银行存款 600 000

② 7月25日工程完工后,补付工程款时。

借：在建工程 400 000
　　贷：银行存款 400 000

③ 7月31日工程完工并达到预定可使用状态时。

借：固定资产 1 000 000
　　贷：在建工程 1 000 000

(四) 融资租入的固定资产

融资租入的固定资产,按照租赁协议或者合同确定的价款、运输费、途中保险费、安装调试费以及融资租入固定资产达到预定可使用状态前发生的借款费用等,确认其入账价值,借记“固定资产——融资租入固定资产”明细科目,贷记“长期应付款”科目。租赁期满,如果按照约定将资产所有权转归本非营利组织,应将固定资产从“融资租入固定资产”明细账户转入有关固定资产明细账户。

【例 2-83】 某非营利组织于 2×19 年 1 月 1 日采用融资租赁方式租入一台 A 设备,设备买价为 80 000 元。根据租赁协议,租赁价值为 100 000 元。租期 5 年,每年年末应付租金 20 000 元。5 年期满,该非营利组织可以 1 500 元的价格购买该设备的所有权(估计此时设备的公允价值 7 000 元)。另外,在 2 个月的安装期内,该非营利组织支付运杂费、途中保险费、安装调试费 20 000 元。

该非营利组织的会计处理如下。

① 2×19 年 1 月 1 日租入设备时。

租赁协议确定的设备总价值＝100 000＋1 500＝101 500(元)

借：在建工程——A 设备 101 500
　　贷：长期应付款——应付融资租赁款 101 500

② 2×19 年 2 月月末安装完毕时。

借：在建工程——A 设备 20 000
　　贷：银行存款 20 000

二维码2-4 与经营性租赁相比，融资租赁的特点

| 借：固定资产——融资租入固定资产 | 121 500 | |
| 贷：在建工程——A设备 | | 121 500 |

③ 2×19年年末支付租金时。

| 借：长期应付款——应付融资租赁款 | 20 000 | |
| 贷：银行存款 | | 20 000 |

④ 2×20至2×23年年末支付租金时。

| 借：长期应付款——应付融资租赁款 | 20 000 | |
| 贷：银行存款 | | 20 000 |

⑤ 2×23年年末购买A设备所有权时。

| 借：长期应付款——应付融资租赁款 | 1 500 | |
| 贷：银行存款 | | 1 500 |

| 借：固定资产——业务用固定资产（A设备） | 121 500 | |
| 贷：固定资产——融资租入固定资产（A设备） | | 121 500 |

（五）接受捐赠取得的固定资产

非营利组织接受捐赠取得的固定资产，按确定的入账价值，借记"固定资产"科目，贷记"捐赠收入"科目。

延伸阅读2-1 ....

接受捐赠收到的固定资产入账价值的确定

对于非营利组织接受捐赠收到的固定资产，应当按照以下方法确定其入账价值。

（1）如果捐赠方提供了有关凭据（如发票、报关单、有关协议等）的，应当按照凭据上标明的金额作为入账价值。

（2）如果捐赠方没有提供有关凭据，或者凭据上标明的金额与受赠资产公允价值相差较大，受赠资产应当以其公允价值作为入账价值。

（3）如果捐赠方没有提供有关凭据，且有确凿的证据表明该资产的公允价值确实无法可靠计量，应当按照名义金额（即人民币1元）入账。

（4）接受捐赠时发生的应归属于其自身的相关税费、运输费等，应当计入筹资费用。

【例2-84】 某非营利组织接受捐赠的设备一台，报关单上标明的金额为30 000元，发生的运杂费、包装费为1 000元。

借：固定资产	31 000	
贷：捐赠收入		30 000
银行存款		1 000

四、固定资产折旧的计提

（一）固定资产折旧的概念及其性质

折旧是指在固定资产的使用寿命内,按照确定的方法对应计折旧额进行的系统分摊。非营利组织的固定资产可以长期进行业务活动仍保持其原有的实物状态,但其价值将随着使用而逐渐转移到业务成本中,或构成非营利组织的费用。这部分随着固定资产磨损而逐渐转移的价值即为固定资产的折旧。其中,应计折旧额是指应当计提折旧的固定资产原价扣除其预计净残值后的余额。如果已对固定资产计提减值准备,还应当扣除已计提的固定资产减值准备累计金额。

按照规定,非营利组织应当对固定资产计提折旧,在固定资产的预计使用寿命内系统地分摊固定资产的成本。

《民间非营利组织会计制度》没有对固定资产的预计使用寿命和预计净残值作出具体的规定,而是要求非营利组织根据固定资产的性质和消耗方式,合理地确定固定资产的预计使用寿命和预计净残值。

实务中,非营利组织在确定一项固定资产的使用寿命时,主要应当考虑下列因素。

（1）该资产的预期服务潜力或者生产能力。

（2）该资产的有形损耗。有形损耗是指由于使用和自然力的影响而引起的固定资产使用价值和价值的损失,例如,由于使用而发生的机械磨损或自然因素的侵蚀(空气、水分的侵蚀等)等造成固定资产使用价值和价值的不断降低和损失。

（3）该资产的无形损耗。无形损耗是指由于科学技术进步等引起的固定资产价值的损失。例如,随着时间的推移,原有的设备已经陈旧,生产出的产品不能满足市场的需要,或者,由于科学技术的进步,新的、性能更先进的设备产生,使同产品的成本和价格大大降低,从而使继续使用原来的设备在经济上变得不合理,而不得不用更先进的机器设备,使原有的设备提前报废。随着科学技术的迅猛发展,固定资产的无形损耗将更为明显。

（4）有关资产使用的法律或者类似的限制。

非营利组织在估计一项固定资产的预计使用寿命时,应当在考虑上述因素的基础上,结合不同固定资产的性质、消耗方式、所处环境等因素作出判断。在相同环境条件下,对同样的固定资产的预计使用寿命应具有相同的预期。

（二）影响固定资产折旧的因素

固定资产的应计折旧额应当在其使用年限内系统而合理地摊销。为了保证合理、正确地计提固定资产的折旧,要了解影响固定资产折旧的因素。

1. 原始价值（折旧的基数）

固定资产折旧的基数一般为取得固定资产的原始成本,即固定资产的账面价值。在西方一些国家,也有人主张以固定资产的重置完全成本(或重估价)为依据计提折旧。

2. 预计净残值

固定资产的净残值是指固定资产报废时预计可以收回的残余价值扣除预计清理费用后的数量。由于在计算折旧时,对固定资产的残余价值和清理费用只能人为地估计,因而不可避免地会存在主观性。在计算纳税所得时,为了避免人为调整净残值的数额从而调整折旧额,固定资产的净残值比例在其原价的 5% 以内的,可以由非营利组织自行确定;由于情况特殊,需要调整残值比例的,应报主管税务机关备案。

3. 使用年限

固定资产使用年限的长短直接影响各期应提的折旧额。在确定固定资产使用年限时,不仅要考虑固定资产的有形损耗,还要考虑固定资产的无形损耗。由于很难准确估计固定资产的有形损耗和无形损耗,因此,对固定资产的使用年限也只能预计,同样具有主观随意性。非营利组织应根据国家的有关规定,结合非营利组织的具体情况合理地确定固定资产的折旧年限。

4. 减值准备

固定资产减值准备是指固定资产已计提的减值准备的累计金额。非营利组织计提固定资产减值准备后,应当在剩余使用寿命内根据调整后的固定资产账面价值(固定资产账面余额扣减累计折旧和累计减值准备后的金额)和预计净残值重新计算确定折旧率和折旧额。

(三) 固定资产折旧的范围

确定固定资产折旧的范围:一是要从空间范围上确定哪些固定资产应当提取折旧,哪些固定资产不应当提取折旧;二是要从时间范围上确定固定资产计提折旧的起止时间。

非营利组织的下列固定资产不计提折旧。

(1) 作为固定资产进行会计处理的图书档案、艺术品、标本模型、动植物和以名义金额计量的固定资产等不计提折旧。

(2) 已提足折旧继续使用的固定资产。所谓提足折旧,是指已经提足该项固定资产应提的折旧总额。应提的折旧总额为固定资产原价减去预计净残值。

(3) 提前报废的固定资产,不再计提折旧。

除上述不计提折旧的固定资产外,其他固定资产一律按规定计提折旧。

非营利组织一般应按月计提折旧。当月增加的固定资产,当月计提折旧;当月减少的固定资产,当月不提折旧。

🅠 **相关思考2-4** ··

确定计提折旧的范围时需要注意的问题

在确定计提折旧的范围时,还应注意以下几点。

非营利组织因更新改造、计提减值准备等原因而调整固定资产价值的,应当根据调整后的价值,预计尚可使用的年限和净残值,按选定的折旧方法计提折旧。

对于接受捐赠的旧的固定资产,非营利组织应当按照规定的固定资产入账价值、预计尚可使用年限、预计净残值,以及非营利组织所选用的折旧方法,计提折旧。

固定资产提足折旧后,无论能否继续使用,均不再提取折旧;提前报废的固定资产,也不再补提折旧。

融资租入的固定资产,应当采用与自有应提折旧资产相一致的折旧政策。能够合理确定租赁期届满时将会取得租赁资产所有权的,应当在租赁资产尚可使用年限内计提折旧;无法合理确定租赁期届满时是否能够取得租赁资产所有权的,应当在租赁期与租赁资产尚可使用年限两者中较短的期间内计提折旧。

(四) 固定资产的折旧方法

非营利组织应当按照固定资产所含经济利益或者服务潜力的预期实现方式选择折旧方法,可选用的折旧方法包括年限平均法、工作量法、双倍余额递减法和年数总和法。其中,年限平均法和工作量法属于固定资产折旧的直线法;双倍余额递减法和年数总和法属于加速折旧法。

折旧方法一经确定,不得随意变更。如果由于固定资产所含经济利益或服务潜力预期实现方式发生大改变而确实需要变更的,应当在会计报表附注中披露相关信息。

1. 年限平均法

(1) 年限平均法的含义。年限平均法是指将固定资产的应计折旧额均衡地分摊到固定资产预计使用寿命内的一种方法。采用这种方法计算的每期折旧额均相等。

(2) 年限平均法的计算。采用年限平均法,可按以下两种思路进行计算。

第一种思路计算步骤。

第一步:

$$年折旧额 = \frac{固定资产原值 - 预计净残值}{预计折旧年限}$$

$$= \frac{固定资产原值 \times (1 - 预计净残值率)}{预计折旧年限}$$

第二步：

$$月折旧额＝年折旧额÷12$$

第二种思路计算步骤。

第一步：

$$年折旧率＝\frac{1－预计净残值率}{预计使用年限}×100\%$$

$$月折旧率＝年折旧率÷12$$

第二步：

$$年折旧额＝固定资产原价×年折旧率$$

$$月折旧额＝年折旧额÷12（或固定资产原价×月折旧率）$$

【例2-85】 某非营利组织有一幢厂房，原价为500 000元，预计可使用20年，预计净残值率为4％，采用年限平均法计算月折旧额。

第一种思路。

第一步：

$$年折旧额＝\frac{500\,000×(1－4\%)}{20}＝24\,000（元）$$

第二步：

$$月折旧额＝24\,000÷12＝2\,000（元）$$

第二种思路。

第一步：

$$年折旧率＝(1－4\%)÷20＝4.8\%$$

$$月折旧率＝4.8\%÷12＝0.4\%$$

第二步：

$$年折旧额＝500\,000÷4.8\%＝24\,000（元）$$

$$月折旧额＝24\,000÷12＝2\,000（元）$$

或

$$月折旧额＝500\,000×0.4\%＝2\,000（元）$$

（3）年限平均法的优缺点。年限平均法的优点是计算简便、容易理解，在实务中应用较为广泛。其缺点是只注重固定资产的使用时间，忽视了使用状况。无论固定资产使用强度如何，各期都计提相同的折旧，难以实现收入与费用的正确配比。

（4）年限平均法的适用范围。年限平均法适用于各个时期使用程度和使用效率大致相同的固定资产。

2. 工作量法

（1）工作量法的含义。工作量法是以固定资产预计可完成的工作总量为分摊标准，根据每期实际工作量计算应提折旧额的一种方法。采用这种方法，各期计提的折旧额随着当期工作量的变动而变动。

工作量法实际上是年限平均法的一种演变，即将分配折旧的标准由固定资产使用年限改为了工作量，因此，工作量法也被归类为直线法。

不同的固定资产应按不同的工作量标准计算折旧，如机器设备应按工作小时计算折旧，运输工具应按行驶里程计算折旧等。

（2）工作量法的计算。工作量法的基本计算步骤如下：

单位工作量折旧额＝固定资产原价×（1－预计净残值率）÷预计总工作量

某项固定资产月折旧额＝该项固定资产当月工作量×单位工作量折旧额

【例2-86】　某非营利组织的一辆运货卡车的原价为 500 000 元，预计总行驶里程为 400 000 千米，预计报废时的净残值率为 8％，本月行驶 4 000 千米。该辆汽车的当月折旧额计算如下：

单位里程折旧额＝500 000×（1－8％）÷400 000＝1.15（元/千米）

本月折旧额＝4 000×1.15＝4 600（元）

（3）工作量法的优缺点。工作量法的优点是比较简单实用，考虑了固定资产的实际使用状况，各期折旧额与固定资产的使用程度呈正比例关系，体现了收入与费用相配比的原则。

其缺点是在这种方法下不使用固定资产则固定资产不会发生折旧，即只考虑了固定资产的有形损耗，而未考虑无形损耗。由于无形损耗的客观存在，即使当期没有使用固定资产，固定资产也会发生折旧。工作量法在前后计算折旧时采用了一致的单位工作量折旧额，而实际上单位工作量折旧额是有变化的，因为在固定资产的使用过程中，单位工作量所带来的经济利益是不一样的，这是该方法的缺陷所在。

（4）工作量法的适用范围。工作量法适用于使用情况很不均衡，使用中季节性较为明显的大型机器设备、大型施工机械以及运输单位或其他单位专业车队的客、货运汽车等折旧的计算。

3. 双倍余额递减法

双倍余额递减法属于加速折旧法。

📁 **延伸阅读2-2** ···

加速折旧法

加速折旧法又称递减折旧费用法,其表现为固定资产的折旧费用在使用早期计提得较多,在使用后期计提得较少。这主要是因为固定资产的效能在使用期内呈现递减趋势,而固定资产的维修保养等费用却呈现逐期递增趋势,因而在固定资产的使用早期多计提折旧,在后期少计提折旧,以使固定资产的大部分成本在使用早期尽快得到补偿。

不论采用直线法还是加速折旧法,在整个折旧期内,固定资产计提折旧的总额是相等的。只不过加速折旧法下每期计提的折旧呈递减趋势。

(1) 双倍余额递减法的含义。双倍余额递减法是指在不考虑固定资产预计净残值的情况下,根据每期期初固定资产原价减去累计折旧后的金额和双倍的直线法折旧率计算固定资产折旧的一种方法。

其中,"双倍"是指双倍的直线折旧率,即每期的折旧率不变;"余额"是指每期期初固定资产的账面净值(也称折余价值,即原值减累计折旧),此数据是变化的,且逐年递减。因此,双倍余额递减法下每期计提的折旧呈递减趋势。

应用这种方法计算折旧额时,由于每年年初固定资产净值没有扣除预计净残值,所以在计算固定资产折旧额时,应在其折旧年限到期前2年内,将固定资产净值扣除预计净残值后的余额平均摊销。

(2) 双倍余额递减法的计算。双倍余额递减法的计算步骤如下。

第一步:

$$年折旧率=2÷预计使用寿命(年)×100\%$$
$$月折旧率=年折旧率÷12$$

第二步:

$$某年折旧额=该年年初固定资产净值×年折旧率$$
$$月折旧额=每月月初固定资产账面净值×月折旧率$$

第三步:

$$最后2年每1年的折旧额=(倒数第2年年初固定资产账面净值-预计净残值)÷2$$
$$最后2年每个月的折旧额=最后2年每1年的折旧额÷12$$

【例2-87】 某非营利组织购入一项生产经营用家具,原价为1 000 000元,预计使用年限为5年,预计净残值为4%,按双倍余额递减法计提折旧,每年的折旧额计算如下。

第一步：

年折旧率＝2÷5×100％＝40％

预计净残值＝1 000 000×4％＝40 000(元)

第二步：

第1年应计提的折旧额＝1 000 000×40％＝400 000(元)

第2年应计提的折旧额＝(1 000 000－400 000)×40％＝240 000(元)

第3年应计提的折旧额＝(1 000 000－400 000－240 000)×40％＝144 000(元)

第三步：

从第4年起改用年限平均法(直线法)计提折旧。

第4年和第5年的年折旧额＝[(1 000 000－400 000－240 000－144 000)－40 000]÷2＝88 000(元)

计算表详见表2-2。

表2-2　　　　　　　　双倍余额递减法下各年折旧额计算表　　　　金额单位:元

使用年次	折旧率	年折旧额		累计折旧额	账面净值（原值－累计折旧）
		计算过程	折旧额		
购置时					1 000 000
1	40％	1 000 000×40％	400 000	400 000	600 000
2	40％	600 000×40％	240 000	640 000	360 000
3	40％	360 000×40％	144 000	784 000	216 000
4		(216 000－40 000)÷2	88 000	872 000	128 000
5			88 000	960 000	40 000
合计			960 000		

4. 年数总和法

(1)年数总和法的含义。年数总和法又称年限合计法,是指将固定资产的原价减去预计净残值后的余额,乘以一个以固定资产尚可使用寿命为分子、以预计使用寿命逐年数字之和为分母的逐年递减的分数计算每年的折旧额的方法。年数总和法也属于加速折旧法。

(2)年数总和法的计算。年数总和法的计算步骤如下。

第一步：

$$年折旧率＝尚可使用年限÷预计使用寿命的年数总和$$
$$＝[(n－t)＋1]÷[n(n＋1)÷2]$$

其中,n 代表预计使用年限,t 代表计提折旧的那一年,年折旧率通常用分数表示。

$$月折旧率＝年折旧率÷12$$

第二步:

某年的折旧额＝应计提折旧总额×年折旧率＝(固定资产原价－预计净残值)×年折旧率

某月的折旧额＝应计提折旧总额×月折旧率＝(固定资产原价－预计净残值)×月折旧率

【例2-88】 接[例2-87],假如采用年数总和法,计算各年折旧额。

第一步:

第1年的折旧率＝5÷15

第2年的折旧率＝4÷15

第3年的折旧率＝3÷15

第4年的折旧率＝2÷15

第5年的折旧率＝1÷15

第二步:

应计提折旧总额＝原价－预计净残值＝1 000 000×(1－4％)＝960 000(元)

第1年的折旧额＝960 000×5÷15＝320 000(元)

第2年的折旧额＝960 000×4÷15＝256 000(元)

第3年的折旧额＝960 000×3÷15＝192 000(元)

第4年的折旧额＝960 000×2÷15＝128 000(元)

第5年的折旧额＝960 000×1÷15＝64 000(元)

年数总和法下各年折旧额计算详见表2-3。

表2-3　　　　　　　　　**年数总和法下各年折旧额计算**　　　　　　　金额单位:元

使用年次	尚可使用年限	应计提折旧总额 (原价－净残值)	各年折旧率	年折旧额	累计折旧额
1	5		5÷15	320 000	320 000
2	4		4÷15	256 000	576 000
3	3	960 000	3÷15	192 000	768 000
4	2		2÷15	128 000	896 000
5	1		1÷15	64 000	960 000
合计				960 000	

通过此例题,可知采用年数总和法计提折旧时,各年的折旧额呈现逐年递减的趋势。

(五) 固定资产累计折旧的账务处理

非营利组织在实际计提固定资产折旧时,应当按月提取折旧,并根据用途进行账务处理。

如果固定资产是用于行政管理的,应当将所提折旧计入管理费用,借记"管理费用"科目,贷记"累计折旧"科目;如果固定资产是用于生产存货的,应当将所提折旧计入存货制造成本,借记"存货——生产成本"科目,贷记"累计折旧"科目。

【例 2-89】 某非营利组织月末计提折旧,生产部门的折旧额为 45 500 元,管理部门的折旧额为 12 200 元。

借:存货——生产成本　　　　　　　　　　　　　　　　　　45 500
　　管理费用　　　　　　　　　　　　　　　　　　　　　　12 200
　　贷:累计折旧　　　　　　　　　　　　　　　　　　　　　　　　57 700

五、与固定资产有关的后续支出

与固定资产有关的后续支出,如果使可能流入非营利组织的经济利益或者其服务潜力超过了原先的估计,如延长了固定资产的使用寿命,或者使服务质量有了实质性提高,抑或使商品成本实质性降低,则应当计入固定资产账面价值,但增加后的金额不应当超过该固定资产的可收回金额。其他后续支出,应当计入当期费用。

发生后续支出时,按照应当计入固定资产账面价值的金额,借记"在建工程""固定资产"科目,贷记"银行存款"等科目;按照应当计入当期费用的金额,借记"管理费用""存货——生产成本""业务活动成本"等科目,贷记"银行存款"等科目。

【例 2-90】 某非营利组织对一台设备进行改造,改造后提升了设备的生产性能。总支出为 96 000 元,以银行存款支付。

借:固定资产　　　　　　　　　　　　　　　　　　　　　96 000
　　贷:银行存款　　　　　　　　　　　　　　　　　　　　　　　　96 000

【例 2-91】 某非营利组织总部管理用电脑发生修理费 800 元,以银行存款支付。

借:管理费用　　　　　　　　　　　　　　　　　　　　　　800
　　贷:银行存款　　　　　　　　　　　　　　　　　　　　　　　　800

六、固定资产的处置

(一) 处置固定资产的原因

处置固定资产的原因包括如下几个方面。

（1）固定资产不适用或不需用。

（2）固定资产由于使用而不断磨损直到最终报废。

（3）固定资产由于技术进步等原因而提前报废。

（4）固定资产由于遭受自然灾害等非正常损失而发生毁损。

《民间非营利组织会计制度》规定，非营利组织由于出售、报废或者毁损等原因而产生的固定资产清理净损益，应当计入当期收入或者费用。

（二）固定资产处置的处理程序

1. 将固定资产转入清理

非营利组织处置固定资产时，应按所清理固定资产的账面价值，借记"固定资产清理"科目；按已计提的折旧，借记"累计折旧"科目；按固定资产的原价，贷记"固定资产"科目。

如果属于文物资源项目，则应按所清理固定资产的账面价值，借记"固定资产清理"科目，贷记"文物资源"科目。

借：固定资产清理（账面价值）
　　累计折旧
　　固定资产减值准备
　　贷：固定资产

2. 发生清理费用

固定资产清理过程中发生的清理费用（如领用的物料和支付的清理人员工资等），借记"固定资产清理"科目，贷记"存货""应付职工薪酬""银行存款"等科目。

借：固定资产清理
　　贷：银行存款/存货等

3. 计算缴纳应交税费

非营利组织销售的固定资产，按照税法的规定，应按销售额计算缴纳增值税等，借记"固定资产清理"科目，贷记"应交税费"科目。

借：固定资产清理
　　贷：应交税费

4. 核算固定资产处置收入

非营利组织收回出售固定资产的价款、易货交易换回的资产、因抵债而减少的债务、报废固定资产的残料价值和变价收入等应作为固定资产清理收入。按实际收到的价款、资产、偿债额及残料变价收入等，借记"银行存款""存货"等科目，贷记"固定资产清理"科目。

借：银行存款/存货等
　　贷：固定资产清理

5. 处理保险等赔偿事宜

非营利组织计算或收到的应由保险公司或过失人赔偿的报废、毁损固定资产的损失，应作为固定资产清理收入。按实际收到的价款或确认的债权，借记"银行存款""其他应收款"等科目，贷记"固定资产清理"科目。

借：银行存款/其他应收款等
　　贷：固定资产清理

6. 确认固定资产清理净损益

固定资产清理后发生的净损益，应根据具体情况分别处理。

发生的净收益，计入当期收入，借记"固定资产清理"科目，贷记"其他收入——处置固定资产净收益"科目。

借：固定资产清理
　　贷：其他收入——处置固定资产净收益

发生的净损失，计入当期费用，借记"其他费用——处置固定资产净损失"等科目，贷记"固定资产清理"科目。

借：其他费用——处置固定资产净损失
　　贷：固定资产清理

【例 2－92】　某非营利组织报废一台设备，原值 40 000 元，已计提折旧 28 000 元。以银行存款支付清理费用 5 000 元，残料变卖收入为 3 500 元。假设不考虑相关税费。

（1）固定资产转入清理。

借：固定资产清理　　　　　　　　　　　　　　　　　12 000
　　累计折旧　　　　　　　　　　　　　　　　　　　28 000
　　　贷：固定资产　　　　　　　　　　　　　　　　　　　40 000

（2）发生清理费用。

借：固定资产清理　　　　　　　　　　　　　　　　　5 000
　　　贷：银行存款　　　　　　　　　　　　　　　　　　　5 000

（3）收到残料变卖收入。

借：银行存款　　　　　　　　　　　　　　　　　　　3 500
　　　贷：固定资产清理　　　　　　　　　　　　　　　　　3 500

（4）结转固定资产净损益。

借：其他费用——处置固定资产净损失 13 500
 贷：固定资产清理 13 500

【例2-93】 某非营利组织将一台不需用的设备出售，该设备原值200 000元，已计提折旧160 000元。清理过程中以银行存款支付清理费用4 000元，售价为60 000元。假设不考虑相关税费。

（1）固定资产转入清理。

借：固定资产清理 40 000
 累计折旧 160 000
 贷：固定资产 200 000

（2）发生清理费用。

借：固定资产清理 4 000
 贷：银行存款 4 000

（3）收到价款。

借：银行存款 60 000
 贷：固定资产清理 60 000

（4）结转固定资产净损益。

借：固定资产清理 16 000
 贷：其他收入——处置固定资产净收益 16 000

七、固定资产的盘点

非营利组织对固定资产应当定期或至少每年实地盘点一次。对盘盈、盘亏的固定资产，应当及时查明原因，并根据管理权限，报经批准后，在期末结账前处理完毕。

（一）固定资产盘盈的账务处理

固定资产盘盈，按照其公允价值，借记"固定资产"科目，贷记"其他收入"科目。

【例2-94】 2×24年6月30日，某非营利组织对固定资产进行盘点，盘盈一台电脑，同类产品的市场价格为4 500元。

借：固定资产 4 500
 贷：其他收入 4 500

（二）固定资产盘亏的账务处理

固定资产盘亏,按照固定资产账面价值扣除可以收回的保险赔偿和过失人的赔偿等后的金额,借记"管理费用"科目,按照可以收回的保险赔偿和过失人赔偿等,借记"现金""银行存款""其他应收款"等科目,按照已提取的累计折旧,借记"累计折旧"科目,按照固定资产的账面余额,贷记"固定资产"科目。

【例2-95】　2×24年9月30日,某非营利组织对固定资产进行盘点,盘亏设备一台,账面原值10 000元,已提折旧8 500元。

借：管理费用　　　　　　　　　　　　　　　　　　　　　　1 500
　　累计折旧　　　　　　　　　　　　　　　　　　　　　　8 500
　贷：固定资产　　　　　　　　　　　　　　　　　　　　　　10 000

相关思考2-5

企业会计准则中固定资产盘盈盘亏如何入账

《企业会计准则》规定,盘盈的固定资产,应按重置成本记入"以前年度损益调整"账户;固定资产盘亏的净损失,记入"营业外支出"账户。

第七节　无形资产的核算

一、无形资产概述

（一）无形资产的含义

非营利组织的无形资产是指为开展业务活动、出租给他人或为管理目的而持有的且没有实物形态的非货币性长期资产,包括专利权、非专利技术、商标权、著作权和土地使用权等。

（二）无形资产的特点

1. 没有实物形态

无形资产所体现的是一种权利或获得超额结余的能力,它没有实物形态,却具有价值,或者能使非营利组织获得高于同行业一般水平的收益能力或服务潜力。不具有实物形态是无形资产区别于其他资产的显著标志。

需要说明的是,某些无形资产的存在需要依赖于实物载体。例如,计算机软件需要存储在磁盘中,但这并没有改变无形资产本身不具有实物形态的特征。

2. 能在较长的时期内使非营利组织获得经济利益或服务潜力

无形资产能在多个业务期内使用,使非营利组织长期受益,因而,无形资产属于一项长期资产。非营利组织为取得无形资产所发生的支出,属于资本性支出。虽然无形资产能长期为非营利组织所使用,但其使用期限(或称有效期限)却难以确定,往往是根据法律规定或依靠人们主观判断确定其使用期限,从而在各个期间摊销其成本。

3. 持有的主要目的是使用而不是出售

非营利组织持有无形资产的目的是将其用于本组织开展业务活动,出租给他人,或为了行政管理,而不是为了对外销售。脱离了业务活动,无形资产就失去其经济价值。

4. 无形资产所能提供的未来经济利益或服务潜力具有不确定性

无形资产能够给非营利组织提供未来经济利益或服务潜力的大小具有高度的不确定性。这些无形资产的经济价值在很大程度上受非营利组织外部因素的影响,不能准确地确定其预期的收益能力;无形资产一般需借助有形资产才能发挥作用;无形资产的取得成本不能代表其经济价值,一项取得成本较高的无形资产可能为非营利组织带来较小的经济利益或服务潜力,而取得成本较低的无形资产则可能给非营利组织带来较大的经济利益或服务潜力。

5. 由非营利组织有偿取得

只有发生了支出的无形资产,即有偿取得的无形资产才能作为无形资产入账。否则,其不能作为无形资产入账。

(三) 无形资产的内容

非营利组织的无形资产一般包括专利权、非专利技术、商标权、著作权和土地使用权等。

1. 专利权

专利权是指权利人在法定期限内对某一发明创造所拥有的独占权和专有权。专利权的主体是享有专利权的个人或单位;专利权的客体是受专利法保护的专利范围,并不是所有的专利权都能给持有者带来经济利益或服务潜力。有的专利可能没有经济价值或具有很小的经济价值,有的专利会被其他更有经济价值的专利所淘汰。因此,非营利组织并不应将其所拥有的一切专利权都予以资本化,作为无形资产核算。只有能给非营利组织带来较大经济利益或服务潜力、非营利组织为之花费了成本、符合制定规定的无形资产确认标准的专利权才能作为无形资产核算。

2. 非专利技术

非专利技术也称专有技术、技术秘密或技术诀窍,是指由发明人垄断的、不公开的、具有实用价值的先进技术、资料、技能、知识等。专有技术具有经济性、机密性、动态性等特点。由于专有技术未经公开亦未申请专利权,所以其不受法律保护,但事实上具有专利权的效用。专有技术有些是单位自己开发研究获得的;有些是根据合同规定,从外部购入的。如果是单位自己开发研究,可能成功也可能失败。研究过程中发生的有关费用,会计核算上一般将其全部列作期间费用处理,不作为无形资产核算。如果从外部购入,应按实际发生的一切支出,予以资本化,作为无形资产入账核算。专有技术可以作为资产对外投资,也可以转让。

3. 商标权

商标权是指非营利组织专门在某种指定的服务或商品上使用特定的名称、图案、标记的权利。根据《中华人民共和国商标法》(以下简称《商标法》)的规定,经商标局核准注册的商标为注册商标,商标注册人享有商标专有权,受法律保护。商标权的内容包括独占使用权和禁止使用权。商标权的价值在于它能使商标享有人获得较高的收益能力或服务潜力。我国《商标法》规定,商标权的有效期限为 10 年,期满前商标享有者可继续申请延长注册期。

4. 著作权

著作权是指著作权人依法享有的出版、发行等方面的专有权利。著作权可以转让出售或者赠与。著作权包括发表权、署名权、修改权、保护作品完整权、使用权和获得报酬权等。

5. 土地使用权

土地使用权是指国家准许某一非营利组织在一定期间对国有土地享有的开发、利用、经营的权利。根据《中华人民共和国土地管理法》(以下简称《土地管理法》)的规定,我国土地实行公有制,任何单位和个人不得侵占、买卖或者以其他形式非法转让土地。国有土地可依法确定给国有非营利组织、集体非营利组织等单位,其使用权可依法转让。非营利组织取得土地使用权有时可能不花费任何代价,如非营利组织所拥有的未入账的土地使用权,不能将其作为无形资产入账。如果取得土地使用权时花费了支出,则应将其资本化,作为无形资产入账。这里有两种情况:一是非营利组织根据《中华人民共和国城镇国有土地使用权出让和转让暂行条例》,向政府土地管理部门申请土地使用权,非营利组织要支付一笔出让金。在这种情况下非营利组织应将支出予以资本化,作为无形资产核算。二是非营利组织原先通过行政划拨获得土地使用权,没有入账核算。在将土地使用权有偿转让、出租、抵押、作价入股和投资时,应按规定将补缴的土地出让价款予以资本化,并将土地使用权作为无形资产入账核算。

二、无形资产的计价

(一)无形资产的确认原则

非营利组织应当在同时满足以下条件时确认无形资产。

(1)拟确认的经济资源符合无形资产的概念。

（2）拟确认的经济资源产生的经济利益或者服务潜力很可能流入非营利组织。

（3）拟确认的经济资源成本能够可靠地计量。

 延伸阅读2-3

无形资产确认的特殊情况

非营利组织购入的不构成硬件不可缺少组成部分的软件,应当确认为无形资产。

（二）无形资产入账价值的确定

非营利组织在确定无形资产的入账价值时,应按取得时的实际成本计量。取得时的实际成本应区别不同情况分别确定。

（1）购入的无形资产,按实际支付的价款作为实际成本。

（2）自行开发并按照法律程序申请取得的无形资产,按依法取得时发生的注册费、聘请律师费等费用,确定实际成本。依法取得前,在研究与开发过程中发生的材料费用、直接参与开发人员的工资及福利费、开发过程中发生的租金、借款费用等直接计入当期费用。

（3）接受捐赠的无形资产,如果捐赠方提供了有关凭据（如发票、报关单、有关协议等）的,应当按照凭据上标明的金额作为入账价值;如果捐赠方没有提供有关凭据,或者凭据上标明的金额与受赠资产公允价值相差较大,受赠资产应当以其公允价值作为入账价值;如果捐赠方没有提供有关凭据,且有确凿的证据表明该资产的公允价值确实无法可靠计量,应当按照名义金额（即人民币1元）入账。非营利组织接受捐赠时发生的应归属于其自身的相关税费、运输费等,应当计入筹资费用。

（4）通过非货币性交换换入的无形资产,按照特殊交易或事项的会计处理确定其实际成本。在确认无形资产后发生的支出,应在发生时计入当期支出。

三、无形资产核算的账户设置

（一）"无形资产"账户

为了核算和监督非营利组织无形资产的取得、摊销、处置和结存情况,应设置"无形资产"账户。该账户属于资产类账户,借方登记无形资产的取得成本,贷方登记摊销和处置无形资产的成本。余额在借方,反映非营利组织已经入账但尚未摊销完毕的无形资产摊余价值。

该账户应按无形资产的类别设置明细账进行明细核算。

（二）"累计摊销"账户

为了核算非营利组织对无形资产计提的累计摊销额,应设置"累计摊销"账户。

该账户属于资产类备抵账户,借方登记因无形资产的处置等原因而转销的金额,贷方登记非营利组织提取的或因无形资产的取得而转增的摊销金额。期末余额在贷方,反映非营利组织提取的无形资产摊销的累计数。

该账户不进行明细分类核算。

(三)"无形资产减值准备"账户

非营利组织一般不设置"无形资产减值准备"账户。但当无形资产发生了重大减值时,为了核算和监督非营利组织无形资产减值准备的计提和转销情况,应设置"无形资产减值准备"账户。该账户属于资产类调整账户,借方登记转销的无形资产减值准备金额,贷方登记计提的无形资产减值准备金额。余额在贷方,反映非营利组织已提取的无形资产减值准备金额。

四、无形资产的初始计量

非营利组织在取得无形资产时,应当按照取得时的实际成本入账。

(一)购入的无形资产

购入的无形资产,按实际支付的价款,借记"无形资产"科目,贷记"银行存款"等科目。委托软件公司开发的软件视同外购无形资产确定其成本,按照实际支付的价款,借记"无形资产"科目,贷记"银行存款"等科目。

需要说明的是,对于以一揽子方式购入的无形资产,其成本通常应按该无形资产和其他资产的公允价值相对比例确定。采用公允价值相对比例来确定与其他资产一同购入的无形资产的成本,须以该无形资产的相对价值是否较大为前提。如果相对价值较小,则无须单独核算,可以将无形资产的成本计入其他资产的成本,视为其他资产的组成部分核算;反之,则需要单独核算。例如,只是作为计算机必不可少的附件随机购入的、金额相对较小的软件,就不必单独核算;但如果是连同一组计算机购入、金额也相对较大(甚至占主要部分)的管理系统软件,则应单独核算。与地上附着物一同购入的土地使用权也属于类似的情况。如果以一揽子方式购入的无形资产与其他资产在使用上不可分离,在使用年限方面也基本一致,则无须将其与其他资产分开来核算。

【例 2-96】 某非营利组织以银行存款购入 A 专利权,价款 60 000 元。

借:无形资产——A 专利权　　　　　　　　　　　　　　　　60 000
　　贷:银行存款　　　　　　　　　　　　　　　　　　　　　　60 000

(二)接受捐赠取得的无形资产

接受捐赠取得的无形资产,按照所确定的成本,借记"无形资产"科目,贷记"捐赠收入"科目。

【例2-97】 某非营利组织接受捐赠取得B非专利技术,市值80 000元。

借:无形资产——B非专利技术 80 000

　　贷:捐赠收入 80 000

(三) 自行开发并按法律程序申请取得的无形资产

自行开发并按法律程序申请取得的无形资产,按依法取得时发生的注册费、聘请律师费等费用,借记"无形资产"科目,贷记"银行存款"等科目。

依法取得前,在研究与开发过程中发生的材料费用、直接参与开发人员的工资及福利费、开发过程中发生的租金、借款费用等直接计入当期费用,借记"管理费用"等科目,贷记"银行存款"等科目。

【例2-98】 某非营利组织自行开发C专利技术,开发过程中支付材料费8 000元,人工费16 000元,按法律程序申请专利的注册费为2 800元,律师费为6 000元,以上款项均以银行存款支付。

(1) 材料费、人工费。

借:管理费用 24 000

　　贷:存货 8 000

　　　　银行存款 16 000

(2) 注册费、律师费。

借:无形资产 8 800

　　贷:银行存款 8 800

五、无形资产的摊销

(一) 无形资产摊销的相关规定

无形资产属于非营利组织的长期资产,能在较长的时间里给非营利组织带来经济利益。但无形资产通常也有一定的有效期限,它所具有的有价值的权利或特权总会终结或消失,因此,非营利组织应将入账的无形资产在一定年限内摊销。

非营利组织应当于取得或形成无形资产时合理确定其使用年限。无形资产的使用年限为有限的,应当估计该使用年限。无法预见无形资产为民间非营利组织产生服务潜力或者带来经济利益流入期限的,应当视为使用年限不确定的无形资产。使用年限不确定的无形资产不应摊销。

非营利组织应当对使用年限有限的无形资产进行摊销,但已摊销完毕仍继续使用的无形资产和以名义金额计量的无形资产除外。

无形资产应当自取得当月起在预计使用年限内分期平均摊销,计入当期费用。

延伸阅读2-4

无形资产摊销年限确定的特殊规定

《民间非营利组织会计制度》规定,如果无形资产的预计使用年限超过了相关合同规定的受益年限或法律规定的有效年限,该无形资产的摊销年限按如下原则确定:

(1) 合同规定了受益年限但法律没有规定有效年限的,摊销期不应超过合同规定的受益年限;

(2) 合同没有规定受益年限但法律规定了有效年限的,摊销期不应超过法律规定的有效年限;

(3) 合同规定了受益年限,法律也规定了有效年限的,摊销期不应超过受益年限和有效年限两者之中较短者;

(4) 合同没有规定受益年限,法律也没有规定有效年限的,摊销期不应超过10年。

(二) 无形资产摊销的账务处理

按月对无形资产进行摊销时,按照应摊销金额,借记"业务活动成本""管理费用""存货""在建工程"等科目,贷记"无形资产"科目。

【例2-99】　2×24年5月30日,某非营利组织本月无形资产的摊销额为3 200元。

借:管理费用　　　　　　　　　　　　　　　　　　　　　　3 200
　　贷:无形资产　　　　　　　　　　　　　　　　　　　　　　　3 200

六、无形资产的期末计价及账务处理

(一) 无形资产的期末计价

由于在一般情况下非营利组织的无形资产发生减值的可能性比较小,因此,在会计期末无形资产通常不必计提减值准备。但如果无形资产发生了重大减值,则应当对无形资产的可收回金额进行估计,并根据该无形资产的可收回金额低于账面价值的部分,计提减值准备,确认减值损失,并将所确认的减值损失计入当期费用。

非营利组织无形资产发生重大减值的情况主要包括:

(1) 无形资产被其他新技术所替代,使其为非营利组织创造经济利益或者提供服务潜力的能力受到重大不利影响;

(2) 无形资产的市价在当期发生大幅下跌,在剩余摊销年限内预期不会恢复;

(3) 其他足以表明无形资产的可收回金额已经严重低于账面价值的情况。

(二) 无形资产的期末账务处理

(1) 期末,非营利组织所持有的无形资产的可收回金额大大低于账面价值时,应按其差额:

借：管理费用——无形资产减值损失

 贷：无形资产减值准备

（2）期末，如已计提减值准备的无形资产价值又得以恢复，应在已计提减值准备的范围内转回：

借：无形资产减值准备

 贷：管理费用——无形资产减值损失

延伸阅读2-5

减值后无形资产的摊销问题

如果无形资产计提了减值准备，那么无形资产的摊销也需要作相应的调整。非营利组织应当根据无形资产账面余额减去计提的减值准备后的余额，再在剩余年限内进行摊销。

【例2-100】 2×24年6月31日，某非营利组织的E专利权账面价值为80 000元，可收回金额为65 000元。

借：管理费用——无形资产减值损失   15 000

 贷：无形资产减值准备   15 000

七、无形资产的处置

（一）无形资产处置的相关规定

《民间非营利组织会计制度》第五十五条规定，民间非营利组织处置无形资产，应当将实际取得的价款与该项无形资产的账面价值之间的差额，计入当期收入或者费用。

（二）无形资产处置的账务处理

出售或以其他方式处置无形资产，按照实际取得的价款，借记"银行存款"等科目，按照已计提的摊销金额，借记"累计摊销"科目，按照该项无形资产的账面余额，贷记"无形资产"科目，如已计提了减值准备，则借记"无形资产减值准备"，按照其差额，贷记"其他收入"科目或借记"其他费用"科目。

【例2-101】 2×24年7月22日，某非营利组织出售一项专利技术，该无形资产的账面余额为38 000元，已计提摊销为8 000元，售价45 000元。

借：银行存款   45 000

 累计摊销   8 000

 贷：无形资产   38 000

  其他收入   15 000

第八节 | 其他资产的核算

由于篇幅所限,本书将"待摊费用""长期待摊费用""文物资源""受托代理资产"资产类科目合并为一节,统称为其他资产。

一、待摊费用的核算

(一) 待摊费用概述

待摊费用是指非营利组织已经支出,但应当由本期和以后各期分别负担的、分摊期在 1 年以内(含 1 年)的各项费用,如预付保险费、预付租金等。

非营利组织的待摊费用应当按照其受益期限在 1 年内分期平均摊销,计入当期费用。如果某项待摊费用已经不能使非营利组织受益,则应当将其摊余价值一次全部转入当期费用。

(二) 待摊费用核算的账户设置

"待摊费用"账户应当按照摊销费用种类设置明细账,进行明细核算。本账户期末余额在借方,反映非营利组织各种已支付但尚未摊销的费用。

(三) 待摊费用的主要账务处理

1. 发生待摊费用

发生待摊费用,如预付保险费、预付租金时,借记"待摊费用"科目,贷记"现金""银行存款"等科目。

【例 2-102】 某非营利组织租赁一处办公场所,2×24 年 7 月 1 日支付租金 50 000 元,租期为 5 个月。

借:待摊费用　　　　　　　　　　　　　　　　　　　50 000
　　贷:银行存款　　　　　　　　　　　　　　　　　　　　50 000

2. 待摊费用的摊销

待摊费用按照受益期限分期平均摊销时,借记"管理费用"等科目,贷记"待摊费用"科目。

【例 2-103】 接[例 2-102],2×24 年 7 月 31 日,摊销当月应负担的租金。

借:管理费用　　　　　　　　　　　　　　　　　　　10 000
　　贷:待摊费用　　　　　　　　　　　　　　　　　　　　10 000

二、长期待摊费用的核算

(一)长期待摊费用概述

长期待摊费用是非营利组织已经支出,但应由本期和以后各期负担的分摊期限在1年以上(不含1年)的各项支出,如对以经营租赁方式租入的固定资产发生的改良支出等。

长期待摊费用应当在对应资产的受益年限内平均摊销。如果某项长期待摊费用已经不能使民间非营利组织受益,则应当将其摊余金额一次性计入当期费用。

(二)长期待摊费用核算的账户设置

"长期待摊费用"账户核算非营利组织已经发生,但应由本期和以后各期负担的分摊期限在1年以上(不含1年)的各项费用,如以经营租赁方式租入的固定资产发生的改良支出等。本科目期末借方余额,反映民间非营利组织尚未摊销完毕的长期待摊费用。

本科目应当按照对应资产的类别进行明细核算。

(三)长期待摊费用的主要账务处理

1. 发生长期待摊费用

发生长期待摊费用时,按照支出金额,借记"长期待摊费用"科目,贷记"银行存款"等科目。

【例2-104】 某非营利组织在进行一项为期两年的项目时,以银行存款支付了120 000元的场地装修费用。

支付费用时的会计处理为:

借:长期待摊费用 120 000
  贷:银行存款 120 000

2. 在受益期间摊销长期待摊费用

在受益期间摊销长期待摊费用时,按照摊销金额,借记"业务活动成本""管理费用"等科目,贷记"长期待摊费用"科目。

【例2-105】 接[例2-104]该非营利组织决定每年摊销60 000元(即费用的一半),则每年的摊销会计处理为:

借:业务活动成本 60 000
  贷:长期待摊费用 60 000

3. 转销摊余金额

如果某项长期待摊费用已经不能使民间非营利组织受益,则应当将其摊余金额一次性转销。按照剩余待摊销金额,借记"业务活动成本""管理费用"等科目,贷记"长期待摊费用"科目。

【例 2-106】 某民间非营利组织之前支付了一笔 100 000 元的长期待摊费用,用于一项预计持续 5 年的项目装修。该项目已经进行了 3 年,每年摊销 20 000 元,因此到第 3 年年末,已经摊销了 60 000 元,摊余金额为 40 000 元。然而,由于某些原因,该项目在第 3 年年末被终止,剩余的装修将不再为该组织带来任何经济利益。

根据会计规则,该组织应当将其摊余金额 40 000 元一次性转销。会计处理如下:

借:管理费用　　　　　　　　　　　　　　　　　　　　　　　40 000
　贷:长期待摊费用　　　　　　　　　　　　　　　　　　　　　　40 000

三、文物资源的核算

(一) 文物资源概述

文物资源是指按照《中华人民共和国文物保护法》等有关法律、行政法规规定被认定为文物的有形资产和尚未被认定为文物的古籍等藏品。

其他未纳入文物资源范围的图书档案、艺术品、标本模型等,应当按照存货、固定资产进行会计处理。

在非营利组织持有文物资产期间,文物资源一般不会像其他固定资产那样发生损耗,因此,文物资源不计提折旧。

(二) 文物资源核算的账户设置

为了核算文物资源的价值,非营利组织应设置"文物资源"账户。取得文物资源时借记"文物资源"科目,出售时贷记"文物资源"科目。该账户期末余额在借方,反映非营利组织期末文物资源的价值。

非营利组织应当设置文物资源登记簿和文物资源卡片,按文物资源类别等设置明细账,进行明细核算。

(三) 文物资源的账务处理

1. 取得文物资源

文物资源一般采用历史成本进行计量,无法取得历史成本的,按照名义金额计量。

文物资源在取得时,如果取得了有关凭据(如发票、报关单、有关协议等),则应当按照凭据上标明的金额作为入账价值;如果未取得有关凭据,则应当按照名义金额(即人民币 1 元)计量。

取得文物资源时,发生的应归属于其自身的相关税费、运输费等,应当计入当期费用。

(1)外购的文物资源。外购的文物资源,按照取得的购买凭证上注明的金额,借记"文物资源"科目,贷记"银行存款""应付账款"等科目。

如果一笔购入多项文物资源,取得的购买凭证上没有单独标价的,应当将各项文物资源按照系统、合理的方法对总成本进行分配,分别确定各项文物资源的入账价值。

【例2-107】 2×24年6月18日,某非营利组织购入一件宋代书画作品,买价及相关税费共计300 000元,以银行存款支付。

借:文物资源	300 000
贷:银行存款	300 000

(2)接受捐赠。接受捐赠取得的文物资源,如果取得了发票等有关凭据,则应当按照凭据上标明的金额,借记本科目,贷记"捐赠收入"科目;如果未取得发票等有关凭据,则应当按照名义金额,借记本科目,贷记"捐赠收入"科目。

【例2-108】 2×24年7月15日,某寺院接受捐赠取得一尊明代佛像,该文物捐赠附有正式的发票和评估报告,发票上标明的文物价值为180 000元。

借:文物资源	180 000
贷:捐赠收入	180 000

(3)非营利组织为取得文物资源发生的相关支出,包括文物资源入藏前发生的保险费、运输费、装卸费以及专业人员服务费等,应当按照实际支付的金额,借记"其他费用"等科目,贷记"银行存款""应付账款"等科目。

【例2-109】 某非营利组织(以下简称"该组织")近期通过拍卖行购得一批珍贵文物,计划用于其博物馆展览。在文物入藏前,该组织支付了保险费共计20 000元,运输费共计35 000元,装卸费共计10 000元,专业人员服务费(用于鉴定和评估文物价值)共计50 000元,以上费用均通过银行转账方式支付,且已收到相应的发票和收据。

借:其他费用——保险费	20 000
——运输费	35 000
——装卸费	10 000
——专业人员服务费	50 000
贷:银行存款	115 000

2. 发生保护支出

非营利组织对于文物资源本体的修复修缮等保护支出,应当在发生时按照实际发生的费用,借记"其他费用"等科目,贷记"银行存款"等科目。对于文物资源安防、消防及防雷等保护性设施建设支出,符合相关资产确认条件的,应当计入固定资产等其他相关资产成本。

【例2-110】　某非营利性文化机构负责管理一批珍贵的文物资源。为了保护和维护这些文物,该机构近期进行了以下两项支出。

3月5日,该机构对一件古代书画进行了专业修复,修复费用共计30 000元,已通过银行转账支付。

3月12日,为提升文物资源的安全防护能力,该机构建设了一套安防系统,包括监控摄像头、报警装置等,总支出为80 000元,其中设备购置费60 000元,安装调试费20 000元,款项同样已通过银行转账支付。安防系统预计使用寿命为10年。该项支出符合固定资产确认条件。

3月15日,系统安装完成交付使用。

3月5日:

借:其他费用——文物修复费　　　　　　　　　　　　　　30 000
　　贷:银行存款　　　　　　　　　　　　　　　　　　　　　30 000

3月12日:

借:在建工程——安防系统　　　　　　　　　　　　　　　80 000
　　贷:银行存款　　　　　　　　　　　　　　　　　　　　　80 000

3月15日:

借:固定资产——安防系统　　　　　　　　　　　　　　　80 000
　　贷:在建工程——安防系统　　　　　　　　　　　　　　　80 000

3. 文物资源撤销退出

文物资源撤销退出等业务,按照有关规定履行报批程序后,参照固定资产清理进行账务处理。

【例2-111】　某民间非营利组织拥有一件古代瓷器文物,原价为100 000元,已计提折旧20 000元,账面净值为80 000元。由于该文物已不符合组织展览和收藏的要求,经上级主管部门批准,该组织决定将其撤销退出。

借:固定资产清理　　　　　　　　　　　　　　　　　　　80 000
　　累计折旧　　　　　　　　　　　　　　　　　　　　　　20 000
　　贷:文物资源　　　　　　　　　　　　　　　　　　　　100 000

4. 文物资源的盘点

非营利组织对文物资源应当定期或者至少每年实地盘点一次。对盘盈、盘亏的文物资源,非营利组织应当及时查明原因,并根据管理权限,报经批准后,在期末前结账处理完毕。

(1)如为文物资源盘盈或普查发现,按照名义金额,借记"文物资源"科目,贷记"其他收入"科目。

【例2-112】 2×24年12月31日,某寺院对文物资源进行盘点,盘盈一部典藏佛经,估值100 000元。

借:文物资源　　　　　　　　　　　　　　　　　　　100 000
　　贷:其他收入　　　　　　　　　　　　　　　　　　　　100 000

(2)如为文物资源盘亏,非营利组织按照有关规定履行报批程序后,按照文物资源的账面余额扣除可以收回的保险赔偿和过失人的赔偿等后的金额,借记"管理费用"科目,按照可以收回的保险赔偿和过失人赔偿等,借记"现金""银行存款""其他应收款"等科目,按照文物资源的账面余额,贷记"文物资源"科目。

【例2-113】 2×24年12月31日,某寺院对文物资源进行盘点,盘亏一部清朝书画,账面余额260 000元,应收保险赔偿160 000元,应收过失人赔偿50 000元。

借:管理费用　　　　　　　　　　　　　　　　　　　　50 000
　　其他应收款——应收保险赔偿　　　　　　　　　　　160 000
　　　　　　　　——应收过失人赔偿　　　　　　　　　　 50 000
　　贷:文物资源　　　　　　　　　　　　　　　　　　　260 000

二维码2-5
这些热门民办博物馆都有一个共同身份

四、受托代理资产的核算

(一)受托代理资产概述

受托代理资产是指非营利组织因从事受托代理交易而从委托方取得的资产。在受托代理交易过程中,非营利组织通常只是从委托方收到受托资产,并按照委托人的意愿将资产转赠给指定的其他组织或者个人,或者按照有关规定将资产转交给指定的其他组织或者个人。非营利组织本身只是在交易过程中起中介作用,无权改变受托代理资产的用途或者变更受益人。

非营利组织应当对受托代理资产比照接受捐赠资产的原则进行确认和计量,但其在确认一项受托代理资产时,应当同时确认一项受托代理负债。非营利组织从事受托代理业务时发生的应归属于其自身的费用应当计入其他费用。

相关思考2-6

什么是受托代理业务

受托代理业务,是指有明确的转赠或者转交协议,或者虽然无协议但同时满足以下条件的业务。

（1）非营利组织在取得资产的同时即产生了向具体受益人转赠或转交资产的现时义务，不会导致自身净资产的增加。

（2）非营利组织仅起到中介而非主导发起作用，帮助委托人将资产转赠或转交给指定的受益人，并且没有权利改变受益人，也没有权利改变资产的用途。

（3）委托人已明确指出了具体受益人个人的姓名或受益单位的名称，包括从非营利组织提供的名单中指定一个或若干个受益人。

（二）受托代理资产核算的账户设置

"受托代理资产"账户核算非营利组织接受委托方委托，从事受托代理业务而收到的资产。非营利组织收到受托代理资产时，借记"受托代理资产"科目，转赠或者转出时，贷记"受托代理资产"科目。"受托代理资产"账户的期末余额在借方，反映非营利组织期末尚未转出的受托代理资产价值。

非营利组织应当设置"受托代理资产登记簿"，并根据具体情况设置明细账，进行明细核算。

（三）受托代理资产的主要账务处理

1. 取得受托代理资产

收到受托代理资产时，按照应确认的入账金额，借记"受托代理资产"科目，贷记"受托代理负债"科目。

【例2-114】　2×24年6月29日，某非营利组织接受会员委托，受托代理一项资产，确认价值180 000元。

借：受托代理资产　　　　　　　　　　　　　　　　　　　　　180 000
　　贷：受托代理负债　　　　　　　　　　　　　　　　　　　　180 000

2. 转赠或者转出受托代理资产

按照转出受托代理资产的账面余额，借记"受托代理负债"科目，贷记"受托代理资产"科目。

【例2-115】　接［例2-114］，2×24年7月7日，某非营利组织将上述受托资产转给专业受托公司经营。

借：受托代理负债　　　　　　　　　　　　　　　　　　　　　180 000
　　贷：受托代理资产　　　　　　　　　　　　　　　　　　　　180 000

3. 其他情况

非营利组织收到的受托代理资产如果为现金、银行存款或其他货币资金，则可以不通过本账户核算，而在"现金""银行存款""其他货币资金"账户下设置"受托代理资产"明细账户进行核算。

（1）取得受托代理资产：

借：现金——受托代理资产/银行存款——受托代理资产/其他货币资金——受托代理资产

　　贷：受托代理负债

（2）转赠或者转出受托代理资产：

借：受托代理负债

　　贷：现金——受托代理资产/银行存款——受托代理资产/其他货币资金——受托代理资产

【例2-116】 2×24年6月25日，某动物保护组织的银行账户收到一笔款项。该款项为国际机构的受托代理资金600 000元，用于保护大熊猫。

借：银行存款——受托代理资产　　　　　　　　　　　　　　　　600 000

　　贷：受托代理负债　　　　　　　　　　　　　　　　　　　　　　600 000

【例2-117】 接［例2-116］，2×24年6月30日，该动物保护组织向某动物饲养基地转赠国际机构的受托代理资产300 000元。

借：受托代理负债　　　　　　　　　　　　　　　　　　　　　300 000

　　贷：银行存款——受托代理资产　　　　　　　　　　　　　　　300 000

本 章 小 结

　　本章主要学习了资产的概念、分类及计量基础；货币资金的核算；投资的核算；应收及预付款项的核算；存货的核算；固定资产的核算；无形资产的核算；以及其他资产的核算，包括受托代理资产、待摊费用、长期待摊费用和文物资源等。

本 章 重 要 概 念

　　资产　货币资金　对外投资　应收账款　应收票据　其他应收款　坏账准备　预付账款　存货　固定资产　无形资产　受托代理资产　待摊费用　长期待摊费用　文物资源

本 章 练 习

一、单项选择题

1. 民间非营利组织在日常业务活动中持有以备出售或捐赠的物资，应归类为
　　（　　　）。

A. 固定资产　　　　　　　　B. 存货

C. 流动资产　　　　　　　　D. 无形资产

2. 下列各项中,不属于非营利组织存货的范畴的是(　　)。

A. 材料　　　　　　　　　　B. 库存商品

C. 委托加工材料　　　　　　D. 固定资产

3. 非营利组织会计中,存货的计量通常基于(　　)。

A. 历史成本　　　　　　　　B. 公允价值

C. 重置成本　　　　　　　　D. 现值

4. 非营利组织在出售存货时,其收入应计入(　　)。

A. 捐赠收入　　　　　　　　B. 政府补助收入

C. 商品销售收入　　　　　　D. 业务活动成本

5. 存货在非营利组织的资产负债表中,通常归类为(　　)。

A. 流动资产　　　　　　　　B. 长期资产

C. 负债　　　　　　　　　　D. 所有者权益

二、多项选择题

1. 非营利组织存货包括(　　)。

A. 材料　　　　　　　　　　B. 库存商品

C. 委托加工材料　　　　　　D. 固定资产

2. 下列因素中,会影响非营利组织存货的计价的有(　　)。

A. 购入成本　　　　　　　　B. 生产成本

C. 市场价格　　　　　　　　D. 捐赠价值

3. 非营利组织存货的减少可能是由于(　　)。

A. 销售　　　　　　　　　　B. 捐赠

C. 报废　　　　　　　　　　D. 领用

4. 非营利组织固定资产具有的特征包括(　　)。

A. 使用年限超过 1 年　　　　B. 使用寿命有限

C. 用于业务活动　　　　　　D. 用于出售

5. 下列各项中,属于非营利组织无形资产的有(　　)。

A. 专利权　　　　　　　　　B. 非专利技术

C. 商标权　　　　　　　　　D. 土地使用权

三、判断题

1. 非营利组织会计中,存货的计价通常采用公允价值。　　　　　　(　　)

2. 非营利组织出售存货的收入应计入业务活动成本。　　　　　　　(　　)

3. 存货在非营利组织的资产负债表中属于流动资产。　　　　　　　(　　)

4. 已提足折旧继续使用的固定资产不再计提折旧。 （　　）

5. 无形资产应当自取得当月起在预计使用年限内分期平均摊销。 （　　）

四、业务题

1. 非营利组织 A 购买了一批用于捐赠的图书，总价值为 10 000 元，款项已支付。请编写相关的会计分录。

2. 非营利组织 B 将一批库存商品（成本为 8 000 元，市场售价为 10 000 元）捐赠给了一所学校。请编写相关的会计分录。

3. 某非营利组织在实地盘点固定资产过程中，盘盈一台设备，公允价值为 5 000 元。请编写相关的会计分录。

4. 某非营利组织接受一项专利权的捐赠，市值为 45 000 元。请编写相关的会计分录。

5. 某非营利组织当月无形资产的摊销额为 2 800 元。请编写相关的会计分录。

第三章　负　债

内容提要

本章主要介绍了负债的概念、特征及分类;短期借款、应付票据、应付账款、预收账款、应付职工薪酬、应交税费等流动负债科目的概念、账户设置及主要账务处理;长期借款、长期应付款、预计负债等长期负债科目的概念、账户设置及主要账务处理;受托代理负债账户的设置及主要账务处理等相关内容。

重点难点

本章重点为流动负债科目和长期负债科目的主要内容与账务处理;难点为流动负债科目和长期负债科目的主要账务处理。

学习目标

通过本章学习,学生应了解负债的概念、特征及分类;掌握短期借款、应付票据、应付账款、预收账款、应付职工薪酬、应交税费等流动负债科目的概念、账户设置及主要账务处理;掌握长期借款、长期应付款、预计负债等长期负债科目的概念、账户设置及主要账务处理;掌握受托代理负债账户的设置及主要账务处理。

知识框架

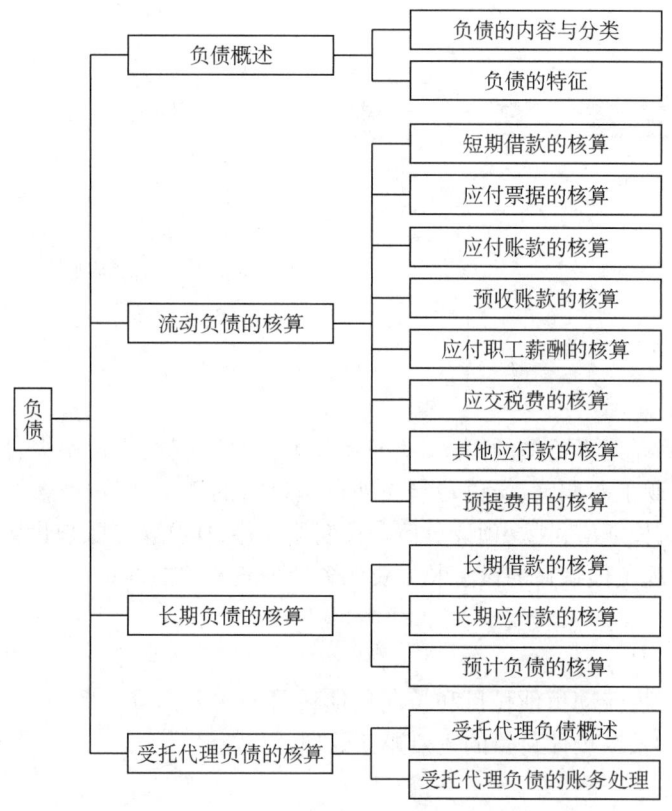

思政育人　合理管理流动负债,维护良好信用记录

　　某非营利组织(以下简称"A组织")是一家致力于环保事业的公益机构,其主要活动包括环境教育、生态保护项目策划与实施等。近期,A组织因一项重要的生态保护项目需要筹集资金,因此产生了一定的流动负债。

　　为了推进生态保护项目,A组织向多家企业和个人发出了捐款呼吁,并成功筹集到了一定的资金。同时,为了项目的顺利实施,A组织还与某金融机构签订了短期借款合同,用于购买项目所需的物资和设备。这些短期借款构成了A组织的主要流动负债。

　　在项目实施过程中,A组织严格遵守财务管理规定,确保每一笔资金都用于项目的实际需要。然而,由于项目实施过程中遇到了一些不可预见的困难,如天气因素导致的工期延误等,使得A组织的资金流动有些紧张。

面对这一情况,A组织积极与债权方沟通,解释项目进展情况并请求延期偿还部分借款。同时,A组织还通过调整项目计划、优化资源配置等方式,降低项目成本,以缓解资金压力。

最终,在A组织的努力下,项目成功实施并取得了显著成果,得到了社会各界的广泛认可。同时,A组织也按时偿还了所有流动负债,维护了良好的信用记录。

通过这个案例,请大家思考,上述非营利组织在项目实施过程中面临的流动负债问题是什么？其应对策略是什么？从思政角度出发,可以得出哪些启示？

资料来源:佚名.合理管理流动负债,维护良好信用记录[EB/OL].(2024-06-02)[2024-07-21].https://wenku.so.com/d/8d8d038a1ca154c8e9d85510bdd10a2b.

【思政寄语】

党的二十大报告中指出要"弘扬诚信文化,健全诚信建设长效机制"。诚信文化是中华民族的传统美德,也是社会主义核心价值观的重要组成部分。报告中提出弘扬诚信文化,旨在倡导全社会形成诚信为本、守信为荣的良好风尚。通过弘扬诚信文化,可以增强人们的诚信意识,推动形成诚实守信的社会环境,为经济社会的健康发展提供有力支撑。

按时偿还流动负债,维护良好的信用记录,对于任何企业或个人而言都至关重要。它不仅展现了企业负责任的经营态度和财务规划能力,也为其未来发展打开了更多机遇的大门。良好的信用记录能够增强企业或个人的信誉度,使得其在需要资金支持时更容易获得贷款和融资。银行和其他金融机构更愿意与信用记录良好的客户合作,因为他们相信这样的客户能够按时还款。此外,良好的信用记录还能带来更低的融资成本。信用评级较高的企业或个人通常能够获得更低的贷款利率和更优惠的融资条件,这将有助于降低其经营成本,提高其盈利能力。

因此,无论是企业还是个人,都应该高度重视信用记录的管理和维护。企业和个人应通过制定合理的财务规划,按时偿还债务,积极参与信用评级等方式,不断提升自己的信用水平,为未来的发展奠定坚实的基础。

第一节 │ 负 债 概 述

一、负债的内容与分类

（一）负债的内容

负债是指过去的交易或者事项形成的现时义务,履行该义务预期会导致含有经济利益或者服务潜力的资源流出。

对于符合上述定义的现时义务,在同时满足以下条件时,应当确认为负债:①履行该义务很可能导致含有服务潜力或者经济利益的经济资源流出;②该义务的金额能够可靠计量。符合负债定义并确认的负债项目,应当列入资产负债表。

（二）负债的分类

非营利组织的负债分为流动负债、长期负债(非流动负债)和受托代理负债等。

二维码3-1
带您了解什么是民间非营利组织主要经济指标——负债合计

（1）流动负债是指将在 1 年内（含 1 年）偿还的负债，包括短期借款、应付款项、应付职工薪酬、应交税费、预收账款、预提费用等。

（2）长期负债（非流动负债）是指偿还期限在 1 年以上（不含 1 年）的负债，包括长期借款、长期应付款、预计负债和其他长期负债。

（3）受托代理负债是指非营利组织因从事受托代理交易、接受受托代理资产而产生的负债。

二、负债的特征

负债应当同时具备以下特征。

（1）负债是非营利组织承担的现时义务。也就是说，负债作为非营利组织的一种义务，是由非营利组织过去的交易或事项形成的现在已承担的义务。例如，银行借款是非营利组织接受了银行贷款而形成的需要支付给贷款行本息的现时义务；非营利组织涉入诉讼案件并很可能败诉、需要赔偿时，就表明非营利组织承担了现时义务。

二维码 3-2
或有事项

（2）负债的清偿预期会导致含有经济利益或者服务潜力的资源流出非营利组织。清偿负债预期会导致含有经济利益或服务潜力的资源流出非营利组织，也就是说，负债的清偿将导致非营利组织资产的减少。如用现金偿还或以实物资产偿还负债等，会导致非营利组织含有经济利益或者服务潜力的资源流出。

（3）负债是由过去的交易或事项形成的。作为现时义务，负债是过去已经发生的交易或事项所产生的结果。只有过去发生的交易或事项才能增加或减少非营利组织的负债，不能根据谈判中的交易或事项或计划中的经济业务来确认负债。例如，已经发生的银行借款行为会形成非营利组织的负债，而计划中的银行借款行为则不会形成非营利组织的负债。

第二节 | 流动负债的核算

对于流动负债，非营利组织会计应设置"短期借款""应付票据""应付账款""预收账款""应付职工薪酬""应交税费""其他应付款""预提费用"等科目进行核算。

一、短期借款的核算

（一）短期借款概述

短期借款是指非营利组织向银行或其他金融机构等借入的期限在 1 年以下（含 1 年）的各种借款。

（二）账户设置

为了核算和监督非营利组织向金融机构筹集短期资金的借入、归还等情况,应设置"短期借款"账户。该账户属于负债类结算账户,借方登记归还或豁免的短期借款本金,贷方登记借入的短期借款本金。期末余额在贷方,反映非营利组织尚未偿还的短期借款的本金。

本账户应当按照债权人设置明细账,并按照借款种类及期限等进行明细核算。

（三）短期借款的主要账务处理

借入各种短期借款时,按照实际借得的金额,借记"银行存款"科目,贷记本科目;发生短期借款利息时,借记"筹资费用"科目,贷记"预提费用""银行存款"等科目;归还借款时,借记本科目,贷记"银行存款"科目。本科目期末贷方余额,反映非营利组织尚未偿还的短期借款本金。

【例 3-1】 某民营医院欲向某银行借入一笔短期借款,借款金额为 50 000 元,借款期限为 9 个月。借款利率为 6％,到期一次还本付息。

借入款项时:

借:银行存款	50 000
贷:短期借款——××银行	50 000

月末计提该短期借款利息 250 元(50 000×6％÷12)时:

借:筹资费用	250
贷:预提费用	250

该短期借款到期时,该非营利组织需要偿还借款本金 50 000 元,支付借款利息 2 250 元(50 000×6％÷12×9)。其中已经预提的短期借款利息为 2 000 元,当月发生利息费用 250 元。

借:短期借款——××银行	50 000
预提费用	2 000
筹资费用	250
贷:银行存款	52 250

二、应付票据的核算

（一）应付票据概述

1. 应付票据的概念

应付票据为核算非营利组织购买材料、商品和接受服务供应等而开出、承兑的商业汇票,包括银行承兑汇票和商业承兑汇票。

2. 应付票据的分类

（1）按承兑人分类。应付票据按承兑人分类，可以分为商业承兑汇票和银行承兑汇票。两者的区别在于商业承兑汇票的承兑人为付款人，银行承兑汇票的承兑人为银行。银行承兑只是为收款人按期收回债权提供了可靠的信用保证，对付款人来说，这项负债不会因银行承兑而消失。因此，即使是由银行承兑的商业汇票，付款人到期付款的现时义务依然存在，故应将其作为一项负债。

（2）按是否带息分类。应付票据按照是否带息分类，可以分为不带息应付票据和带息应付票据两类。不带息应付票据到期时，仅按票面价值支付。带息应付票据到期时，不仅要支付票面价值，还要按票面利率支付利息。

（二）账户设置

非营利组织应设置"应付票据"账户核算应付票据。开出票据时，贷记"应付票据"科目。承兑票据时，借记"应付票据"科目，本账户期末余额在贷方，反映非营利组织持有的尚未到期的应付票据本息。

非营利组织应当设置"应付票据备查簿"，详细登记每一应付票据的种类、号数、签发日期、到期日、票面金额、票面利率、合同交易号、收款人姓名或单位名称，以及付款日期和金额等资料。应付票据到期结清时，应当在备查簿内逐笔注销。

（三）应付票据的主要账务处理

非营利组织开出或承兑商业汇票时，借记"存货"等科目，贷记"应付票据"科目；收到银行支付到期票据的付款通知时，借记"应付票据"科目，贷记"银行存款"科目；在计算应付票据的应付利息时，借记"筹资费用"科目，贷记"应付票据"科目。

如果为带息应付票据，则应当在期末或到期时计算应付利息，借记"筹资费用"科目，贷记本科目。到期不能支付的带息应付票据，转入"应付账款"科目核算后，期末时不再计提利息。

【例 3-2】 某非营利组织购买材料一批，价款 50 000 元，开出银行承兑汇票。

借：存货　　　　　　　　　　　　　　　　　　　　　　50 000
　　贷：应付票据　　　　　　　　　　　　　　　　　　　　　　50 000

【例 3-3】 某非营利组织以承兑商业汇票抵付应付账款，开出一张 40 000 元的银行承兑汇票。

借：应付账款　　　　　　　　　　　　　　　　　　　　　40 000
　　贷：应付票据　　　　　　　　　　　　　　　　　　　　　　40 000

【例 3-4】 某非营利组织向银行支付银行承兑汇票的手续费 1 000 元。

借：筹资费用 1 000

　　贷：银行存款 1 000

【例 3-5】 接[例 3-3]，收到银行支付到期票据的付款通知，从银行存款中支付应付票据 40 000 元。

借：应付票据 40 000

　　贷：银行存款 40 000

【例 3-6】 接[例 3-2]，开出的 50 000 元银行承兑汇票到期，因银行存款额度不足，转为应付账款。

借：应付票据 50 000

　　贷：应付账款 50 000

【例 3-7】 某非营利组织开出的一张 60 000 元商业汇票为带息票据，期限 6 个月，年利率 8%，现已到期，需还本付息。

利息＝60 000×8%×180÷360＝2 400(元)

借：应付票据 60 000

　　筹资费用 2 400

　　贷：银行存款 62 400

三、应付账款的核算

(一) 应付账款概述

应付账款是非营利组织因购买材料、商品和接受服务供应等而应付给供应单位的款项。从应付账款的概念可以看出，应付账款与非营利组织购买存货、固定资产、文物资产等物资和接受服务供应相关，它是由于取得物资或接受服务与支付货款在时间上的不一致而产生的负债。

(二) 账户设置

为了核算和监督应付账款的发生、偿还及转销情况，非营利组织应设置"应付账款"账户。该账户属于负债类账户，借方登记应付账款的偿还和转销额，贷方登记应付账款的发生额。余额在贷方，反映非营利组织尚未支付的应付账款。该账户应按债权人(货物或服务的供应单位或个人)设置明细账户，进行明细核算。

(三) 应付账款的主要账务处理

(1) 发生应付账款时，按照应付未付金额，借记"存货""管理费用""业务活动成本"等科目，贷记"应付账款"科目。

(2) 偿付应付账款时，借记"应付账款"科目，贷记"银行存款"等科目。

（3）开出承兑商业汇票抵付应付账款时，借记"应付账款"科目，贷记"应付票据"科目。

（4）确实无法支付或由其他单位承担应付账款时，借记"应付账款"科目，贷记"其他收入"科目。

【例3-8】 2×24年7月28日，某非营利组织从兴业公司赊购存货一批，价款60 000元。

借：存货　　　　　　　　　　　　　　　　　　　　　　　　　　　60 000
　　贷：应付账款——兴业公司　　　　　　　　　　　　　　　　　　60 000

【例3-9】 接[例3-8]，2×24年8月6日，某非营利组织开出一张银行支票，支付兴业公司的赊购款60 000元。

借：应付账款——兴业公司　　　　　　　　　　　　　　　　　　　60 000
　　贷：银行存款　　　　　　　　　　　　　　　　　　　　　　　　60 000

【例3-10】 接[例3-8]，2×24年8月6日，某非营利组织开出一张银行承兑汇票，抵付兴业公司的赊购款60 000元。

借：应付账款——兴业公司　　　　　　　　　　　　　　　　　　　60 000
　　贷：应付票据——兴业公司　　　　　　　　　　　　　　　　　　60 000

【例3-11】 接[例3-8]，2×24年8月6日，兴业公司免除了某非营利组织的赊购款60 000元。

借：应付账款——兴业公司　　　　　　　　　　　　　　　　　　　60 000
　　贷：其他收入　　　　　　　　　　　　　　　　　　　　　　　　60 000

延伸阅读3-1

应付账款的入账时间

一方面，非营利组织因购买材料、商品而发生应付账款时，应当根据具体情况来判断应付账款的入账时间。

（1）在物资和发票账单同时到达的情况下，如果物资验收入库后仍未付款的，按发票账单登记入账。按发票账单登记入账主要是为了确认所购入的物资是否在质量、数量和品种上都与合同上列明的条件相符，以免因先入账而在验收入库时发现购入物资错、漏、破损等问题再进行调账。

（2）在物资和发票账单不是同时到达的情况下，如果发票账单已到，物资未到，则按照发票账单登记入账（未能及时支付货款）；如果物资已到，发票账单未到，也无法确定实际成本，则在月度终了时，需要按照所购物资和应付债务估计入账。

　　另一方面,非营利组织因接受服务供应而发生应付账款时,应当在接受服务已发生并收到服务供应方开具的发票账单时确认应付账款和有关成本费用。

四、预收账款的核算

(一) 预收账款概述

　　预收账款是指非营利组织向服务和商品购买单位预收的各种款项。由于预收账款的期限较短,因此将其列入流动负债项目核算。

(二) 账户设置

　　非营利组织为了核算其向服务和商品购买单位预收的各种款项,应当设置"预收账款"账户。本账户应当按照购货单位设置明细账,进行明细核算。本账户期末余额在贷方,反映非营利组织向购货单位预收的款项。

　　如果非营利组织预收账款业务不多,也可以不设置"预收账款"账户,而将预收的款项直接记入"应收账款"账户的贷方。如果非营利组织预收账款业务比较多,则可以设置"预收账款"账户。

(三) 预收账款的主要账务处理

　　预收账款的主要账务处理如下。

　　(1) 向购货单位预收款项时,按照实际预收的金额,借记"银行存款"等科目,贷记本科目。

　　(2) 确认收入时,按照本科目账面余额,借记本科目,按照应确认的收入金额,贷记"商品销售收入""提供服务收入"等科目,按照补付或退回的款项,借记或贷记"银行存款"等科目。

　　【例 3-12】 某非营利组织为一企业提供服务,服务收费 50 000 元,按照合同,企业须预先支付 20 000 元订金。

　　借:银行存款　　　　　　　　　　　　　　　　　　　　　20 000
　　　　贷:预收账款　　　　　　　　　　　　　　　　　　　　　　20 000

　　【例 3-13】 接[例 3-12],服务完成,企业补足余款 30 000 元。

　　借:银行存款　　　　　　　　　　　　　　　　　　　　　30 000
　　　　预收账款　　　　　　　　　　　　　　　　　　　　　20 000
　　　　贷:提供服务收入　　　　　　　　　　　　　　　　　　　50 000

五、应付职工薪酬的核算

(一) 应付职工薪酬概述

应付职工薪酬是指非营利组织按照有关规定应付给本组织职工及为职工支付的

各种薪酬,包括职工工资、职工福利费、津贴补贴、奖金、社会保险费和住房公积金等。

(二) 账户设置

为核算非营利组织应付给职工的薪酬总额,设置"应付职工薪酬"账户,包括在薪酬总额内的各种工资、奖金、津贴等。这些款项不论是否在当月支付,都应当通过本账户核算。发生应付薪酬时记入贷方,支付薪酬时记入借方,本科目期末一般应无余额。如果应付薪酬大于实发薪酬的,期末贷方余额反映尚未领取的薪酬余额。

非营利组织应当按照相关规定,根据考勤记录、工时记录、工资标准等,编制"薪酬单",计算各种薪酬,并应当将"薪酬单"进行汇总,编制"薪酬汇总表"。

非营利组织应当设置"应付职工薪酬明细账",按照职工类别分设账页,按照薪酬的组成内容分设专栏,根据"薪酬单"或"薪酬汇总表"进行登记。

(三) 应付职工薪酬的主要账务处理

1. 支付薪酬

支付薪酬时,借记"应付职工薪酬"科目,贷记"现金""银行存款"等科目。从应付薪酬中扣还的各种款项(如代垫的房租、家属药费、个人所得税等),借记"应付职工薪酬"科目,贷记"其他应收款""应交税费"等科目。

2. 分配应付薪酬

期末,应当将本期应付薪酬进行分配:

(1) 行政管理人员的工资,借记"管理费用"科目,贷记"应付职工薪酬"科目;

(2) 应当计入各项业务活动成本的人员工资,借记"业务活动成本""存货——生产成本"科目,贷记"应付职工薪酬"科目;

(3) 应当由在建工程负担的人员薪酬,借记"在建工程"等科目,贷记"应付职工薪酬"科目。

【例3-14】 某非营利组织向职工支付上月工资 36 435 元,代扣个人所得税 1 411 元。

```
借:应付职工薪酬                                    36 435
    贷:现金                                            35 024
        应交税费                                         1 411
```

【例3-15】 某非营利组织对本月应付工资进行分配,行政人员工资 9 430 元,业务活动人员工资 26 945 元,在建工程人员工资 16 647 元,共计 53 022 元。

```
借:管理费用                                         9 430
    业务活动成本                                     26 945
    在建工程                                         16 647
    贷:应付职工薪酬                                     53 022
```

六、应交税费的核算

(一) 应交税费概述

应交税费是指非营利组织按照有关国家税法规定应当缴纳的各种税费,如增值税、企业所得税、房产税和个人所得税等。非营利组织应当依法纳税,并进行相应的账务处理。

(二) 账户设置

非营利组织应设置"应交税费"账户,以核算应交税费。非营利组织应当根据具体情况,设置明细账户,进行明细核算。该账户属于负债类结算账户,借方登记各种税费的缴纳和抵扣额,贷方登记各种税费的计提和转增额。本账户期末余额如在贷方,则反映非营利组织尚未缴纳的税费;期末余额如在借方,则反映非营利组织多缴或尚未抵扣的税费。

(三) 应交税费的主要账务处理

1. 增值税

如果发生了增值税纳税义务,则应当按税收有关规定计算应缴纳的增值税,并通过本科目核算。

【例 3-16】　某非营利组织为一般纳税人组织,现购进材料一批用于加工出售,材料价款 2 000 元,向对方支付增值税 260 元,以银行存款支付。

借:原材料　　　　　　　　　　　　　　　　　　　　　　　2 000
　　应交税费——应交增值税(进项税额)　　　　　　　　　260
　　贷:银行存款　　　　　　　　　　　　　　　　　　　　2 260

【例 3-17】　接[例 3-16],对外销售一批产品,售价 5 000 元,向对方收取增值税 650 元,货款已存入银行。

借:银行存款　　　　　　　　　　　　　　　　　　　　　5 650
　　贷:商品销售收入　　　　　　　　　　　　　　　　　　5 000
　　　　应交税费——应交增值税(销项税额)　　　　　　　　650

【例 3-18】　某非营利组织为小规模纳税人组织,本月对外销售商品 8 000 元(不含税),月末,计算应交增值税,本组织的核定征收率为 3%。

借:业务活动成本　　　　　　　　　　　　　　　　　　　240
　　贷:应交税费——应交增值税　　　　　　　　　　　　　240

2. 企业所得税

如果发生了企业所得税纳税义务,则按照应交纳的所得税,借记"其他费用"科目,贷记本科目;交纳所得税时,借记本科目,贷记"银行存款"科目。

【例3-19】 年末,某非营利组织计算应缴企业所得税6 200元。

借:其他费用 6 200
 贷:应交税费——应交企业所得税 6 200

3. 个人所得税

如果发生了个人所得税纳税义务,则按照规定计算应代扣代交的个人所得税,借记"应付职工薪酬"等科目,贷记本科目;交纳个人所得税时,借记本科目,贷记"银行存款"科目。

【例3-20】 某非营利组织计算当月应交个人所得税2 700元。

借:应付职工薪酬 2 700
 贷:应交税费——应交个人所得税 2 700

【例3-21】 接[例3-20],某非营利组织实际缴纳个人所得税2 700元。

借:应交税费——应交个人所得税 2 700
 贷:银行存款 2 700

七、其他应付款的核算

(一) 其他应付款概述

其他应付款是指非营利组织应付、暂收其他单位或个人的款项。非营利组织除了应付票据、应付账款、应付职工薪酬、应交税费外,还会发生一些应付、暂收其他单位或个人的款项,如应付经营租入固定资产的租金等。这些应付、暂收款项也构成了非营利组织的一项流动负债,在"其他应付款"账户中核算。

(二) 账户设置

非营利组织应设置"其他应付款"账户以核算其他应付款。本账户应当按照应付和暂收款项的类别和单位或个人设置明细账,进行明细核算。本账户期末余额在贷方,反映尚未支付的其他应付款项。

(三) 其他应付款的主要账务处理

发生的各项应付、暂收款项,借记"银行存款""管理费用""其他活动成本"等科目,贷记"其他应付款"科目;支付款项时,借记"其他应付款"科目,贷记"银行存款"等科目。

【例3-22】 某非营利组织租入设备1台用于业务活动,该设备每月租金为3 000元。

计提租金时:

借：业务活动成本 3 000
　　贷：其他应付款 3 000

支付租金时：

借：其他应付款 3 000
　　贷：银行存款 3 000

八、预提费用的核算

(一)预提费用概述

预提费用是指非营利组织按照规定预先提取的已经发生但尚未支付的费用，如预提的租金、保险费、借款利息等。

(二)账户设置

非营利组织应设置"预提费用"账户以核算预提费用。本账户应当按照费用种类设置明细账，进行明细核算。本账户期末余额在贷方，反映非营利组织已经预提但尚未支付的各项费用。

(三)预提费用的主要账务处理

预提时，按照规定预提计入本期费用时，借记"筹资费用""管理费用"等科目，贷记"预提费用"科目；实际支付时，借记"预提费用"科目，贷记"银行存款"等科目。

【例3-23】　某非营利组织向投资公司贷入一笔为期6个月的短期借款500 000元，年利息为8%，约定到期一次性还本付息。该笔资金有100 000元用于日常业务活动，400 000元用于在建工程项目。

借入时：

借：银行存款 500 000
　　贷：短期借款 500 000

每月计提利息时：

借：业务活动成本 666.67
　　在建工程 2 666.68
　　贷：预提费用 3 333.35

还本付息时：

借：短期借款 500 000
　　预提费用 20 000
　　贷：银行存款 520 000

第三节 | 长期负债的核算

长期负债是指偿还期限在 1 年以上(不含 1 年)的债务,包括长期借款、长期应付款、预计负债和其他长期负债。长期负债除了具有负债的共同特征外,其与流动负债相比,还具有债务金额大、偿还期限长和可以分期偿还等特点。

一、长期借款的核算

(一) 长期借款概述

长期借款是指非营利组织向银行或其他金融机构借入的期限在 1 年以上(不含 1 年)的各项借款。

与短期借款相比,长期借款除借款期限较长外,其不同点还体现在对借款利息费用的处理上。"短期借款"科目只核算借款的本金,不包括利息费用;而"长期借款"科目不仅核算借款的本金,还包括利息费用。长期借款的利息费用,在符合资本化条件的情况下,应当按期预提计入所购建固定资产的成本(即予以资本化);反之,则应当直接计入当期筹资费用。

(二) 账户设置

非营利组织应设置"长期借款"账户,以核算和监督非营利组织长期借款的借入、计息及偿还情况。本账户属于负债类账户,借方登记非营利组织偿还或转销的借款本息,贷方登记非营利组织借款人的借款本息。本账户应当按照贷款单位设置明细账,并按贷款种类进行明细核算。本账户期末余额在贷方,反映非营利组织尚未偿还的长期借款本息。

(三) 长期借款的主要账务处理

长期借款应当按照实际发生额入账。长期借款的借款费用应当在发生时计入当期费用。但是,为购建固定资产而发生的专门借款的借款费用,在规定的允许资本化的期间内,应当按照专门借款的借款费用的实际发生额予以资本化,计入在建工程成本。这里的借款费用包括因借款而发生的利息、辅助费用以及因外币借款发生的汇兑差额等。

非营利组织应当按照规定确定专门借款的借款费用允许资本化的期间及其金额。

长期借款的主要账务处理如下。

(1) 借入长期借款时,按照实际借入额,借记"银行存款"等科目,贷记"长期借款"科目。

(2) 发生的借款费用,借记"筹资费用"科目,贷记"长期借款"科目。如为购建固定资产而发生的专门借款的借款费用,在允许资本化的期间内,应按照专门借款的借款费用的实际发生额,借记"在建工程"科目,贷记"长期借款"科目。

（3）归还长期借款时,借记"长期借款"科目,贷记"银行存款"科目。

【例3-24】 某非营利组织为购建固定资产而借入长期借款1 000 000元,期限为3年,年利率为7%,每月支付利息费用5 833元,3年期限后按时还款。该项借款的支持项目正在建设中。还款时,本金1 000 000元,当月利息费用5 833元,共计1 005 833元,以银行存款支付。

借入时:

借：银行存款　　　　　　　　　　　　　　　　　　　　1 000 000
　　贷：长期借款　　　　　　　　　　　　　　　　　　　　1 000 000

每月付息时:

借：在建工程　　　　　　　　　　　　　　　　　　　　　　5 833
　　贷：银行存款　　　　　　　　　　　　　　　　　　　　　5 833

还款时:

借：长期借款　　　　　　　　　　　　　　　　　　　　1 000 000
　　在建工程　　　　　　　　　　　　　　　　　　　　　　5 833
　　贷：银行存款　　　　　　　　　　　　　　　　　　　　1 005 833

二、长期应付款的核算

（一）长期应付款概述

长期应付款是指非营利组织的各项长期应付款项,主要是指融资租入固定资产发生的应付租赁款。

长期应付款除具有长期负债的一般特点外,还具有以下特点。

（1）具有分期付款的性质,如应付融资租入固定资产的租赁费是在整个租赁期内逐期偿还的。

（2）长期应付款涉及的外币债务比较多,因此,在汇率变动的情况下,还款时所还人民币的数额会受到影响。

（3）非营利组织通过长期应付款取得固定资产,可以降低长期投资所承担的风险,而且其不必在取得固定资产的同时支付现款。

（二）账户设置

非营利组织应设置"长期应付款"账户,以核算和监督非营利组织其他各种长期应付款的发生和偿还情况。本账户属于负债类账户,借方登记偿还和转销的长期应付款本息,贷方登记发生的长期应付款本息。本账户期末余额在贷方,反映尚未支付的各种长期应付款。

本科目应当按照长期应付款的种类设置明细账,进行明细核算。

(三)长期应付款的主要账务处理

发生长期应付款时,借记"固定资产"等有关科目,贷记"长期应付款"科目;支付长期应付款项时,借记"长期应付款"科目,贷记"银行存款"科目。

【例3-25】 某非营利组织融资租入设备3台,每台价款12 000元,分3年付款,每月1 000元。

购入时:

借:固定资产	36 000
贷:长期应付款	36 000

每月支付时:

借:长期应付款	1 000
贷:银行存款	1 000

三、预计负债的核算

(一)预计负债概述

预计负债是指非营利组织对因或有事项所产生的现时义务而确认的负债,包括因对外提供担保、商业承兑票据贴现、未决诉讼等确认的负债。

(二)账户设置

非营利组织应设置"预计负债"账户以核算预计负债。本账户应当按照预计负债项目设置明细账,进行明细核算。本账户期末余额在贷方,反映非营利组织已预计尚未支付的债务。

(三)预计负债的主要账务处理

(1)确认预计负债时,按照应确认的预计负债金额,借记"管理费用"等科目,贷记"预计负债"科目。

(2)实际偿付负债时,借记"预计负债"科目,贷记"银行存款"等科目。

(3)转回预计负债时,借记"预计负债"科目,贷记"管理费用"等科目。

【例3-26】 某非营利组织为关系单位提供贷款担保400 000元,因关系单位资金紧张,该款项被作为该非营利组织的预计负债予以确认。

借:管理费用	400 000
贷:预计负债	400 000

【例3-27】　接[例3-26]，因关系单位资金状况没有好转，本非营利组织代为偿付贷款本金400 000元，利息15 000元。

借：预计负债　　　　　　　　　　　　　　　　　　　　　400 000
　　管理费用　　　　　　　　　　　　　　　　　　　　　　 15 000
　　贷：银行存款　　　　　　　　　　　　　　　　　　　　　　415 000

延伸阅读3-2

长期负债的优缺点与计价方式

非营利组织的长期资金，主要是为了增加大型、高价的设备，购置地产，扩建房屋建筑物等。这些需要显然不是非营利组织拥有的运营资金所能满足的。如等待内部资金积累，非营利组织有可能丧失良好的时机。非营利组织长期资金的主要来源有两种：一种是由捐赠人捐赠，另一种就是通过各种形式举借长期债务。

1. 长期负债的优点

从理财的角度讲，举借长期债务能够解决非营利组织未来较长时间的资金需要，有利于非营利组织集中财力，完成规模较大的业务项目。

2. 长期负债的缺点

(1) 长期负债利息是非营利组织必须定期支付的固定费用。如果举债业务的投资收益率低于长期负债的资金成本率（即利率），将会给非营利组织带来降低收益的风险。同时，如果非营利组织业务运作不善，市场情况恶劣，固定的利息费用就会成为非营利组织的沉重财务负担。

(2) 长期负债一般都有明确的到期日，非营利组织必须为清偿债务做好财务安排，安排现金流出。长期负债的契约中，往往还包含限制非营利组织财务决策的条款（如规定负债与净资产的比例等）。这些都会影响非营利组织的财务灵活性。

(3) 债务人对非营利组织财务享有优先要求权。如果非营利组织因资金周转困难而无法定期支付利息或按期偿还本金，债权人的要求权可能迫使非营利组织进行破产清算。因此，举债业务通常会给非营利组织带来较大的财务风险。

3. 长期负债的计价

由于负债是已经存在，将在未来偿还的经济义务，故为了提高会计信息的有用性或相关性，对所有负债的计价，都应当考虑货币的时间价值。由于长期负债偿还期较长，对非营利组织业务的影响较大，因此，对长期负债，组织应在其发生时按未来偿付金额的贴现值计价入账。但基于谨慎性原则，我国通常规定负债按照实际发生额计价入账。长期负债应当按照负债本金或债券面值和确定的利率按期计提利息，并按规定计入在建工程成本或当期费用。

第四节 | 受托代理负债的核算

一、受托代理负债概述

受托代理负债是指非营利组织因从事受托代理业务、接受受托代理资产而产生的负债。受托代理负债应当按照相对应的受托代理资产的金额予以确认和计量。

需要特别注意的是,受托代理负债并不严格限定为短期负债或长期负债,它主要取决于具体的合同条款和负债的性质。因此,受托代理负债的分类一般应根据其偿还期限来确定:如果受托代理负债在1年内需要偿还,则应归类为短期负债;如果受托代理负债的偿还期限超过1年,则应归类为长期负债。具体分类还需要根据实际情况和企业的会计政策来决定。

二、受托代理负债的账务处理

(一)账户设置

非营利组织应设置"受托代理负债"账户以核算受托代理负债。本账户应当按照指定的受赠组织或个人,或者指定的应转交的组织或个人设置明细账,进行明细核算。本账户期末余额在贷方,反映非营利组织尚未清偿的受托代理负债。

二维码3-4
浅议民间非营利组织的受托代理资产与受托代理负债

(二)受托代理负债的主要账务处理

(1)收到受托代理资产,按照应确认的入账金额,借记"受托代理资产"科目,贷记"受托代理负债"科目。

(2)转赠或者转出受托代理资产,按照转出受托代理资产的账面余额,借记"受托代理负债"科目,贷记"受托代理资产"科目。

【例3-28】 某非营利组织接受委托,代理运营一项5 000 000元的基金。

借:受托代理资产 5 000 000
　贷:受托代理负债 5 000 000

【例3-29】 接[例3-28],按照基金管理规定,将受托管理基金中的300 000元转赠给另一非营利组织运营。

借:受托代理负债 300 000
　贷:受托代理资产 300 000

本 章 小 结

本章主要讲解了非营利组织负债的概念、特征、分类以及流动负债、长期负债和受托代理负债的主要内容及账务处理等相关内容。

本 章 重 要 概 念

短期借款　应付票据　应付账款　预收账款　应付职工薪酬　应交税费　其他应付款　预提费用　长期借款　长期应付款　预计负债　受托代理负债

本 章 练 习

一、单项选择题

1. 非营利组织每月计提的短期借款利息,应借记(　　)科目。
   A. "财务费用"　　　　　　　　　B. "管理费用"
   C. "筹资费用"　　　　　　　　　D. "其他业务成本"

2. 非营利组织期末分配应支付的工资时,应贷记(　　)科目。
   A. "应付工资"　　　　　　　　　B. "应付职工薪酬"
   C. "其他应付款"　　　　　　　　D. "应付账款"

3. 因购建固定资产而借入的长期借款的利息,应借记(　　)科目。
   A. "财务费用"　　　　　　　　　B. "在建工程"
   C. "管理费用"　　　　　　　　　D. "其他活动成本"

4. 应付票据核算银行结算方式为(　　)。
   A. 转账支票　　　　　　　　　　B. 商业汇票
   C. 现金　　　　　　　　　　　　D. 外埠存款

5. 非营利组织融资租入固定资产,应付的租赁费用,应贷记(　　)科目。
   A. "长期应付款"　　　　　　　　B. "预付账款"
   C. "应付账款"　　　　　　　　　D. "其他应付款"

6. 以下各项中,属于非营利组织的流动负债的是(　　)。
   A. 长期借款　　　　　　　　　　B. 应付职工薪酬
   C. 捐赠收入　　　　　　　　　　D. 净资产

二、判断题

1. 某非营利组织为支付即将到期的租金,向银行借入一笔短期借款,该借款

即为流动负债。 （ ）

2. 某非营利组织为扩建图书馆而发行长期债券,这些债券的本金和利息支付即构成长期负债。 （ ）

3. 某非营利组织接受捐赠者的委托,代为管理一笔慈善基金,那么这笔基金的管理和使用即产生受托代理负债。 （ ）

4. 非营利组织每月计提的短期借款利息,应借记"财务费用"科目。 （ ）

5. 对职工薪酬的核算,非营利组织使用"应付职工薪酬"科目。 （ ）

三、业务题

1. 某非营利组织由于向天宇公司提供一项服务,预收天宇公司的预付款22 000元。请编写相关会计分录。

2. 某非营利组织租入设备一台用于业务活动,计提当月应负担的设备租金800元。请编写相关会计分录。

3. 年末,某非营利组织计算应缴企业所得税8 700元。请编写相关会计分录。

4. 当月预提用于日常业务活动的短期借款的利息700元。请编写相关会计分录。

四、计算题

1. 某非营利组织在一年内接受了10万元的短期借款,同时欠供应商款项5万元,尚未支付员工工资3万元,应缴纳的税金为2万元。请计算该非营利组织的流动负债总额。

2. 某非营利组织因长期合作项目向某银行借款50万元,借款期限为5年。此外,该组织还欠其他长期应付款项20万元。请计算该非营利组织的长期负债总额。

第四章　净　资　产

内容提要

本章主要讲解净资产的概念、特征、来源及分类;限定性净资产的概念、内容和核算;非限定性净资产的概念、内容和核算。

重点难点

本章重点为净资产的概念、特征、来源及分类,限定性净资产的概念、内容和核算,非限定性净资产的概念、内容和核算;难点为限定性净资产的核算和非限定性净资产的核算。

学习目标

通过本章学习,学生应掌握净资产的分类、特征,限定性净资产的核算以及非限定性净资产的核算;熟悉净资产的概念,限定性净资产的概念、内容及非限定性净资产的概念、内容;了解净资产的来源、限定性净资产和非限定性净资产的区别。

知识框架

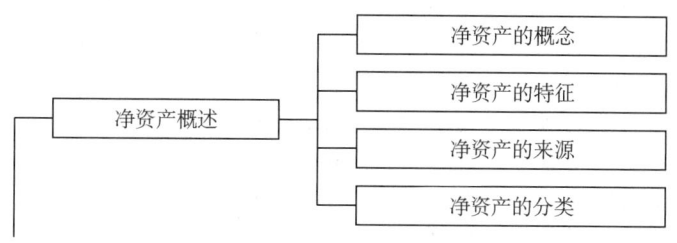

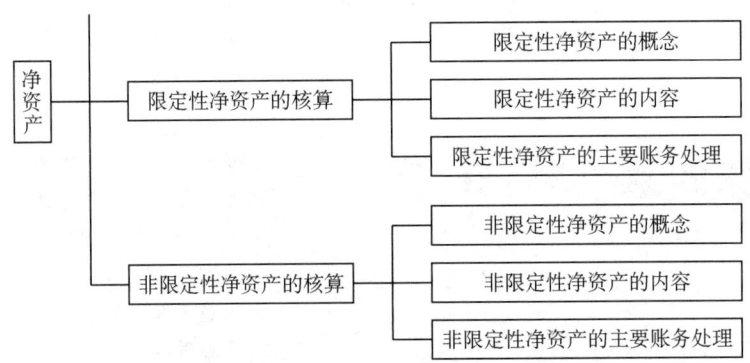

净资产
├── 限定性净资产的核算
│   ├── 限定性净资产的概念
│   ├── 限定性净资产的内容
│   └── 限定性净资产的主要账务处理
└── 非限定性净资产的核算
    ├── 非限定性净资产的概念
    ├── 非限定性净资产的内容
    └── 非限定性净资产的主要账务处理

思政育人　　完善会计诚信制度，加强信用管理

2023年10月29日至30日，第三届"会计诚信与高质量发展论坛"在北京国家会计学院举行。此次论坛以"会计诚信体系建设：监管与治理"为主题，进行了会计诚信与财会监督、治理协同、职业道德三个专题研讨，邀请国内相关政府部门、行业协会、企事业单位、高等院校、中介服务机构，以及国际相关组织的代表、嘉宾，围绕财会监督与会计诚信建设，从监管与治理的角度展开探索与交流。财政部会计司司长舒惠好表示，目前，我国会计诚信建设已从打基础、建框架、促应用向夯实理论根基、健全基本制度、深化应用创新转变，需要在理念理论上破题、在制度机制上完善、在实践探索中创新。他从完善会计诚信制度、构建诚信长效机制、推进诚信实践创新、加强诚信理论研究4个方面描绘了未来我国会计诚信建设的重点方向和重点任务，并强调，要以更高的政治站位、更强的责任担当，推动会计诚信建设融入国家治理、行业管理。此次论坛围绕会计诚信和高质量的发展，从政策发布宣传、实践成果展示和智库研究交流等多维度进行研讨和交流，为凝聚各方共识、弘扬诚信文化、助力会计行业和社会高质量发展发挥了积极作用。

资料来源：北京国家会计学院. 第三届"会计诚信与高质量发展论坛"[EB/OL]. (2023-11-02)[2024-11-24]. https://www. nai. edu. cn/index. php? m＝content&c＝index&a＝show&catid＝59&id＝7176.

【思政寄语】

党的二十大报告中指出要"弘扬诚信文化，健全诚信建设长效机制"，诚信文化是会计诚信制度和信用管理的思想基础。弘扬诚信文化能够营造良好的社会氛围，让会计人员从思想深处树立诚信意识，认识到诚信在会计工作中的重要性，从而在实际工作中自觉遵守会计诚信制度，减少会计失信行为。会计诚信建设和信用管理是长期工作，仅靠短期措施难以根本解决会计失信问题。健全长效机制，可以确保会计诚信制度的稳定性和持续性，使信用管理工作常态化、规范化。长效机制的具体内容涵盖会计人员诚信档案的建立与完善，对会计人员守信激励和失信惩戒机制的强化，以及会计信用信息的采集、整理、共享与应用等方面，旨在形成一套完整且行之有效的体系，全面加强会计领域的诚信建设和信用管理。

第一节 | 净 资 产 概 述

一、净资产的概念

非营利组织的净资产是指资产减去负债后的余额,即非营利组织拥有的资产净值。由于非营利组织的开办人并不具有投资回报的要求权,因而非营利组织本身没有明确的所有者。相应地,非营利组织的净资产在法律上归属于社会,任何人都不能分割非营利组织的净资产。即使由于种种原因,非营利组织停止开展业务,非营利组织的净资产仍应继续用于社会公益事业。

净资产的确认依赖于资产、负债的确认,净资产的数额取决于资产和负债的计量结果。净资产的相关计算公式如下:

净资产=资产-负债
本期净资产变动额=本期收入-本期费用±调整本期净资产
期末净资产=期初净资产+本期净资产变动额

二维码 4-1
如何在财务报表中清晰地披露非营利组织的净资产信息

二、净资产的特征

净资产是非营利组织的会计要素之一。净资产和负债一样,都是非营利组织所占有资产的资金来源,在资产负债表上都反映在右方,负债和净资产的合计总额等于资产总额。但是,负债和净资产之间又存在着明显的区别,两者之间的主要区别如下。

(一) 对象不同

负债是对债权人负担的经济责任,净资产是开办人无偿提供的或者由收支结余形成的。

(二) 性质不同

负债是在非营利组织业务或其他事项中发生的债务,是债权人对其债务的权利;净资产是非营利组织的自有资产。

(三) 偿还期限不同

负债必须于一定时期(特定日期或确定的日期)偿还;净资产一般只有在非营利组织解散清算时,才有可能转给其他的单位,继续用于社会公益事业。在非营利组织持续经营的情况下,净资产一般无须归还给任何人。

(四) 享受的权利不同

债权人享有收回债务本金和利息的权利,但无权参与非营利组织的业务管理;

净资产的出资开办人在通常情况下，没有从非营利组织取得报酬的权利，但可以参与业务管理。

此外，净资产一般不能单独计价。净资产的计价与资产、负债、收入和支出的计价息息相关，且依赖于这些会计要素的计价。

三、净资产的来源

非营利组织净资产的来源渠道很多。但从根本上看，非营利组织净资产一般来源于以下几个方面。

（一）开办人的开办资金

我国法规规定，各类自然人、法人为了特定目的设立非营利组织时要进行初始投入，而且还有最低出资的限额规定。这些出资构成了净资产的基础来源。

（二）历年累计收支结余

非营利组织当期业务活动中各种收入减去各种支出后的差额构成了当期收支结余，以前各期滚存的收支结余也是非营利组织净资产的内容。

（三）其他来源

其他来源是指除开办资金和历年累计收支结余之外的各种净资产来源。

四、净资产的分类

为了更好地反映非营利组织净资产的来源及其使用情况，向会计信息使用者提供有用的信息，《民间非营利组织会计制度》按照净资产是否受到限制，将其分为限定性净资产和非限定性净资产。

（一）限定性净资产

如果资产或者资产所产生的经济利益（如资产的投资收益和利息等）的使用受到资产提供者或者国家有关法律、行政法规等所设置的时间限制或（和）用途限制，则由此形成的净资产即为限定性净资产，国家有关法律、行政法规等对净资产的使用直接设置限制的，该受限制的净资产亦为限定性净资产；除此之外的其他净资产，即为非限定性净资产。

1. 限定主体

限定性净资产的限定主体包括资产提供者和国家的法律、法规两个方面：第一，资产提供者限定，即资产提供者在向民间非营利组织提供资产时，可能会提出一定的限制条件，规定资产的用途或使用时间。第二，国家法律、法规的限定，即国家可以通过制定一些法律、行政法规对净资产进行限制。

2. 限定条件

限定性净资产的限制条件包括时间限制、用途限制和时间与用途双重限制三

二维码 4-2
限定性净资产在财务报表中的列报格式

种情况:第一,时间限制,是指资产提供者或者国家有关法律、行政法规等要求民间非营利组织在收到资产后的特定时期之内或特定日期之后使用该项资产,或者对资产的使用设置了永久限制。第二,用途限制,是指资产提供者或者国家有关法律、行政法规等要求民间非营利组织将收到的资产用于某一特定的用途。第三,时间与用途双重限制,是指一项净资产同时存在用途和时间两项限制条件,要求该项资产在规定的时间内用于特定的用途。

(二) 非限定性净资产

对于资产提供者或者国家有关法律、行政法规等撤销对限定性净资产所设置限制的,应当在撤销时全额转为非限定性净资产。

如果限定性净资产的限制已经完全解除,则应当对净资产进行重新分类,将限定性净资产转为非限定性净资产。当同时符合下列情况时,可以认为限制已经完全解除。

(1) 设置的限制时间已经到期或时间限制已经解除。

(2) 设置的用途限制已经解除。

非营利组织取得的注册资金,其使用受到时间限制或(和)用途限制的,在取得时直接计入限定性净资产;其使用没有受到时间限制或(和)用途限制的,在取得时直接计入非限定性净资产。非营利组织用净资产转增注册资金,不引起资产和净资产的变动的,无需进行会计处理。

 延伸阅读4-1

净资产的深度剖析与战略意义

在非营利组织会计领域,净资产并非仅仅是一个简单的财务指标,其背后蕴含着丰富的信息与深远的战略意义。净资产的构成反映了非营利组织资金来源的多元性与复杂性。限定性净资产体现了捐赠者或外部资助方的特定意愿与要求,这些资源被明确指定用于特定的项目、活动或在特定的时间范围内使用。例如,某慈善基金会收到一笔限定用于贫困地区儿童教育项目且必须在两年内使用完毕的捐赠,这笔资金所形成的限定性净资产就需要组织精准地规划与执行,以确保符合限定条件。非限定性净资产则给予组织更大的自主性与灵活性,可用于维持组织日常运营、支持组织一般性的发展战略与各类未受特定限制的公益举措。

从动态角度看,净资产的变动情况是组织运营绩效的重要晴雨表。当限定性净资产因项目顺利开展、资金按计划使用而逐步解除限制并转化为非限定性净资产时,意味着组织在特定公益项目上取得了阶段性成果,并且资源的运用效率较高。反之,如果净资产出现不合理的减少或限定性净资产长期未能有效利用,则可能暗示组织在项目管理、资金筹集与资源配置方面存在问题。

在战略层面,净资产状况深刻影响非营利组织的决策制定。较高的净资产水平,尤其是充裕的非限定性净资产,能够为组织提供更多的创新空间与风险承受能力,使其敢于涉足一些新的公益领域或尝试创新性的公益模式,例如,组织可投资于研发新的公益服务产品、拓展服务地域范围或与其他组织开展大规模的合作项目。而较低的净资产则要求组织更加注重成本控制、资金募集策略的优化以及资源的高效整合,优先保障核心公益项目的持续运作,避免过度扩张带来的财务风险。

此外,净资产信息的透明度与有效沟通对于非营利组织的外部形象与利益相关者关系维护至关重要。清晰、准确地向捐赠者、政府监管部门、社会公众等披露净资产的构成、变动及使用计划,能够增强各方对组织的信任与支持,为组织的长期可持续发展营造良好的外部环境。

 相关思考 4-1 ....

非营利组织净资产有何特点

非营利组织的净资产是衡量其财务健康与可持续发展能力的关键要素。从资金来源看,限定性净资产虽有特定用途限制,却也保障了某些关键项目的资金流,反映出捐赠者意图与社会需求的聚焦点。然而,这也对组织资金调配灵活性提出挑战。在运营过程中,净资产的增减变动犹如成绩单。持续增长表明组织在项目执行、成本控制与资源募集上成效显著;反之,组织则需反思业务策略是否得当。例如,若限定性项目因规划失误导致资金结余却无法转作他用,可能造成资源浪费与机会成本增加。从战略视角出发,组织应依据净资产状况制订发展规划。雄厚的净资产可助力组织拓展服务领域、提升服务质量。而当组织净资产薄弱时,其需聚焦核心业务,强化资金募集与管理能力。此时,组织应同时注重与利益相关者沟通,增强相关方对组织的信任,以促进组织净资产良性循环,使组织更好地践行公益使命。

第二节 | 限定性净资产的核算

一、限定性净资产的概念

限定性净资产是指资产或者资产的经济利益(如资产的投资收益和利息等)的使用和处置受到资源提供者或者国家有关法律、行政法规等所设置的时间限制或(和)用途限制,由此形成的净资产即为限定性净资产。

时间限制是指资产提供者或者国家有关法律、行政法规等要求民间非营利组织在收到资产后的特定时期之内或特定日期之后使用该项资产,或者对资产的使用设置了永久限制;用途限制是指资产提供者或者国家有关法律、行政法规等要求民间非营利组织将收到的资产用于某一特定的用途。

民间非营利组织的理事会或类似机构对净资产的使用所作的限定性决策、决议或拨款限额等,属于民间非营利组织内部管理上对资产使用所作的限制,它不属于《民间非营利组织会计制度》所界定的限定性净资产。

二、限定性净资产的内容

限定性净资产是存在一定限制条件的净资产。限定性净资产主要来源于资产提供者的提供和对净资产的使用进行的设置两个方面。第一,资产提供者的提供。如果资产提供者提供了限定性的资产,或者提供的资产受国家法律、法规限制,形成的净资产为限定性净资产。第二,对净资产的使用进行的设置。非营利组织根据国家的规定,从净资产中按一定比例提取发展基金,也会形成限定性净资产。

三、限定性净资产的主要账务处理

非营利组织会计设置"限定性净资产"科目,核算非营利组织限定性净资产的增减变化情况。非营利组织会计应当在期末进行限定性净资产结转,反映最终形成的限定性净资产数额。本科目期末贷方余额反映非营利组织历年积存的限定性净资产。

限定性净资产的核算如表 4-1 所示。

二维码 4-3
民间非营利
组织限定性
净资产科目
的设置

表 4-1   **限定性净资产的核算**

序号	业务内容	账务处理

1	期末,将各收入类科目所属"限定性收入"明细科目的余额转入"限定性净资产"科目	借:捐赠收入——限定性收入
		    政府补助收入——限定性收入等科目
		    贷:限定性净资产

2	期末,将各费用类科目的余额转入"限定性净资产"科目	借:限定性净资产
		    贷:业务活动成本
		        管理费用等科目

3	如果限定性资产的限制已经完全解除,则应当对净资产进行重新分类,将限定性净资产的净额转为非限定性净资产	借:限定性净资产 贷:非限定性净资产

4	如果因调整以前期间收入、费用项目而涉及调整限定性净资产的,则应当将调整后"以前年度净资产调整"涉及限定性净资产的科目余额转入本科目	借:以前年度净资产调整
		    贷:限定性净资产
		或者
		借:限定性净资产
		    贷:以前年度净资产调整

5	如果资产提供者或者国家有关法律、行政法规等对以前期间未设置限制的资产增加限制,则应当将相关非限定性净资产转为限定性净资产	借:非限定性净资产 贷:限定性净资产
6	如果根据国家有关法律、行政法规等提取风险准备金、专项资金或基金等,应当将实际提取金额转为限定性净资产	借:非限定性净资产 贷:限定性净资产

【例 4-1】 某非营利组织本年共收入有限定用途的会费收入 100 000 元,政

府补助收入 200 000 元,转入限定性净资产科目。

借:会费收入——限定性收入   100 000

    政府补助收入——限定性收入   200 000

    贷:限定性净资产   300 000

【例 4-2】 由于政府政策发生变化,次年,某非营利组织上年政府补助的 200 000 元款项用途不再予以限定,转为非限定性净资产。

借:限定性净资产   200 000

    贷:非限定性净资产   200 000

【例 4-3】 次年,某非营利组织发现上年的捐赠收入中有 20 000 元是捐赠人直接捐给本组织的一个服务对象的,故对账目予以调整。

借:限定性净资产   20 000

    贷:银行存款   20 000

第三节 | 非限定性净资产的核算

一、非限定性净资产的概念

二维码 4-4
非限定性净
资产的变动
对非营利组
织的影响

非营利组织的非限定性净资产,即非营利组织净资产中除限定性净资产之外的其他净资产。也就是说,如果净资产的使用不受资产提供者或者国家有关法律、行政法规的限制,那么该净资产即为非限定性净资产。

如果资源提供者对所提供的资产及资产所产生的经济利益的使用没有设置限制,由此形成的净资产就属于非限定性净资产。同时,非营利组织从事按照等价交换原则销售商品、提供服务等交换交易时,由于所获得的收入大于交易成本而积累的净资产,通常也属于非限定性净资产,除非资产提供者和国家法律、行政法规对资产的这些收入设置了限制以外。

二、非限定性净资产的内容

非限定性净资产是不存在任何限制条件的净资产。非限定性净资产主要来源于资产提供者的提供和从事交换交易产生的结余两个方面。第一,非营利组织的部分收入是资产提供者提供的,主要包括捐赠收入和政府补助收入,如果资产提供者没有对提供的资产设定限制条件,所形成的非限定的捐赠收入和非限定的政府补助收入将增加非限定性净资产。第二,非营利组织在交换交易中取得的各项收入一般为非限定性收入,主要包括提供服务收入、商品销售收入、投资收益等,其在业务活动中会有资金耗费,主要包括业务活动成本、管理费用、筹资费用等。一定时期非交换交易收入与费用之间的差额所形成的结余,增加非限定性净资产。

三、非限定性净资产的主要账务处理

非营利组织应设置"非限定性净资产"科目,核算非营利组织非限定性净资产的增减变化情况。非营利组织应当在期末将当期非限定性收入的实际发生额、当期费用的实际发生额和当期由限定性净资产的金额转入"非限定性净资产"科目。本科目期末贷方余额,反映非营利组织历年积存的非限定性净资产。

非限定性净资产的核算如表 4-2 所示。

表 4-2　　　　　　　　　　　　非限定性净资产的核算

序号	业务内容	账务处理
1	期末,将各收入类科目所属"非限定性收入"明细科目的余额转入"非限定性净资产"科目	借:捐赠收入——非限定性收入 　　政府补助收入——非限定性收入 　　会费收入——非限定性收入 　　提供服务收入——非限定性收入 　　商品销售收入——非限定性收入 　　投资收益——非限定性收入 　　其他收入——非限定性收入等科目 　　贷:非限定性净资产
2	期末,将各费用类科目的余额转入"非限定性净资产"科目	借:非限定性净资产 　　贷:业务活动成本 　　　　管理费用 　　　　筹资费用 　　　　其他费用等科目
3	如果限定性净资产的限制已经解除,则应当对净资产进行重新分类,将限定性净资产转为非限定性净资产	借:限定性净资产 　　贷:非限定性净资产
4	如果因调整以前期间收入、费用项目而涉及调整非限定性净资产,则应当就调整后"以前年度净资产调整"涉及非限定性净资产的科目余额转入本科目	借:以前年度净资产调整 　　贷:非限定性净资产 或者 借:非限定性净资产 　　贷:以前年度净资产调整
5	如果资产提供者或者国家有关法律、行政法规等对以前期间未设置限制的资产增加限制,应当将相关非限定性净资产转为限定性净资产	借:非限定性净资产 　　贷:限定性净资产
6	如果根据国家有关法律、行政法规等提取风险准备金、专项资金或基金等,应当将实际提取金额转为限定性净资产	借:非限定性净资产 　　贷:限定性净资产

【例4-4】 某非营利组织年末收入、费用科目余额见表4-3,进行年末结转。

表4-3 　　　　　某非营利组织年末收入、费用科目余额 　　　　单位:元

收入科目	余额	费用科目	余额
捐赠收入——非限定性收入	356 000	业务活动成本	1 505 000
政府补助收入——非限定性收入	200 000	管理费用	105 000
会费收入——非限定性收入	800 000	筹资费用	23 100
提供服务收入——非限定性收入	51 000	其他费用	20 000
商品销售收入——非限定性收入	210 000		
投资收益——非限定性收入	55 000		
其他收入——非限定性收入	100 000		
收入合计	1 772 000	费用合计	1 653 100

(1) 将收入类科目贷方余额转入"非限定性净资产"科目的贷方:

借:捐赠收入——非限定性收入　　　　　　　　　　　　　356 000

　　政府补助收入——非限定性收入　　　　　　　　　　　200 000

　　会费收入——非限定性收入　　　　　　　　　　　　　800 000

　　提供服务收入——非限定性收入　　　　　　　　　　　 51 000

　　商品销售收入——非限定性收入　　　　　　　　　　　210 000

　　投资收益——非限定性收入　　　　　　　　　　　　　 55 000

　　其他收入——非限定性收入　　　　　　　　　　　　　100 000

　　贷:非限定性净资产　　　　　　　　　　　　　　　　1 772 000

(2) 将费用类科目借方余额转入"非限定性净资产"科目的借方:

借:非限定性净资产　　　　　　　　　　　　　　　　　1 653 100

　　贷:业务活动成本　　　　　　　　　　　　　　　　　1 505 000

　　　　管理费用　　　　　　　　　　　　　　　　　　　105 000

　　　　筹资费用　　　　　　　　　　　　　　　　　　　 23 100

　　　　其他费用　　　　　　　　　　　　　　　　　　　 20 000

【例4-5】 某非营利组织收到捐赠组织上年度捐赠的600 000元,该捐赠为限定用途捐赠,从今年起捐赠组织取消了上述限制,该项净资产由限定性净资产转为非限定性净资产。

借:限定性净资产　　　　　　　　　　　　　　　　　　600 000

　　贷:非限定性净资产　　　　　　　　　　　　　　　　600 000

【例 4-6】 因国家政策调整,某非营利组织收到上年度缴纳的河道治理费 35 000 元予以返还。

借:银行存款   35 000
　　贷:非限定性净资产   35 000

本 章 小 结

通过本章学习,学生掌握了净资产的分类,明确了限定性净资产与非限定性净资产的界限及各自独特的核算方法,深刻理解了净资产的特征,能精准地对其进行确认与计量;掌握了限定性净资产核算中关于限定条件的判断、相关业务处理以及财务信息披露要求,也熟练掌握了非限定性净资产在各类收支业务影响下的核算流程与余额变动计算。此外,学生熟悉了净资产的概念,认识了净资产在非营利组织财务体系中的核心地位与重要意义,熟悉了限定性净资产的概念及所涵盖的常见内容类型,同时也熟悉了非限定性净资产的概念与主要构成。学生还了解了净资产的来源渠道的多样性,熟悉了限定性净资产和非限定性净资产在用途限制、核算重点等方面的显著区别,为深入学习非营利组织会计中关于净资产的综合应用与财务分析奠定了坚实基础。

本章重要概念

净资产　限定性净资产　非限定性净资产　净资产的来源　净资产的分类标准

本 章 练 习

一、单项选择题

1. 非营利组织的净资产是指(　　　)。

   A. 资产减去负债后的余额

   B. 收入减去费用后的余额

   C. 限定性资产减去非限定性资产后的余额

   D. 流动资产减去流动负债后的余额

2. 限定性净资产的"限定性"主要是指(　　　)。

   A. 资产的使用时间受到限制　　　　B. 资产的使用用途受到限制

C. 资产的来源受到限制   D. A 和 B

3. 下列各项中,不属于非营利组织净资产的来源的是( )。

A. 捐赠收入   B. 政府补助

C. 向银行借款   D. 会员会费收入

4. 非营利组织收到一笔捐赠款,捐赠者明确要求该款项只能用于购买医疗设备,这笔捐赠款形成的净资产应归类为( )。

A. 非限定性净资产   B. 限定性净资产

C. 专用基金   D. 暂存款项

5. 当限定性净资产的限制解除时,应将其重新分类为( )。

A. 限定性净资产   B. 非限定性净资产

C. 专用基金   D. 事业基金

二、多项选择题

1. 以下各项中,属于非营利组织净资产特征的有( )。

A. 净资产的权益属于组织本身,不存在明确的所有者权益份额划分

B. 它是资产减去负债后的剩余权益

C. 其金额会因组织的收支活动、资产处置等多种因素而发生变化

D. 可以用于分配给组织的成员或股东

2. 非营利组织净资产的来源主要包括( )。

A. 捐赠收入   B. 政府补助收入

C. 会费收入   D. 投资收益

3. 限定性净资产包括( )。

A. 时间限定的捐赠资产所形成的净资产

B. 用途限定的政府补助所形成的净资产

C. 限定性的投资收益所形成的净资产

D. 因法律法规要求限定使用方式的资产所形成的净资产

4. 下列关于非限定性净资产说法中,正确的有( )。

A. 非限定性净资产的使用没有任何限制

B. 组织正常的经营活动收入扣除费用后的结余通常增加非限定性净资产

C. 非限定性捐赠收入会增加非限定性净资产

D. 非限定性净资产可以用于组织的日常运营和符合组织宗旨的各种活动

5. 在核算净资产时,以下会计分录正确的有( )。

A. 收到限定性捐赠时:借:银行存款   贷:捐赠收入——限定性收入

B. 期末结转限定性收入时:借:捐赠收入——限定性收入   贷:限定性净资产

C. 限制解除时:借:限定性净资产   贷:非限定性净资产

D. 收到非限定性捐赠时:借:银行存款　贷:捐赠收入——非限定性收入

三、判断题

1. 非营利组织的净资产等于流动资产减去流动负债。（　　）
2. 限定性净资产在限制解除后,应立即将其从账面上消除。（　　）
3. 所有的政府补助收入都会形成非营利组织的限定性净资产。（　　）
4. 非营利组织的非限定性净资产可以自由分配给组织的管理人员作为奖励。

（　　）

5. 非营利组织年末计算出的业务活动成本大于当年的捐赠收入和政府补助收入之和,会导致净资产减少。（　　）

四、简答题

1. 简述非营利组织净资产的主要分类。
2. 简述非营利组织净资产的主要来源。

第五章　收　入

内容提要

本章主要讲解收入的概念和特征、收入的分类、收入确认和计量的原则；捐赠收入、会费收入、政府补助收入、总部拨款收入等非交换交易收入的概念、账户设置及主要账务处理；商品销售收入、提供服务收入、让渡资产使用权收入、投资收益、其他收入等交换交易收入的概念、账户设置及主要账务处理。

重点难点

本章重点为收入确认和计量的原则，以及捐赠收入、会费收入、政府补助收入、商品销售收入、提供服务收入、让渡资产使用权收入、投资收益的主要内容与账务处理；难点为商品销售收入和提供服务收入的主要内容与账务处理。

学习目标

通过本章学习，学生应掌握收入的分类、收入确认和计量的原则、捐赠收入、会费收入、政府补助收入、总部拨款收入、商品销售收入、提供服务收入、让渡资产使用权收入、投资收益；了解其他收入的确认。

知识框架

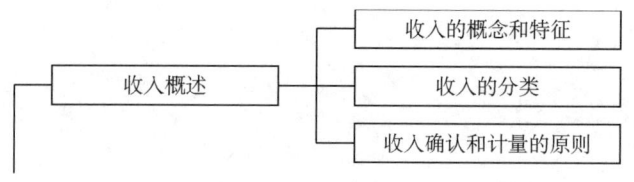

收入概述 —— 收入的概念和特征

收入概述 —— 收入的分类

收入概述 —— 收入确认和计量的原则

144

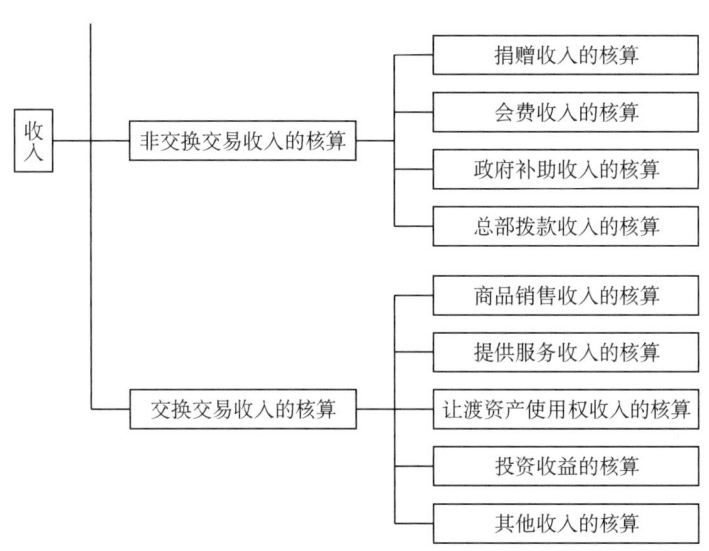

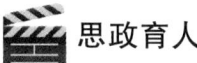 **思政育人**   **加强诚信执业**

规范的内部治理是保证诚信执业的关键。作为人合型组织,会计师事务所内部治理体系中最核心的一环是利润分配机制。实施一个"利润池"下的高度一体化管理,让总所对分所在执业标准、质量控制、业务承接、财务核算、人员调配、信息化建设等方面实行完全统一的垂直管理,更有助于保证事务所诚信经营、诚信执业。

在业务承接执行层面,一体化管理实施业务的统一承接和委派,有助于从源头上控制风险;坚持合伙人和员工专业分工,可提升执业人员的风险识别能力;限定合伙人的最大业务承办规模,可有效保证合伙人控制风险;总所对分所质量检查的一票否决制,可明确每一位合伙人的风险责任。在考核层面,要建立"一个利润池"下以风险控制为主要考核指标的合伙人全面考核体系。业务承接和承办不应是决定合伙人收入的主要因素,员工收入也应与承办业务量无直接关联,应从根本上避免合伙人片面追逐业务承接和承办规模,有效保证职业道德一票否决制等制度的顺利实施。应用高度一体化的管理机制,筑牢诚信执业的微观基础。

资料来源:邱靖之.加强诚信执业,夯实高质量发展基石[EB/OL].(2024-03-20)[2024-07-03].https://www.zgcznet.com/zdct/202403/20240320/j_2024032013541200017109141852136177.html.

【思政寄语】

2020年1月,习近平总书记在十九届中央纪委第四次全体会议上首次提出,把财会监督与其他监督一并作为党和国家监督体系的重要组成部分,这将财会监督提高到了一个新的政治高度。2023年2月,中共中央办公厅、国务院办公厅联合发布《关于进一步加强财会监督工作的意见》,对健全财会监督体系、进一步发挥中介机构执业监督作用作出指示部署,为推进新时代行业高质量发展指明了方向、提供了遵循。

作为财务信息的鉴证者、企业管理的参谋者和改革的助力者,注册会计师广泛服务国家建设各领域,政治责任重大。会计师事务所从业人员要提高政治站位,站在服务国家治理体系和治理能力现代化全局的角度考量自身的职责使命,深刻认识审计工作的重大意义,严守独立性,把好审计关,做到不碰红线、不碰底线,厚植诚信执业理念。

第一节 | 收 入 概 述

一、收入的概念和特征

(一) 收入的概念

非营利组织开展业务活动所取得的收入多种多样,不同类型非营利组织的主要收入来源也有所不同。比如,社会团体的收入主要来源于其收取的会费、举办会议培训活动的收费,还有出售杂志的销售收入以及因提供咨询、研究等服务而获得的收入等;基金会的收入来源主要是其他单位或个人的捐款、捐物等;民办学校的收入来源主要是学生的学费;民办医院的收入来源主要是医药费收入。此外,很多非营利组织还会从政府部门获取政府补助等。这些商品销售所得、提供服务所得以及收到的捐赠和补助等,构成非营利组织的收入。

根据《民间非营利组织会计制度》的规定,收入是指非营利组织开展业务活动取得的、导致本期净资产增加的经济利益或者服务潜力的流入。收入应当按其来源分为捐赠收入、会费收入、提供服务收入、政府补助收入、商品销售收入、投资收益、总部拨款收入等主要业务活动收入和其他收入等。

(二) 收入的特征

(1) 收入会引起非营利组织资产的增加或者负债的减少,或者两者兼有。根据《民间非营利组织会计制度》的规定,资产是指过去的交易或者事项形成并由非营利组织拥有或者控制的资源,该资源预期会给非营利组织带来经济利益或者服务潜力。按照资产的概念,收入意味着非营利组织资产的增加或者负债的减少。因此,非营利组织对收入的确定一定要与资产和负债的确认联系起来考虑。

(2) 收入会导致经济利益或者服务潜力流入非营利组织,为第三方代收的款项或其他资产不能作为非营利组织的收入。例如,非营利组织代收、代转的款项,一方面会增加非营利组织的资产,另一方面也增加了相应的负债,不会引起净资产的变动,不能作为非营利组织的收入。

(3) 收入的增加最终将导致非营利组织本期净资产的增加。根据"资产-负债=净资产"的公式,资产的增加可能引起负债的增加,也可能引起净资产的增加;

负债的减少可能引起资产的减少,也可能引起净资产的增加。而不引起净资产变动的资产增加或负债减少不能作为收入核算,如非营利组织因接受受托代理资产引起相应委托代理负债的增加,或者使用银行存款支付应付账款,都不属于收入增加的情况。所以收入是能使净资产增加或负债减少的资产。此外,收入能够增加净资产,而收入扣除相关成本费用后的净额,可能增加净资产,也可能减少净资产。

二、收入的分类

(一) 根据收入的性质分类

收入按其交易的性质不同,可分为交换交易收入和非交换交易收入。交换交易收入和非交换交易收入应当采取不同的会计确认方法。

(1) 交换交易收入是交换交易所形成的收入。其中,交换交易是指按照等价交换原则所从事的交易,非营利组织的商品销售收入、提供服务收入,均以交换交易为基础,为交换交易收入。

(2) 非交换交易收入是非交换交易所形成的收入。非交换交易是指除交换交易之外的交易。在非交换交易中,某一主体取得资产、获得服务或解除债务时,不必向交易对方支付等值或大致等值的现金,或提供等值或大致等值的货物、服务等。非营利组织的捐赠收入、政府补助收入,均以非交换交易为基础,为非交换交易收入。

(二) 根据收入的来源分类

根据收入的来源,可将收入分为捐赠收入、会费收入、提供服务收入、政府补助收入、商品销售收入、投资收益、总部拨款收入等主要业务活动收入和其他收入等。

《民间非营利组织会计制度》中规定民间非营利组织可以区分不同收入类型,按照项目、服务或业务大类进行核算和列报。其界定的收入分类如下。

(1) 捐赠收入是指非营利组织接受其他单位或者个人捐赠所取得的收入。

(2) 会费收入是指非营利组织根据章程等的规定向会员收取的会费。

(3) 提供服务收入是指非营利组织根据章程等的规定向其服务对象提供服务取得的收入,包括学费收入、医疗费收入、培训收入、承接政府购买服务收入等。

(4) 政府补助收入是指非营利组织接受政府拨款或者政府机构给予的补助而取得的收入。该补助是无偿的,不需要向政府交付商品或服务等对价。

(5) 商品销售收入是指非营利组织销售商品等所形成的收入。

(6) 投资收益是指非营利组织因对外投资取得的投资净收益。

(7) 总部拨款收入是指境外非政府组织代表机构从其总部取得的拨款收入。

(8) 其他收入是指除上述主要业务活动收入之外的其他收入,如存款利息、固定资产处置净收入、无形资产处置净收入、无法支付的应付款项等。

(三) 根据收入的使用是否存在限制分类

根据使用是否存在限制,可将收入分为限定性收入和非限定性收入。

1. 限定性收入

如果资产提供者对资产的使用设置了时间限制或者用途限制,则所确认的相关收入为限定性收入。这里所提到的限制包括三种情况:

时间限制,即资产提供者或者国家有关法律、法规要求非营利组织在收到资产后的特定日期内,或者特定日期之后使用该资产。

用途限制,即资产提供者提出或国家有关法律、法规要求非营利组织将收到的资产用于某一特定用途。

双重限制,即时间限制和用途限制两者兼备。例如,某基金会接受捐赠的物资,按要求用于捐赠后 1 年内某一特定用途。

2. 非限定性收入

如果资产提供者对资产的使用没有设置时间限制或者(和)用途限制,则所确认的相关收入为非限定性收入。

二维码 5-1
非营利组织取得的哪些收入可以享受免征企业所得税?

非营利组织的权力机构,如董事会、理事会、会员大会等,对资产的使用所作的限定性决策、决议或者限制等,属于非营利组织对资产使用的内部管理和内部限制,不属于会计制度所界定的限制。

对非营利组织收入的各种分类是相互交叉的。例如,非营利组织的会费收入、提供服务收入、商品销售收入和投资收益、总部拨款收入等一般为非限定性收入,除非相关资产提供者对资产的使用设置了限制。对于捐赠收入和政府补助收入,应当视相关资产提供者对资产的使用是否设置了限制,分为限定性收入和非限定性收入进行核算。又如,商品交易收入、提供服务收入、投资收益等通常属于交易收入,而捐赠收入、政府补助收入、会费收入等一般属于非交换交易收入。

三、收入确认和计量的原则

(一) 收入确认和计量的基本原则

1. 收入确认的基本原则

收入核算的前提是收入的确认。对于非营利组织而言,收入的确认是按照会计制度的规定,将某个项目作为收入正式入账,并列入业务活动表的过程。根据《民间非营利组织会计制度》的规定,会计核算应当以权责发生制为基础。根据权责发生制原则,非营利组织在确认收入时,凡是属于本期已经实现的收入,无论款项是否收付,均应当作为本期的收入;凡是不属于本期的收入,即使款项已在本期收付,也不应当作为本期的收入。非营利组织在确认收入时,按照会计制度的规定,区分交换交易收入和非交换交易收入。

2. 收入计量的基本原则

收入的计量是指确认业务活动表中收入要素的具体金额的过程。非营利组织应当按照交易或者事项所引起的资产的增加额或者负债的减少额计量收入。需要注意的是,在业务活动表中,收入通常以总额列报,并未扣除相关的成本和费用。例如,商品销售收入应当以商品销售的收入总额,而非商品销售收入总额扣除商品销售成本后的净额列报。但对于固定资产处置、无形资产处置等偶发性、非主要业务形成的收入,则一般是以扣除相关费用后的净额列报。

(二) 交换交易收入的确认

非营利组织的交换交易收入主要包括商品销售、提供服务或让渡资产使用权形成的收入。

1. 商品销售收入

根据《民间非营利组织会计制度》的规定,商品销售收入是指非营利组织销售商品所形成的收入。例如,出售杂志、报纸等出版物,出售接受捐赠的物品等,都属于商品销售的范畴。

(1) 已将商品所有权上的主要风险和报酬转移给购货方。商品所有权上的风险主要指商品所有者承担该商品价值发生损失的可能性,商品所有权上的报酬主要是指商品所有者预期可获得的商品中包括的未来经济利益。商品所有权上的主要风险和报酬转移给购货方是指风险和报酬都从销货方转移给了购货方,这意味着商品的任何损失都不需要销货方承担,商品未来可能的经济利益也不归销货方所有。

(2) 既没有保留通常与所有权相联系的继续管理权,也没有对已售出的商品实施控制。如果非营利组织对售出的商品仍然保留了与所有权相联系的继续管理权,则说明此项销售商品交易没有完成,销售不能成立,不能确认收入。同样,如果非营利组织对售出的商品仍然可以实施控制,也说明此项销售商品交易没有完成,不能确认收入。

(3) 与交易相关的经济利益能够流入非营利组织。在销售商品的交易中,与交易最相关的经济利益主要表现为销售商品的价款。是否有把握收回销售商品的价款是确认收入的一个重要条件。如果销售商品后,非营利组织估计价款收回的可能性不大,则即便收入确认的其他条件都已满足,该项交易也不能确认收入。至于非营利组织如何判断商品销售价款收回的可能性,则主要根据以往的销售经验、政府的有关政策或其他方面获得的信息来加以判断。只有价款收回的可能性大于不能收回的可能性,才认为价款能够收回。

(4) 相关的收入和成本能够可靠的计量。收入是否能够可靠的计量,是收入确认的前提,无法可靠计量的收入不能被确认。例如,非营利组织在销售商品的过程中,商品售价由于某种不确认因素的影响而出现变动,则在售价确定之前不应确认收入。

2. 提供服务收入

根据《民间非营利组织会计制度》的规定,提供服务收入是指非营利组织根据章程等的规定向其服务对象提供服务而取得的收入,包括学费收入、医疗费收入、培训收入等,又称提供劳务收入。对于因交换交易而形成的提供服务收入,应当按以下规定予以确认。

(1) 在同一会计年度内开始并完成的服务,应该在完成服务时予以确认。在这种情况下提供的服务收入确认比较简单,尤其是一次性提供的会议、培训等收入,通常在协议中已经规定了提供服务和服务完成的具体时间。

(2) 如果服务的开始和完成分属不同的会计年度,可以按完工进度或完成的工作量确认收入。在这种情况下提供服务的收入确认比较复杂,相关服务交易还应该同时满足以下两项条件才能确认收入:①服务收入和成本能够可靠的计量;②与交易相关的经济利益很可能流入非营利组织。

3. 让渡资产使用权的收入

根据《民间非营利组织会计制度》的规定,让渡资产使用权产生的收入主要包括两类:让渡现金使用权而收取的利息收入和转让无形资产(商标权、专利权、专营权、软件、版权)等资产的使用权而形成的使用费收入。对于因让渡资产使用权而发生的交换交易收入,应当在下列条件同时满足时予以确认。

(1) 与交易相关的经济利益能够流入非营利组织。同商品销售收入和提供服务收入一样,这是收入确认的一项基本原则,非营利组织应根据对方的信誉情况、当年的效益情况以及对方就结算方式和付款期限等达成的协议等方面进行判断。如果非营利组织认为收入无法收回的可能性大于收入收回的可能性,则不应就该事项确认收入。

(2) 收入的金额能够可靠地计量。利息收入根据合同或者协议规定的相关利率确定,使用费收入按非营利组织与其资产使用者签订的合同或协议确定。当收入的金额能够可靠地计量时,非营利组织才能进行确认。

(三) 非交换交易收入的确认

非营利组织的非交换交易主要包括捐赠、政府补助等形式的收入。根据《民间非营利组织会计制度》的规定,对于因交换交易所形成的收入,应当同时满足下列条件时给予确认。

(1) 与交易相关的含有经济利益或服务潜力的资源能够流入非营利组织并为其所控制,或者相关的债务能够得到解除。根据《民间非营利组织会计制度》规定,资产是指过去的交易或者事项形成并由非营利组织拥有或者控制的资源,该资源预期会给非营利组织带来经济利益或者服务潜力。按照资产的概念，确认非交换交易收入的第一个条件意味着非营利组织资产的增加，而相关的债务能够得到解除即意味着非营利组织负债的减少。所以，第一个条件的实质是要求非交换交易收入能够引起非营利组织资产的增加或者负债的减少。因此非营利组织在确认非交换交易收入时，应当从交易对资产或负债变动的影响上进行判断。只有当相关交易能够引起资产增加或负债的减少时，才能确认一项非交换交易收入。

（2）交易能够引起净资产的增加。本条件的实质是要求非交换交易收入不但能够引起非营利组织资产的增加或者负债的减少，而且必须能够同时引起非营利组织净资产的增加。也就是说，只有资产增加且同时净资产增加，或者负债减少且同时净资产增加这两种情况，才能引起非交换交易收入的增加。

（3）收入的金额能够可靠地计量。收入的确认是将某事项作为一项收入正式入账并列入业务活动表的过程。如果收入不能可靠地计量，就无法以货币金额记入账簿和列入业务活动表。因此，收入金额的可靠计量是收入确认的基本前提。一般情况下，对于无条件的捐赠或政府补助，应当在捐赠或政府补助收到时确认收入；对于附条件的捐赠或政府补助，应当在取得捐赠资产或政府补助资产的控制权时确认收入。如果由于捐赠方或法律法规限制等非营利组织之外的原因存在需要偿还全部或部分捐赠资产（或政府补助资产）或者相应金额的现时义务，应当根据需要偿还的金额，确认一项负债并相应冲减收入；如果由于非营利组织自身原因存在需要偿还全部或部分捐赠资产或者相应金额的现时义务，应当根据需要偿还的金额，确认一项负债并计入当期费用。

（四）收入核算应设置的会计账户

非营利组织可以根据收入的来源设置收入的一级账户，如"商品销售收入""会费收入""捐赠收入""提供服务收入""政府补助收入""投资收益""总部拨款收入""其他收入"等，然后根据收入是否存在限制，在一级账户下设置"限定性收入"和"非限定性收入"二级明细账户进行明细核算。非营利组织也可以根据收入是否存在限制，设置"限定性收入"和"非限定性收入"一级账户，然后根据收入的来源，在一级账户下设置"商品销售收入""会费收入""提供服务收入"和"政府补助收入"等二级明细账户进行明细核算。

第二节　非交换交易收入的核算

非营利组织的非交换交易收入主要包括捐赠收入、会费收入、政府补助收入、总部拨款收入等。

一、捐赠收入的核算

（一）捐赠及捐赠收入概述

1. 捐赠的概念

捐赠属于非交换交易的一种，通常是指某个单位或个人（捐赠人）自愿地将现金或其他资产无偿地转让给另一单位或个人（受赠人），或者无偿地清偿或取消该单位或个人（受赠人）的负债。这里的其他资产包括债券、股票、产品、材料、设备、房屋、无形资产和劳务等。在实务中，非营利组织既可能作为受赠人，接受其他单位或个人的捐赠；也可能作为捐赠人，对其他单位或个人作出捐赠。

2. 捐赠的基本特征

（1）捐赠是无偿地转让资产或者取消负债等。捐赠是无偿的，因此，捐赠属于非交换交易。判断某项交易是交换交易还是非交换交易时，应当认真分析交易的实质，而不能仅仅从交易的形式上来判断。

（2）捐赠是自愿地转让资产或者取消负债等。这里强调的是，捐赠是自愿的，从而将捐赠与其他非交换交易区分开来。在诸如纳税、征收罚款等情况下，由于资产的转让是强制性的，并不是自愿的，因此也就不属于捐赠。

（3）捐赠交易中资产或劳务的转让不属于所有者的投入或向所有者的分配。企业的所有者（如股东）向企业投入资金，或者企业向其所有者分配利润（如股利、红利）等，不属于捐赠的范畴。因为所有者向企业投入资金是为了谋取经济利益，而企业向所有者分配利润是出于所有者投入了资金，从本质上看，这项交易是互惠的。非营利组织的资源提供者不享有组织的所有权，也不从非营利组织取得经济回报。

3. 某项交易是否为捐赠的标准

为了对捐赠进行正确的核算，判断某项交易是否是捐赠时，需要注意以下问题。

（1）应当将捐赠与受托代理交易等类似交易区分开来。在受托代理交易中，非营利组织通常只是从委托方收到受托资产，并按照委托方的意愿将资产转赠给指定的其他组织或者个人，或者按照有关规定将资产转交给指定的其他组织或者个人。尽管对于捐赠人与最终受益人而言，此项交易确实是捐赠交易，但是，非营利组织在受托代理交易中只是起到中介作用，其从捐赠人那里取得资产时，并非获得捐赠，而在将资产转赠或转交给受益人时，也并非作出捐赠。

（2）将捐赠与捐赠承诺区分开来。捐赠承诺是指捐赠现金或者其他资产的书面协议或口头约定等。例如，某捐赠人承诺在未来2年内每年向某助学基金会捐赠共计50万元的款项。由于捐赠承诺兑现的可能性无法可靠估计,因此与捐赠事项相关的含有经济利益或者服务潜力的资源不一定能够流入非营利组织并为其所控制,所以捐赠承诺不满足非交换交易收入的确认条件,不应予以确认,可以在会计报表附注中作相关披露。

(3)劳务捐赠不予确认。劳务捐赠是指捐赠人自愿地向受赠人无偿提供劳务,如志愿者提供义务服务等。非营利组织对于接受的劳务捐赠不予确认,但应当在会计报表附注中作相关披露。这主要是由于劳务捐赠所形成收入的金额无法可靠地计量,不满足非交换交易收入的确认条件,因此不应予以确认。

(4)就某项交易而言,可能交易的一部分属于捐赠交易,另一部分属于其他性质的交易。比如,捐赠人将一栋房屋出售给某非营利组织,出售价格远低于该房屋的现行市场价。

(5)虽然政府补助收入与捐赠收入在性质上一致,但在实务中,应当将政府补助收入与捐赠收入进行区分,分别进行核算和反映。

4. 捐赠收入的概念和分类

根据《民间非营利组织会计制度》的规定,捐赠收入是指非营利组织接受其他单位或者个人捐赠所取得的收入。此外,非营利组织的捐赠收入应当视相关资产提供者对资产的使用是否设置了限制,分为限定性捐赠收入和非限定性捐赠收入进行核算。

(1)限定性捐赠收入。如果捐赠人对捐赠资产的使用设置了时间限制或(和)用途限制,则所确认的相关捐赠收入为限定性捐赠收入。

(2)如果捐赠方对捐赠资产的使用没有设置时间限制或用途限制,则所确认的相关捐赠收入为非限定性捐赠收入。

(二)捐赠收入的计量

(1)非营利组织对于接受捐赠的现金资产,应当按照实际收到的金额入账。

(2)非营利组织对于接受捐赠的非现金资产,如果捐赠方提供有关凭据(如发票、报关单、有关协议等)的,应当按照凭据上标明的金额入账,如果凭据上标明的金额与受赠资产公允价值相差较大,受赠资产应当以其公允价值作为入账价值。如果捐赠方没有提供有关凭据的,受赠资产应当以其公允价值作为入账价值。应按以下顺序确定公允价值:①如果同类或者类似资产存在活跃市场的,应当按照同类或者类似资产的市场价格确定公允价值;②如果同类或者类似资产不存在活跃市场的,或者无法找到同类或者类似资产的,应当采用合理的计价方法确定资产的公允价值。

在应当采用公允价值的情况下,如果有确凿证据表明资产的公允价值确实无

二维码5-3
捐赠收入确
认入账价值
的方法

法可靠地计量,则非营利组织应当设置辅助账,单独登记所取得资产的名称、数量、来源及用途等情况,并在会计报表附注中作相关披露。在以后的会计期间,如果该资产的公允价值能够可靠地计量,则非营利组织应当在其能够可靠地计量的会计期间予以确认,并以公允价值计量。

(三) 账户设置

非营利组织应设置"捐赠收入"账户以核算捐赠收入,应当按照捐赠收入是否存在限制,在"捐赠收入"账户下设置"限定性收入"和"非限定性收入"明细账户,分别核算限定性捐赠收入和非限定性捐赠收入。如果非营利组织存在多个捐赠项目,还可以结合具体情况,在"限定性收入"和"非限定性收入"明细账户下按照捐赠项目的不同设置相应的明细账户,以满足核算的需要。

"捐赠收入"账户属于收入类账户,借方登记结转为本期净资产的收入额,贷方登记本期实现的收入额,平时余额在贷方,反映非营利组织当期实现的捐赠收入的累积金额。在会计期末,应当将该账户中"非限定性收入"明细账户当期贷方发生额转入"非限定性净资产"账户,将该账户中"限定性收入"明细账户当期贷方发生额转入"限定性净资产"账户。期末结转后该账户应无余额。

(四) 捐赠收入的主要财务处理

1. 接受捐赠

接受的捐赠,按照应确认的金额,借记"现金""银行存款""短期投资""存货""长期股权投资""长期债权投资""固定资产""无形资产"等科目,贷记"捐赠收入——限定性收入"或"捐赠收入——非限定性收入"科目。

接受的服务捐赠收入,按照应确认的金额,借记"业务活动成本""管理费用"等科目,贷记"捐赠收入限定性收入"或"捐赠收入非限定性收入"明细科目。

接受的捐赠,如果由于捐赠方或法律法规限制等非营利组织之外的原因存在需要偿还全部或部分捐赠资产(或政府补助资产)或者相应金额的现时义务,则按照需要偿还的金额,借记本科目,贷记"其他应付款"等科目;如果由于非营利组织自身原因存在需要偿还全部或部分捐赠资产或者相应金额的现时义务,则按照需要偿还的金额,借记"管理费用"科目,贷记"其他应付款"等科目。

【例 5-1】 2×24 年 4 月 19 日,某非营利组织接受华宇公司捐赠的材料一批,价值 30 000 元,具有限定条件。

财务会计分录如下:

借:存货   30 000

    贷:捐赠收入——限定性收入   30 000

【例 5-2】　2×24 年 6 月 16 日,某非营利组织接受东升公司捐赠的设备一台,价值 110 000 元,无限定条件。

借:固定资产　　　　　　　　　　　　　　　　　　　　　　　110 000
　　贷:捐赠收入——非限定性收入　　　　　　　　　　　　　　　110 000

2. 解除限定性捐赠收入的限制

如果限定性捐赠收入的限制在确认收入的当期得以完全解除,应当将其转为非限定性捐赠收入,借记"捐赠收入——限定性收入",贷记"捐赠收入——非限定性收入"明细科目。

【例 5-3】　2×24 年 12 月 31 日,按照捐赠约定,华宇公司捐赠的有限定条件的材料中部分捐赠解除限制,解除限制部分的材料价值 10 000 元。

借:捐赠收入——限定性收入　　　　　　　　　　　　　　　　10 000
　　贷:捐赠收入——非限定性收入　　　　　　　　　　　　　　　10 000

3. 期末结转

期末,将本账户各明细账户的余额分别转入限定性净资产和非限定性净资产。

(1) 将非限定性捐赠收入转入非限定性净资产。

借:捐赠收入——非限定性收入
　　贷:非限定性净资产

(2) 将限定性捐赠收入转入限定性净资产。

借:捐赠收入——限定性收入
　　贷:限定性净资产

【例 5-4】　2×24 年 12 月 31 日,某非营利组织"捐赠收入"各明细账户的余额如下:

"捐赠收入——限定性收入"贷方余额 25 000 元。

"捐赠收入——非限定性收入"贷方余额 60 000 元,进行期末结转。

(1) 限定性捐赠收入结转。

借:捐赠收入——限定性收入　　　　　　　　　　　　　　　　25 000
　　贷:限定性净资产　　　　　　　　　　　　　　　　　　　　　25 000

(2) 非限定性捐赠收入结转。

借:捐赠收入——非限定性收入　　　　　　　　　　　　　　　60 000
　　贷:非限定性净资产　　　　　　　　　　　　　　　　　　　　60 000

二、会费收入的核算

(一) 会费收入及其计量

会费收入是指非营利组织根据章程等的规定向会员收取的会费收入。一般情况下,非营利组织的会费收入为非限定性收入,除非相关资产提供者对资产的使用设置了限制。

在实务中,非营利组织的会费收入通常属于非交换交易收入,其一般为现金或银行存款。非营利组织应当按照实际收到的金额或者应当收取的金额入账。

(二) 账户设置

非营利组织应设置"会费收入"账户,用于核算非营利组织根据章程等的规定向会员收取的会费收入。该账户属于收入类账户,贷方登记本期实现的收入额,借方登记结转为本期净资产的收入额,平时余额在贷方,反映非营利组织当期实现的会费收入的累积金额。期末结转净资产后,该账户应无余额。本账户应当按照会费种类(如团体会费、个人会费等)设置明细账,进行明细核算。该账户可以根据收入是否存在限制,设置"限定性收入"和"非限定性收入"二级明细账户进行明细核算。

(三) 会费收入的主要账务处理

1. 收入会费

向会员收取会费,在满足收入确认条件时,借记"现金""银行存款""应收账款"等科目,贷记"会费收入——非限定性收入"明细科目。如果存在限定性会费收入,应当贷记"会费收入——限定性收入"明细科目。

【例5-5】 2×24年4月25日,某非营利组织向会员收取会费6 000元,无限定条件,存入银行。

借:银行存款　　　　　　　　　　　　　　　　　　　　　6 000
　　贷:会费收入——非限定性收入　　　　　　　　　　　　　　6 000

【例5-6】 2×24年5月10日,某非营利组织银行收到会员单位交来的具有限制条件会费10 000元。

借:银行存款　　　　　　　　　　　　　　　　　　　　　10 000
　　贷:会费收入——限定性收入　　　　　　　　　　　　　　10 000

2. 期末结转

期末,将"会费收入"账户各明细账户的余额分别转入限定性净资产和非限定性净资产。

（1）将非限定性会费收入转入非限定性净资产。

借：会费收入——非限定性收入
　　贷：非限定性净资产

（2）将限定性会费收入转入限定性净资产。

借：会费收入——限定性收入
　　贷：限定性净资产

【例 5-7】　2×24 年 12 月 31 日，某非营利组织"会费收入"账户账面余额 30 000 元，均属于非限定性收入。

借：会费收入——非限定性收入　　　　　　　　　　　　　　　30 000
　　贷：非限定性净资产　　　　　　　　　　　　　　　　　　　30 000

三、政府补助收入的核算

（一）政府补助收入及其计量

政府补助收入是指非营利组织因为政府拨款或者政府机构给予补助而取得的收入。如果资产提供者对资产的使用设置了时间限制或者（和）用途限制，则所确认的相关收入为限定性收入；除此之外的其他所有收入，为非限定性收入。

与捐赠收入和会费收入一样，政府补助收入也属于非交换交易收入，因此政府补助收入和捐赠收入的会计处理基本上是一致的。非营利组织接受政府补助所获得的资产通常为银行存款，非营利组织应当按照实际收到的金额入账；如果非营利组织接受政府补助所获得的资产为非现金资产，其计量与接受捐赠的非现金资产的计量是一致的。非营利组织应当在满足规定的收入确认条件时确认政府补助收入。

❓ 相关思考 5-1 ……………………………………………………………

哪些情况取得的政府资金不属于政府补助收入

在实务中，不少政府部门为了支持非营利组织的发展，向非营利组织提供资金用于某项项目的研究活动。非营利组织将科研成果提交给政府部门，政府部门向非营利组织提供一定的资金支持，这种情况通常被称为购买劳务。如果政府部门所提供的资金与非营利组织所提供的研究成果或日常服务是等值或基本等值的，则此项交易应当属于交换交易，而不属于政府补助收入。

（二）账户设置

非营利组织应设置"政府补助收入"账户，用于核算非营利组织因为政府拨款或者政府机构给予补助而形成的收入。该账户属于收入类账户,借方登记结转为本期净资产的收入额,贷方登记本期实现的收入额,平时余额在贷方,反映非营利组织当期实现的政府补助收入的累积金额。期末结转净资产后,该账户应无余额。该账户可以根据收入是否存在限制设置"限定性收入"和"非限定性收入"二级明细账户进行明细核算。

(三) 政府补助收入的主要账务处理

1. 接受政府补助

接受政府补助,按照应确认的金额,借记"现金""银行存款"等科目,贷记"政府补助收入——限定性收入"或"政府补助收入——非限定性收入"明细科目。

对于接受的附条件政府补助,如果非营利组织存在需要偿还全部或部分政府补助资产或者相应金额的现时义务(比如,因无法满足政府补助所附条件而必须退还部分政府补助时),则按照需要偿还的金额,借记"管理费用"科目,贷记"其他应付款"等科目。

【例5-8】 2×24年5月20日,某非营利组织收到政府有条件补助20 000元。

借:银行存款 20 000
　　贷:政府补助收入——限定性收入 20 000

【例5-9】 某非营利组织经过努力还是无法达到政府补助所附条件,2×24年8月20日,某非营利组织退还补助10 000元。

借:管理费用 10 000
　　贷:其他应付款 10 000

2. 解除限定性政府补助收入的限制

如果限定性政府补助收入的限制在确认收入的当期得以解除,应当将其转为非限定性政府补助收入,借记"政府补助收入——限定性收入"明细科目,贷记"政府补助收入——非限定性收入"明细科目。

【例5-10】 2×24年8月30日,由于政府政策发生变化,取消了其中5 000元补助收入的限制条件。

借:政府补助收入——限定性收入 5 000
　　贷:政府补助收入——非限定性收入 5 000

3. 期末结转

期末,将"政府补助收入"账户各明细账户的余额分别转入限定性净资产和非限定性净资产。

(1) 将非限定性政府补助收入转入非限定性净资产。

借：政府补助收入——非限定性收入 5 000
　　贷：非限定性净资产 5 000

（2）将限定性政府补助收入转入限定性净资产。

借：政府补助收入——限定性收入 5 000
　　贷：限定性净资产 5 000

【例 5-11】　2×24 年 12 月 31 日，某非营利组织"政府补助收入"账户账面余额为 27 000，其中限定性收入 17 000 元，非限定性收入 10 000 元。

借：政府补助收入——限定性收入 17 000
　　　　　　　　——非限定性收入 10 000
　　贷：限定性净资产 17 000
　　　　非限定性净资产 10 000

四、总部拨款收入的核算

（一）总部拨款收入的概念

总部拨款收入是指境外非政府组织代表机构从其总部取得的拨款收入。这些资金通常是用于支持该非营利组织的日常运营、项目开展、设备购置等各种活动。例如，一个全国性的慈善基金会在各地有分支机构，总部拨款收入就是总部拨给地方分支机构用于当地慈善项目的资金。这种资金支持通常不附加任何产品或服务的交换条件，而是基于总部对代表机构运营、项目开展或特定需求的支持。因此，总部拨款收入符合非交换交易收入的定义。

（二）账户设置

在非营利组织会计中，一般会设置"总部拨款收入"作为总账账户。这个账户主要用于核算从总部拨入的各种款项的总收入情况。例如，当总部一次性拨入用于日常运营的资金和用于特定项目的专项资金时，都先通过这个总账账户进行记录。

该账户属于收入类账户，贷方登记总部拨款的增加额，即收到总部拨款时，在贷方记录相应的金额。借方通常登记期末结转至"非限定性净资产"（如果是没有限定用途的拨款）或"限定性净资产"账户（如果是有特定用途限定的拨款）的金额。结转后，"总部拨款收入"账户一般无余额。

一般情况下，总部拨款收入为非限定性收入，如果存在限定性总部拨款收入，则应当在本科目设置"非限定性收入""限定性收入"明细科目，进行明细核算。

（三）总部拨款收入的主要账务处理

1. 收到总部拨款

当非营利组织收到总部拨入的没有特定用途限制的款项时，按照实际收到的金额，借记"银行存款""现金"等科目，贷记"总部拨款收入——非限定性收入"科目。

【例5-12】 某非营利组织在2×24年7月1日收到总部拨来的用于日常运营的资金50 000元。

借：银行存款 　　　　　　　　　　　　　　　　　　　　　　　　50 000
　　贷：总部拨款收入——非限定性收入 　　　　　　　　　　　　　　　50 000

如果收到的款项是有特定用途限制的，如专门用于某个项目或者购置特定资产等，按照收到的金额，借记"银行存款""现金"等科目，贷记"总部拨款收入——限定性收入"科目。

【例5-13】 某文化非营利组织在2×24年3月15日收到总部拨来的200 000元，这笔款项限定用于举办一场传统文化展览。

借：银行存款 　　　　　　　　　　　　　　　　　　　　　　　200 000
　　贷：总部拨款收入——限定性收入（传统文化展览专款） 　　　　　200 000

2. 总部拨款退回

如果因为某些原因需要退回非限定用途的总部拨款，则按照退回的金额，借记"总部拨款收入——非限定性收入"科目，贷记"银行存款""现金"等科目。

【例5-14】 在2×24年7月1日收到50 000元非限定性拨款的组织，由于资金使用计划变更，在2×24年9月1日退回10 000元给总部。

借：总部拨款收入——非限定性收入 　　　　　　　　　　　　　　10 000
　　贷：银行存款 　　　　　　　　　　　　　　　　　　　　　　　　10 000

对于需要退回的限定用途拨款，借记"总部拨款收入——限定性收入"科目，贷记"银行存款""现金"等科目。

【例5-15】 在2×24年3月15日收到200 000元用于传统文化展览专款的组织，因展览取消，在2×24年4月1日退回全部款项给总部。

借：总部拨款收入——限定性收入（传统文化展览专款） 　　　　200 000
　　贷：银行存款 　　　　　　　　　　　　　　　　　　　　　　　200 000

3. 期末结转

在会计期末，将"总部拨款收入——非限定性收入"科目的余额转入"非限定性净资产"科目,借记"总部拨款收入——非限定性收入"科目,贷记"非限定性净资产"科目。

【**例5-16**】 某非营利组织在2×24年12月31日,"总部拨款收入——非限定性收入"科目余额为80 000元。

借:总部拨款收入——非限定性收入   80 000
 贷:非限定性净资产   80 000

如果存在限定性总部拨款收入,则将其金额转入限定性净资产,借记"总部拨款收入——限定性收入"明细科目,贷记"限定性净资产"科目。

【**例5-17**】 某教育非营利组织收到总部拨来的用于建设一所希望小学的专款1 000 000元,在希望小学建设完成后,将"总部拨款收入——限定性收入(希望小学建设专款)"科目的余额结转。

借:总部拨款收入——限定性收入(希望小学建设专款) 1 000 000
 贷:限定性净资产(希望小学建设专款)   1 000 000

第三节 | 交换交易收入的核算

非营利组织的交换交易收入主要包括商品销售收入、提供服务收入、让渡资产使用权收入、投资收益和其他收入等。

一、商品销售收入的核算

(一)商品销售收入概述

1. 商品销售收入的概念

商品销售收入是指非营利组织销售商品等所形成的收入。比如,出售杂志、报纸等出版物,出售外购或自制的药品,自售接受捐赠的物品等,都属于商品销售的范畴。

一般情况下,非营利组织提供服务收入为非限定性收入,除非相关资产提供者对资产的使用设置了限制。

2. 确认商品销售收入的条件

销售商品收入通常为交换交易收入。对于因交换交易所形成的商品销售收入,应当在下列条件同时满足时予以确认。

(1)已将商品所有权上的主要风险和报酬转移给购货方。商品所有权上的风险主要指商品所有者承担该商品价值发生损失的可能性,如商品发生减值和发生

二维码5-4
民间非营利组织会计制度会计核算问题的探讨

毁损的可能性。商品所有权上的报酬主要指商品所有者预期可获得的商品中包括的未来经济利益,如商品价值的增加以及使用商品所形成的经济利益等。

商品所有权上的风险和报酬转移给了购货方,指风险和报酬均转移给了购货方。当一项商品发生的任何损失均不需要销货方承担,带来的经济利益也不归销货方时,则意味着该商品所有权上的风险和报酬已从该销货方移出。

判断一项商品所有权上的主要风险和报酬是否已转移给买方,需要关注每项交易的实质而不是形式。通常而言,所有权凭证的转移或实物的交付是需要考虑的重要因素。

第一,商品所有权凭证转移或实物交付后,商品所有权上的主要风险和报酬也随之转移,如大多数零售交易。

第二,商品所有权凭证转移或实物交付后,商品所有权上的主要风险和报酬并未随之转移。在实务中,可能有以下情况。

① 销售的商品在质量、品种、规格等方面不符合合同规定的要求,又未根据正常的保证条款予以弥补,因而销货方仍负有责任。

② 销售商品的收入是否能够取得,取决于代售方或寄销方是否已将商品销售出去。代销或寄销的特点是受托方只是一个代理商,委托方将商品发出后,商品所有权并未转移给受托方,所有权上的风险和报酬仍在委托方。只有当受托方将商品售出后,商品所有权上的风险和报酬才从委托方移出。因此,在代销或寄销情况下,委托方应在受托方售出商品,并取得受托方提供的代销清单时确认收入。

③ 尚未完成售出商品的安装或检验工作,且此项安装或检验任务是销售合同的重要组成部分。

④ 销售合同中规定了由于特定原因买方有权退货的条款,而又不能确定退货的可能性。

以上讲的是商品所有权上的主要风险和报酬转移给购货方,销货方才有可能确认收入。需要注意的是,如果非营利组织只保留了所有权上的次要风险,且销售商品收入确认的其他三项条件满足了,则应确认相应的收入。

(2)既没有保留通常与所有权相联系的继续管理权,也没有对已售出的商品实施控制。对售出商品实施继续管理,既可能源于仍拥有商品的所有权,也可能与商品的所有权没有关系。如果商品售出后,非营利组织仍保留有与该商品的所有权相联系的继续管理权,则说明此项销售商品交易没有完成,销售不能成立,不能确认收入。同样,如果商品售出后,非营利组织仍可以对售出的商品实施控制,则说明此项销售没有完成,不能确认收入。

(3)与交易相关的经济利益很可能流入非营利组织。在销售商品的交易中,与交易相关的经济利益主要表现为销售商品的价款。销售商品的价款能否有把握收回是收入确认的一个重要条件。非营利组织在销售商品时如估计价款收回的可能性不大,即使收入确认的其他条件均已满足,也不应当确认收入。

销售商品的价款能否收回,主要根据非营利组织以前和买方交往的直接经验,或从其他方面取得的信息,或政府的有关政策等进行判断。条件中所指"很可能"是指价款收回的可能性大于不能收回的可能性。

在实务中,非营利组织售出的商品符合合同或协议规定的要求,并已将发票账单交付买方,买方也承诺付款,即通常表明销售商品的价款能够收回。如果非营利组织作出价款不能收回的判断,则应提供可靠的证据。

(4) 相关的收入和成本能够可靠地计量。收入能否可靠地计量,是确认收入的基本前提。若收入不能可靠地计量,则无法确认收入。非营利组织在销售商品时,售价通常已经确定。但销售过程中由于某种不确定因素,也有可能出现售价变动的情况,则在新的售价未确定前,不应确认收入。

根据收入和费用配比原则,与同一项销售有关的收入和成本应在同一会计期间予以确认。因此,若成本不能可靠地计量,相关的收入也不能确认,即使其他条件均已满足,如果已收到价款,则收到的价款也应确认为一项负债。

(二) 商品销售收入的计量

销售商品收入应当按照非营利组织与购货方签订的合同或协议金额或双方接受的金额确定;没有合同或协议的,应当按照购销双方都同意或接受的价格确定。

(三) 账户设置

非营利组织应设置"商品销售收入"账户。一般情况下,商品销售收入为非限定性收入,除非相关资产提供者对资产的使用设置了限制。为此,非营利组织应当视具体情况,在"商品销售收入"账户下设置"限定性收入"和"非限定性收入"明细账户分别核算。同时,非营利组织还应当按照商品的种类在"限定性收入"和"非限定性收入"明细账户下设置明细账户,进行明细核算。

"商品销售收入"账户的贷方反映当期商品销售收入的实际发生额。在会计期末,应当将该账户中"非限定性收入"明细账户当期贷方发生额转入"非限定性净资产"账户;如果存在限定性商品销售收入,则应当将该科目中"限定性收入"明细账户当期贷方发生额转入"限定性净资产"账户。期末结转后,该账户应无余额。

(四) 商品销售收入的主要账务处理

1. 取得商品销售收入

销售商品取得收入时,按照实际收到或应当收取的价款,借记"现金""银行存款""应收票据""应收账款"等科目,按照应当确认的商品销售收入金额,贷记"商品销售收入——非限定性收入"明细科目(如果存在限定性商品销售收入,应当贷记"商品销售收入——限定性收入"明细科目),按照预收的价款,贷记"预收账款"科目。在以后期间确认商品销售收入时,借记"预收账款"科目,贷记"商品销售收入——非限定性收入"明细科目。

【例 5-18】 某非营利组织为一般纳税人,2×24 年 5 月 28 日,赊销一批商品给海天公司,价款为 50 000 元,增值税为 1 500 元,为限定性商品销售收入,该批商品的成本为 30 000 元。

① 确认收入:

借:应收账款——海天公司   51 500

 贷:商品销售收入——限定性收入   50 000

  应交税费——应交增值税(销项税额)   1 500

② 结转成本:

借:业务活动成本   35 000

 贷:存货   35 000

2. 销售退回

销售退回是指非营利组织售出的商品,由于质量、品种不符合要求等原因而发生的退货。销售退回应当分情况处理。

(1) 未确认收入的已发出商品的退回,不需要调整商品销售收入、商品销售成本。

(2) 已确认收入的销售商品退回,一般情况下直接冲减退回当月的商品销售收入、商品销售成本(如果成本已经结转)等:按照应当冲减的商品销售收入,借记"商品销售收入"科目;按照已收或应收的金额,贷记"银行存款""应收账款""应收票据"等科目;按照退回商品已经结转的成本,借记"存货"科目,贷记"业务活动成本"科目。

如果该项销售发生现金折扣,则应当在退回当月一并处理,将原确认的现金折扣冲销。

(3) 报告期间资产负债表日至财务报告批准报出日之间发生的报告期间或以前期间的销售退回,应当作为资产负债表日后事项的调整事项处理,调整报告期间会计报表的相关项目:按照应冲减的商品销售收入,借记"非限定性净资产"科目(如果所调整收入属于限定性收入应当借记"限定性净资产"科目);按照已收或应收的金额,贷记"银行存款""应收账款""应收票据"等科目;按照退回商品的成本,借记"存货"科目,贷记"非限定性净资产"科目。

如果该项销售已发生现金折扣,则应当一并处理。按照原确认的现金折扣金额,借记"银行存款"等科目,贷记"非限定性净资产"或"限定性净资产"科目。

【例 5-19】 海天公司 2×24 年 6 月 2 日验货时,发现该批商品的品种不符合合同规定,要求退货。

①冲减退回当月的商品销售收入及增值税。

借:商品销售收入——限定性收入　　　　　　　　　　　　　50 000
　　应交税费——应交增值税　　　　　　　　　　　　　　　1 500
　　　贷:应收账款——海天公司(因赊销)　　　　　　　　　　51 500

②冲减退回当月的成本。

借:存货　　　　　　　　　　　　　　　　　　　　　　　　35 000
　　　贷:业务活动成本(因已跨月,上月成本已结转)　　　　　35 000

3. 现金折扣

现金折扣是指非营利组织为了尽快回笼资金而发生的理财费用。现金折扣一般用符号"折扣率/付款期限"表示,如"2/10,1/20,N/30"表示销货方允许客户最长的付款期限为 30 天,如果客户在 10 天内付款,销货方可按商品售价给予客户 2％的折扣,如果客户在 20 天内付款,销货方可按商品售价给予客户 1％的折扣,如果客户在 21 天至 30 天内付款,其将不能享受现金折扣。

现金折扣在实际发生时直接计入当期筹资费用,按照实际收到的金额,借记"银行存款"等科目,按照应给予的现金折扣,借记"筹资费用"科目,按照应收的账款,贷记"应收账款""应收票据"等科目。

购买方实际获得的现金折扣,冲减取得当期的筹资费用,按照应付的账款,借记"应付账款""应付票据"等科目,按照实际获得的现金折扣,贷记"筹资费用"科目,按照实际支付的价款,贷记"银行存款"等科目。

【例 5-20】 海天公司在 2×24 年 6 月 11 日付款,享受 1％的 500 元的现金折扣。

借:银行存款　　　　　　　　　　　　　　　　　　　　　　56 000
　　筹资费用　　　　　　　　　　　　　　　　　　　　　　　500
　　　贷:应收账款——海天公司　　　　　　　　　　　　　　56 500

4. 销售折让

销售折让是指销货方因所售商品的质量不合格、品种与要求不一致等原因而在售价上给予购货方的减让,销售折让应当在实际发生时直接从当期实现的销售收入中抵减。

(1) 企业在确认收入之前发生折让的,销货方应直接从原定的销售价格中扣除给予购货方的销售折让,以扣除之后的金额作为实际销售价格(其处理同商业折扣),并据以确认销售收入。

（2）已确认收入的售出商品发生销售折让的,通常应当在发生时冲减当期销售商品收入。

【例5-21】 非营利组织在2×24年6月19日赊销一批商品给乐天公司,属非限定性收入,不含税价款为40 000元。由于商品质量问题,该组织给予乐天公司不含税价的5%,即2 000元的销售折让,货款存入银行。

借:银行存款　　　　　　　　　　　　　　　　　　　　　　39 140
　　贷:商品销售收入——非限定性收入　　　　　　　　　　　　38 000
　　　　应交税费——应交增值税　　　　　　　　　　　　　　　1 140

5. 期末结转

期末,将"商品销售收入"账户的余额转入非限定性净资产,借记"商品销售收入——非限定性收入"明细科目,贷记"非限定性净资产"科目。如果存在限定性商品销售收入,则将其金额转入限定性净资产,借记"商品销售收入——限定性收入"明细科目,贷记"限定性净资产"科目。

（1）将非限定性商品销售收入转入非限定性净资产。

借:商品销售收入——非限定性收入
　　贷:非限定性净资产

（2）将限定性商品销售收入转入限定性净资产。

借:商品销售收入——限定性收入
　　贷:限定性净资产

【例5-22】 2×24年7月31日,某非营利组织"商品销售收入"账户的账面余额为30 000元,均属于非限定性收入。

借:商品销售收入——非限定性收入　　　　　　　　　　　　30 000
　　贷:非限定性净资产　　　　　　　　　　　　　　　　　　30 000

（五）特殊情况下的商品销售收入

1. 委托代销

委托代销是指委托方根据协议,委托受托方代销商品的一种销售方式。委托代销可分为视同买断方式和支付手续费方式。

由于非营利组织在委托代销交易中既可能作为委托代销方,也可能作为受托代销方,同时两种代销方式的会计处理各有特点,故非营利组织在对委托代销交易进行核算时应当分情况进行处理。

（1）视同买断方式。视同买断方式是指委托方和受托方签订合同或协议,委托方按协议价格收取委托代销商品的货款,实际售价可由受托方自定,实际售价与协议价之间的差额归受托方所有的销售方式。委托方将商品交付给受托方时,商品所有权上的风险和报酬并未转移给受托方,因此,委托方在交付商品时不确认收入,受托方也不作购进商品处理。受托方将商品销售后,应按实际售价确认销售收入,并向委托方开具代销清单。委托方收到代销清单时,再确认销售收入。

作为委托方的非营利组织,为了核算委托代销交易,应当在"存货"账户下设置"委托代销商品"明细账户。发出委托代销商品时,应借记"存货——委托代销商品"科目,贷记"存货——××商品"科目。收到受托方的代销清单时,应根据代销清单上注明的已销商品货款的实现情况,按应收的款项,借记"应收账款""应收票据"等科目,按实现的商品销售收入,贷记"商品销售收入"科目;同时,结转售出商品的成本,借记"业务活动成本——商品销售成本"科目,贷记"存货——委托代销商品"科目。

作为受托方的非营利组织,为了核算受托代销交易,应当在"存货"账户下设置"受托代销商品"明细科目,在"应付账款"账户下设置"受托代销商品款"明细账户,如表5-1所示。受托代销商品销售收入的会计处理,与非营利组织一般情况下商品销售收入的会计处理相同。

表5-1　　　　　　　　　　　视同买断方式的财务处理

业务	会计处理	
	委托方	受托方
交付商品	借:存货——委托代销商品 　贷:存货——××商品	借:存货——受托代销商品 　贷:应付账款——受托代销商品款
委托方收到 代销清单	① 借:应收账款/应收票据等——受托方 　贷:商品销售收入	① 借:银行存款/应收账款等 　贷:商品销售收入
	② 借:业务活动成本——商品销售成本 　贷:存货——委托代销商品	② 借:业务活动成本——商品销售成本 　贷:存货——受托代销商品
结算货款	借:银行存款 　贷:应收账款/应收票据等——受托方	借:应付账款——受托代销商品款 　贷:银行存款

【例5-23】 2×24 年 6 月 17 日,甲非营利组织采用视同买断方式委托乙非营利组织销售一批 M 商品,协议价为 6 000 元,商品成本为 5 100 元,其于当日将商品交付给乙非营利组织。7 月 3 日,乙非营利组织以 6 800 元的价款将商品全部售出,款项已收,当日,甲非营利组织收到乙非营利组织开来的代销清单,款项尚未支付。7 月 6 日,双方结算货款。假设收入均为非限定性收入,且不考虑其他因素及相关税费。

委托方甲非营利组织的会计处理如下。

① 6 月 17 日,发出 M 商品。

借:存货——委托代销商品　　　　　　　　　　　　　　　　5 100
　　贷:存货——M 商品　　　　　　　　　　　　　　　　　　　　5 100

② 7 月 3 日,收到代销清单。

借:应收账款——乙非营利组织　　　　　　　　　　　　　　6 000
　　贷:商品销售收入——非限定性收入　　　　　　　　　　　　6 000

借:业务活动成本——商品销售成本　　　　　　　　　　　　5 100
　　贷:存货——委托代销商品　　　　　　　　　　　　　　　　5 100

③ 7 月 6 日,结算,收到货款。

借:银行存款　　　　　　　　　　　　　　　　　　　　　　6 000
　　贷:应收账款——乙非营利组织　　　　　　　　　　　　　　6 000

受托方乙非营利组织的会计处理如下。

① 6 月 17 日,收到 M 商品。

借:存货——受托代销商品　　　　　　　　　　　　　　　　6 000
　　贷:应付账款——受托代销商品　　　　　　　　　　　　　　6 000

② 7 月 3 日,对外销售。

借:银行存款　　　　　　　　　　　　　　　　　　　　　　6 800
　　贷:商品销售收入——非限定性收入　　　　　　　　　　　　6 800

借:业务活动成本——商品销售成本　　　　　　　　　　　　6 000
　　贷:存货——受托代销商品　　　　　　　　　　　　　　　　6 000

③ 7 月 6 日,结算,支付货款。

借:应付账款——受托代销商品款　　　　　　　　　　　　　6 000
　　贷:银行存款　　　　　　　　　　　　　　　　　　　　　　6 000

(2) 支付手续费方式。采用支付手续费代销方式,委托方在发出商品时,商品所有权上的主要风险和报酬并未转移给受托方。委托方在发出商品时,通常不应确认销售商品收入,而应在收到受托方开出的代销清单时确认销售商品收入,同时将应支付的代销手续费计入业务活动成本。受托方应在代销商品销售后,按合同或协议约定的方法计算确定代销手续费,确认劳务收入。

作为委托方的非营利组织,发出委托代销商品时,借记"存货——委托代销商品"科目,贷记"存货——××商品"科目。委托方收到受托方的代销清单时,根据代销清单上注明的已销商品货款的实现情况,按应收的款项,借记"应收账款""应收票据"等科目,按实现的商品销售收入,贷记"商品销售收入"科目;同时,结转售出商品的成本,借记"业务活动成本——商品销售成本"科目,贷记"存货——委托代销商品"科目;同时,按应支付的委托代销手续费,借记"业务活动成本——业务活动费"科目,贷记"应收账款"等科目。

作为受托方的非营利组织,在收到商品时,借记"存货——受托代销商品"科目,贷记"应付账款——受托代销商品款"科目;在销售实现时,按应收或实收的价款,借记"应收账款""应付账款""银行存款"等科目,贷记"存货——受托代销商品"科目;按手续费金额,借记"银行存款"科目或冲减(借记)"应付账款——受托代销商品款"科目,贷记"提供服务收入"科目,如表5-2所示。

表5-2　　　　　　　　　　　**支付手续费方式的财务处理**

业务	会计处理	
	委托方	受托方
交付商品	借:存货——委托代销商品 　贷:存货——××商品	借:存货——受托代销商品 　贷:应付账款——受托代销商品款
委托方实际销售商品,委托方收到代销清单,确认手续费	① 借:应收账款/应收票据等——受托方 　贷:商品销售收入 ② 借:业务活动成本——商品销售成本 　贷:存货——委托代销商品 ③ 借:业务活动成本——业务活动费 　贷:应收账款——受托方	① 借:银行存款 　贷:存货——受托代销商品 ② 借:业务活动成本——商品销售成本 　贷:存货——受托代销商品
结算货款和手续费	借:银行存款 　贷:应收账款/应收票据等——受托方	借:应付账款——受托代销商品款 　贷:银行存款

【**例5-24**】　2×24年7月17日,甲非营利组织采用支付手续费方式委托乙非营利组织销售一批M商品,协议价为6 000元,商品成本为5 100元,甲非营利组织按售价的10%支付乙非营利组织代销手续费,并于当日将商品交付给乙非营利组织。8月4日,乙非营利组织将商品全部售出,款项已收,当日甲非营利组织收到乙非营利组织开来的代销清单,款项尚未支付。8月5日,双方结算货款。假设收入均为非限定性收入,且不考虑其他因素及相关税费。

委托方甲非营利组织的会计处理如下:

① 7月17日,发出M商品。

借:存货——委托代销商品　　　　　　　　　　　　　　　　5 100
　　贷:存货——M商品　　　　　　　　　　　　　　　　　　　5 100

② 8 月 4 日,收到代销清单。

借:应收账款——乙非营利组织 6 000

  贷:商品销售收入——非限定性收入 6 000

借:业务活动成本——商品销售成本 5 100

  贷:存货——委托代销商品 5 100

确认应支付的代销手续费:

借:业务活动成本——业务活动费 600

  贷:存货——委托代销商品 600

③ 8 月 5 日,结算,收到货款。

借:银行存款 5 400

  贷:应收账款——乙非营利组织 5 400

受托方乙非营利组织的会计处理如下。

① 7 月 17 日,收到 M 商品。

借:存货——受托代销商品 6 000

  贷:应付账款——受托代销商品 6 000

② 8 月 4 日,对外销售。

借:银行存款 600

  贷:存货——受托代销商品 600

借:应付账款——受托代销商品款 6 000

  贷:提供服务收入——非限定性收入 6 000

③ 8 月 5 日,结算,支付货款。

借:应付账款——受托代销商品款 5 400

  贷:银行存款 5 400

视同买断方式与支付手续费方式的区别如表 5-3 所示。

表 5-3   **视同买断方式与支付手续费方式的区别**

方式	委托方确认收入的时间	受托方有无定价权	受托方确认收入的时间	受托方的收入方式
视同买断	在收到代销清单时确认收入	有	在卖出商品时即确认收入	视为自由商品销售,以价差赚取收益
支付手续费		无	在有权收取手续费时确认收入	以手续费方式认定收入

2. 不符合收入确认条件的发出商品

非营利组织在商品销售交易中已发出商品,如果由于不能同时符合销售收入确认的条件,那么就不能确认销售收入。在这些情况下,为了核算不符合收入确认条件的发出商品成本,非营利组织应当在"存货"账户下设置"发出商品"明细账户。此类销售交易的其他会计处理与一般商品销售收入相同。

【例 5-25】 丙非营利组织在 2×24 年 7 月 12 日销售 100 件 M 商品,每件 200 元,成本每件 170 元,款项尚未收到,丙非营利组织在销售时已知对方资金周转发生困难,但为了减少存货积压,丙非营利组织仍将商品发往买方。7 月 23 日,买方因质量原因退回 10 件商品,同时以银行存款转账的方式支付了 90 件商品的货款,假设收入为非限定性收入且不考虑其他因素及税费。

① 7 月 12 日,发出 M 商品,由于买方资金周转发生困难,可能无法收到货款,因此不符合收入确认的条件,不能确认销售收入。

借:存货——发出商品　　　　　　　　　　　　　　　　17 000
　　贷:存货——M 商品　　　　　　　　　　　　　　　　　　17 000

② 7 月 23 日,未确认销售收入的商品发生销售退回 10 件。

借:存货——M 商品　　　　　　　　　　　　　　　　　1 700
　　贷:存货——发出商品　　　　　　　　　　　　　　　　　1 700

收到 90 件商品的货款,确认收入并结转成本。

借:银行存款　　　　　　　　　　　　　　　　　　　18 000
　　贷:商品销售收入——非限定性收入　　　　　　　　　　　18 000

借:业务活动成本——商品销售成本　　　　　　　　　　15 300
　　贷:存货——发出商品　　　　　　　　　　　　　　　　　15 300

二、提供服务收入的核算

(一) 提供服务收入的概念

提供服务收入是指非营利组织根据章程等的规定向其服务对象提供服务取得的收入,包括学杂费收入、医疗费收入、培训收入、承接政府购买服务收入等,又称提供劳务收入。

一般情况下,非营利组织的提供服务收入为非限定性收入,除非相关资产提供者对资产的使用设置了限制。

(二) 提供服务收入的计量

非营利组织提供一项服务取得的总收入,一般按照非营利组织与接受服务方签订的合同或协议的金额确定。如有现金折扣，则应在实际发生时计入当期筹资费用。

非营利组织提供服务的种类很多，如医疗、咨询、代理、培训和产品安装等，提供服务的内容不同，完成服务的时间也不等。有的服务一次就能完成，且一般均为现金交易；有的服务需要花较长一段时间才能完成，如安装、培训等。对于需要较长的时间才能完成的服务，有的可在一个会计年度内完成，有的可能会存在跨越一个会计年度的情况。在服务期限跨越一个会计年度的情况下，又存在交易结果能够可靠地计量和不能够可靠地计量的情形，因此需要针对不同的情况进行相应的账务处理。

1. 提供的服务在同一会计年度内开始并完成

这种情形应当在完成劳务时，按照合同或协议规定的总金额确认和计量收入。

2. 劳务的开始和完成属于不同的会计年度

（1）提供该项服务的交易结果能够可靠地估计。这种情形可以按完工进度或完成的工作量确认和计量收入：

本年应确认的收入＝劳务总收入×本年年末止劳务的完成进度－以前年度已确认的收入

本年应确认的费用＝劳务总成本×本年年末止劳务的完成进度－以前年度已确认的费用

（2）不能对该项服务的交易结果作出可靠的估计。这种情形应正确预计已经发生的劳务成本能够得到补偿的程度，分别进行会计处理。① 已经发生的劳务成本预计全部能够得到补偿的，应按已经发生的劳务成本金额确认提供劳务收入，并结转已经发生的劳务成本。② 已经发生的劳务成本预计部分能够得到补偿的，应按预计能够得到补偿的劳务成本金额确认提供劳务收入，并结转已经发生的劳务成本。③ 已经发生的劳务成本预计全部不能得到补偿的，应将已经发生的劳务成本计入当期费用，不确认提供劳务收入。

（三）账户设置

非营利组织应设置"提供服务收入"账户。该账户属于收入类账户，借方登记结转为本期净资产的收入额，贷方登记本期实现的收入额，平时余额在贷方，反映非营利组织当期实现的提供服务收入的累积金额。期末结转净资产后，该账户应无余额。该账户可以根据收入是否存在限制，设置"限定性收入"和"非限定性收入"二级明细账户进行明细核算，本账户应当按照提供服务的种类设置明细账，进行明细核算。

相关思考 5-2

劳务总收入与劳务总成本的区别

劳务总收入，即合同总收入，一般根据双方签订的合同或协议注明的交易总金额确定。随着劳务的不断提供,双方可能会根据实际情况增加或减少交易总金额,非营利组织应及时调整合同总收入。劳务总成本包括至资产负债表日止已经发生的成本和完成劳务将要发生的成本。非营利组织应建立完善的内部成本核算制度和有效的内部财务预算及报告制度,准确提供每期发生的成本,并对完成剩余劳务将要发生的成本作出科学、可靠的估计;应随着劳务的不断提供或外部情况的不断变化,随时对估计成本进行修订。

(四) 提供服务收入的主要账务处理

1. 取得提供服务收入

非营利组织提供服务取得收入时,按照实际收到或应当收取的价款,借记"现金""银行存款""应收账款"等科目,按照应当确认的提供服务收入金额,贷记"提供服务收入"科目,按照预收的价款,贷记"预收账款"科目。在以后期间确认提供服务收入时,应借记"预收账款"科目,贷记"提供服务收入"科目。

如果存在非限定性提供服务收入,应当贷记"提供服务收入——非限定性收入"明细科目;如果存在限定性提供服务收入,应当贷记"提供服务收入——限定性收入"明细科目。

【例 5-26】　2×24 年 5 月 17 日,某非营利组织对外提供服务,取得非限定性收入 8 000 元,存入银行。

借:银行存款　　　　　　　　　　　　　　　　　　　　　　　　　8 000
　　贷:提供服务收入——非限定性收入　　　　　　　　　　　　　　　8 000

2. 期末结转

(1) 将非限定性提供服务收入转入非限定性净资产。

借:提供服务收入——非限定性收入
　　贷:非限定性净资产

(2) 将限定性提供服务收入转入限定性净资产。

借:提供服务收入——限定性收入
　　贷:限定性净资产

【例 5-27】　2×24 年 12 月 31 日,某非营利组织"提供服务收入"各明细账户的余额如下:

"提供服务收入——限定性收入"贷方余额 14 000 元。

"提供服务收入——非限定性收入"贷方余额 34 000 元,进行期末结转。

① 限定性收入结转:

借:提供服务收入——限定性收入　　　　　　　　　　　　　　　14 000
　　贷:限定性净资产　　　　　　　　　　　　　　　　　　　　　　14 000

② 非限定性收入结转：

借：提供服务收入——非限定性收入   34 000

  贷：非限定性净资产   34 000

三、让渡资产使用权收入的核算

（一）让渡资产使用权收入及其计量

1. 让渡资产使用权收入的分类

（1）利息收入，是指让渡现金资产使用权而获得的利息收入。

（2）使用费收入，是指让渡无形资产（如商标权、专利权、专营权、软件、版权）等资产的使用权而形成的使用费收入。

广义上，让渡资产使用权收入还应包括出租固定资产取得的租金收入、债权投资取得的利息收入、股权投资取得的股息收入等，这些收入的确认和计量不在本章中介绍。

2. 让渡资产使用权收入的计量

对于因交换交易所形成的让渡资产使用权（包括利息收入和使用费收入），应当按照下列方法分别进行计量。

（1）利息收入根据合同或协议规定的相关利率确定。

（2）使用费收入按非营利组织与其他资产使用者签订的合同或协议确定。但需要注意的是，不同的使用费收入，其收费的方法和时间不同。① 如果合同协议规定使用费一次支付，且不提供后续服务，则应视同该项资产的销售，一次确认收入。② 如果提供后续服务的，则应在合同协议规定的有效期内分期确认收入。③ 如果合同协议规定分期支付使用费，则应按合同协议规定的收款时间和金额或合同协议规定的收费方法计算的金额分期确认收入。

（二）账户设置

非营利组织通常应当设置"其他收入"账户，核算非营利组织取得的使用费收入和自有资金产生的利息收入。一般情况下，使用费收入和利息收入为非限定性收入，除非相关资产提供者对资产的使用设置了限制。为此，非营利组织应当视具体情况在"其他收入"账户下设置"限定性收入"和"非限定性收入"明细账户分别核算；然后在"限定性收入"和"非限定性收入"明细账户下设置"使用费收入""利息收入"明细账户，进行明细核算。

如果对于某非营利组织而言，利息收入属于其主要业务活动，则其可以增设"利息收入"账户。对于将借款存入银行而发生的利息收入，非营利组织应当冲减相关筹资费用，借记"银行存款"科目，贷记"筹资费用"科目。

（三）让渡资产使用权收入的主要账务处理

1. 利息收入的账务处理

在会计期末，非营利组织将应确认的利息金额，记入当期收入，借记"银行存款"科目，贷记"其他收入"科目。

【例 5-28】 2×24 年 12 月 31 日，某非营利组织收到其开户银行的通知，其银行存款的当期利息是 1 360 元，全部为自有资产存款产生的利息。

借：银行存款　　　　　　　　　　　　　　　　　　　　　　1 360
　　贷：非限定性净资产　　　　　　　　　　　　　　　　　　　1 360

2. 使用费收入的账务处理

对使用费收入，应按照应确认的使用费金额，借记"银行存款"等科目，贷记"其他收入"科目。

【例 5-29】 2×24 年 1 月 1 日，某非营利组织向西风公司转让 A 专利权的使用权，协议规定，转让期为 3 年，自 2×24 年 1 月 1 日至 2×26 年 12 月 31 日。每年的 1 月 1 日，该非营利组织向西风公司收取使用费 15 000 元，西风公司均以银行转账的方式支付使用费，假设不考虑其他因素和税费。

2×24 年 1 月 1 日，该组织按照实际收到的价款，确认使用费收入。

借：银行存款　　　　　　　　　　　　　　　　　　　　　　15 000
　　贷：其他收入——非限定性收入——使用费收入　　　　　　　　15 000

2×25 年 1 月 1 日、2×26 年 1 月 1 日，该组织按照实际收到的价款确认使用费收入的会计处理同上。

四、投资收益的核算

（一）投资收益的概念

投资收益是指非营利组织因对外投资而取得的投资净损益。投资收益可以发生在各种类型的非营利组织内，其核算包括对短期投资收益、长期股权投资收益和长期债权投资收益的核算。

一般情况下，非营利组织的投资收益为非限定性收入，除非相关资产提供者对资产的使用设置了限制。

（二）账户设置

非营利组织应设置"投资收益"账户，用于核算非营利组织因对外投资取得的投资净损益。该账户属于损益类账户，借方登记本期的投资损失金额以及结转为本期净资产的投资净收益金额，贷方登记本期实现的投资收益以及结转为本期净资产的投资净损失金额,平时余额在贷方,反映非营利组织当期的投资净收益。如果余额在借方,则反映非营利组织当期的投资净损失。期末结转净资产后,该账户应无余额。该账户可以根据收入是否存在限制,设置"限定性收入"和"非限定性收入"二级明细账户进行明细核算。

(三)投资收益的主要账务处理

1. 短期投资收益

出售短期投资或到期收回债券本息,按照实际收到的金额,借记"银行存款"科目,按照已计提的减值准备,借记"短期投资跌价准备"科目,按照所出售或收回短期投资的账面余额,贷记"短期投资"科目,按照未领取的现金股利或利息,贷记"其他应收款"科目,按照其差额,借记或贷记"投资收益"科目。

【例 5-30】 某非营利组织在 2×24 年 7 月 19 日,将持有黄海公司的债券出售,实收 11 000 元,债券面值为 10 000 元,已提跌价准备 200 元。

借:银行存款　　　　　　　　　　　　　　　　　　　　　　　11 000
　　短期投资跌价准备　　　　　　　　　　　　　　　　　　　　　200
　　贷:短期投资——黄海公司债券　　　　　　　　　　　　　　10 000
　　　　投资收益(差额)　　　　　　　　　　　　　　　　　　　1 200

2. 长期股权投资收益

(1)被投资单位宣告发放现金股利或利润时,按照宣告发放的现金股利或利润中属于非营利组织应享有的部分,确认当期投资收益,借记"其他应收款"科目,贷记"投资收益"科目。

【例 5-31】 某非营利组织持有富强公司股票 10 000 股,实行成本核算法。2×24 年 3 月 1 日,富强公司宣告发放现金股利,每股 2 元。

借:其他应收款——富强公司　　　　　　　　　　　　　　　　20 000
　　贷:其他收入——非限定性收入——使用费收入　　　　　　　20 000

(2)处置长期股权投资。处置长期股权投资时,按照实际取得的价款,借记"银行存款"等科目,按照已计提的减值准备,借记"长期投资减值准备"科目,按照所处置长期股权投资的账面余额,贷记"长期股权投资"科目,按照未领取的现金股利,贷记"其他应收款"科目,按照其差额,借记或贷记"投资收益"科目。

【例 5-32】 某非营利组织将持有的 A 公司股票出售,实收 100 000 元,该股票账面余额为 80 000 元,已提长期投资减值准备 5 000 元,含已宣告但尚未领取的现金股利 8 000 元。

```
借：银行存款                                        100 000
    长期投资减值准备                                  5 000
  贷：长期股权投资                                    80 000
    其他应收账款（尚未领取的现金股利）                  8 000
    投资收益（差额）                                  17 000
```

3. 长期债权投资收益

（1）利息及长期债券投资的初始成本与债券面值之间差额的处理。持有长期债权投资期间，应当按照票面价值与票面利率按期计算确认利息收入。如为到期一次还本付息的债券投资，借记"长期债权投资——债券投资（应收利息）"科目，贷记"投资收益"科目；如为分期付息、到期还本的债权投资，借记"其他应收款"科目，贷记"投资收益"科目。

长期债券投资的初始投资成本与债券面值之间的差额，应当在债券存续期间，按照直线法，于确认相关债券利息收入时摊销。如初始投资成本高于债券面值，按照应当分摊的金额借记"投资收益"科目，贷记"长期债权投资"科目；如初始投资成本低于债券面值，按照应当分摊的金额，借记"长期股权投资"科目，贷记"投资收益"科目。

【例 5-33】　某非营利组织持有 5 年期国库券，面值为 200 000 元，年利率为 5％，到期一次还本付息。该笔国库券购入时投入 220 000 元，每年分摊的金额为 4 000 元。

（1）年末确认利息。

```
借：长期债权投资——债券投资（应收利息）                10 000
  贷：投资收益                                       10 000
```

（2）摊销初始溢价投资。

```
借：投资收益                                         4 000
  贷：长期债权投资                                     4 000
```

（2）长期债权投资的处置。处置长期债权投资时，按照实际取得的价款，借记"银行存款"等科目，按照已计提的减值准备，借记"长期投资减值准备"科目，按照所处置长期债券投资的账面余额，贷记"长期债权投资"科目，按照未领取的现金股利，贷记"其他应收款"科目或"长期债权投资——债券投资（应收利息）"科目，按照其差额，借记或贷记"投资收益"科目。

【例 5-34】　某非营利组织将持有的天河公司债券出售，实收 130 000 元，该长期债券投资的账面余额为 100 000 元，已提债券减值准备 4 000 元，已到付息期，尚未领取的利息为 5 000 元。

借：银行存款　　　　　　　　　　　　　　　　　　　　　　　　　130 000
　　长期投资减值准备　　　　　　　　　　　　　　　　　　　　　　　4 000
　　　贷：长期股权投资　　　　　　　　　　　　　　　　　　　　　　100 000
　　　　　其他应收账款（尚未领取的现金股利）　　　　　　　　　　　　5 000
　　　　　投资收益（差额）　　　　　　　　　　　　　　　　　　　　　29 000

4. 其他长期投资收益

（1）其他长期投资在持有期间取得的现金收益，确认当期投资收益，借记"其他应收款"科目，贷记"投资收益"科目。

（2）处置其他长期投资时，按照实际取得的价款，借记"银行存款"等科目，按照已计提的减值准备，借记"其他长期投资减值准备"科目，按照所处置其他长期投资的账面余额，贷记"其他长期投资"科目，按照未领取的收益，贷记"其他应收款"科目，按照其差额，借记或贷记"投资收益"科目。

5. 期末结转

期末，将"投资收益"账户的余额转入非限定性净资产，借记"投资收益"科目，贷记"投资收益——非限定性净资产"科目。如果存在限定性投资收益，则将其金额转入限定性净资产，借记"投资收益"科目，贷记"投资收益——限定性净资产"科目。

（1）将非限定性投资收益转入非限定性净资产：

借：投资收益——非限定性收入
　　贷：非限定性净资产

（2）将限定性投资收益转入限定性净资产：

借：投资收益——限定性收入
　　贷：限定性净资产

【例 5-35】　某非营利组织 2×24 年 12 月 31 日的"投资收益"账户的账面余额为 37 000 元，全部为非限定性收入。

借：投资收益——非限定性收入　　　　　　　　　　　　　　　　　　37 000
　　贷：非限定性净资产　　　　　　　　　　　　　　　　　　　　　　37 000

五、其他收入的核算

（一）其他收入的概念

其他收入是指非营利组织除捐赠收入、会费收入、政府补助收入、总部拨款收入、商品销售收入、提供服务收入、让渡资产使用权收入、投资收益等主要业务活动收入以外的其他收入,如存款利息、确实无法支付的应付款项、存货盘盈、固定资产盘盈、固定资产处置净收入、无形资产处置净收入等。非营利组织的其他收入通常属于交换交易收入。

一般情况下,非营利组织的其他收入为非限定性收入,除非相关资产提供者对资产的使用设置了限制。

(二) 账户设置

非营利组织应设置"其他收入"账户,该账户属于收入类账户,借方登记结转为本期净资产的收入额,贷方登记本期实现的收入额,平时余额在贷方,反映非营利组织当期实现的其他收入的累积金额。期末结转净资产后,该账户应无余额。该账户可以根据收入是否存在限制,设置"限定性收入"和"非限定性收入"二级明细账户进行明细核算。

(三) 其他收入的主要账务处理

1. 现金、存货、固定资产、文物资源等盘盈收入

盘盈现金、存货、固定资产、文物资源的,根据管理权限报经批准后,借记"现金""存货""固定资产""文物资源"等科目,贷记"其他收入——非限定性收入"明细科目,如果存在限定性其他收入,应当贷记"其他收入——限定性收入"明细科目。

相关思考5-3

....

社会团体、基金会、社会服务机构设立时取得的注册资金,应当如何计入

执行《民间非营利组织会计制度》的社会团体、基金会、社会服务机构设立时取得的注册资金,应当直接计入净资产。注册资金的使用受到时间限制或用途限制的,在取得时直接计入限定性净资产;其使用没有受到时间限制或用途限制的,在取得时直接计入非限定性净资产。

社会团体、基金会、社会服务机构变更登记注册资金属于自愿采取的登记事项变更,并不引起资产和净资产的变动,无需进行会计处理。

【例5-36】 2×24 年 12 月 31 日,某非营利组织盘点的结果如下:盘盈现金50 元,盘盈存货 3 000 元,盘盈估值 6 600 元的电脑一台,均为非限定性收入。

借:现金		50
存货		3 000
固定资产		6 600
贷:其他收入——非限定性收入		9 650

2. 固定资产处置净收入

对于固定资产处置净收入,借记"固定资产清理"科目,贷记"其他收入"科目。

【例5-37】 2×24年3月31日,某非营利组织处置一台电脑,账面余额6 000元,已提折旧3 800元,以现金支付清理费用200元,变价收入2 600元,存入银行。

(1) 转入清理:

借:固定资产清理   2 200
  累计折旧   3 800
   贷:固定资产   6 000

(2) 发生清理费:

借:固定资产清理   200
   贷:现金   200

(3) 收到变价收入:

借:银行存款   2 600
   贷:固定资产清理   2 600

(4) 固定资产处置净收益:

借:固定资产清理   200
   贷:其他收入   200

3. 无形资产处置净收入

对于无形资产处置净收入,按照实际取得的价款,借记"银行存款"等科目,按照该项无形资产的账面余额,贷记"无形资产"科目,按照其差额,贷记"其他收入"科目。

【例5-38】 2×24年4月8日,某非营利组织处置一项外观设计的专利权,账面余额为76 000元,取得价款87 000元。

借:银行存款   87 000
   贷:无形资产   76 000
    其他收入   11 000

4. 确认无法支付的应付款项

确认无法支付的应付款项,借记"应付账款"等科目,贷记"其他收入"科目。

【例5-39】 由于甲公司倒闭,某非营利组织所欠其货款30 000元无法支付。

借:应付账款——甲公司   30 000
   贷:其他收入   30 000

5. 非货币性交易中收到补价

在非货币性交易中收到补价情况下应确认的损益,借记相关科目,贷记"其他收入"科目。

【例5-40】　某非营利组织为日升公司提供服务,日升公司以存货支付服务费,并补价1 000元。

借:银行存款　　　　　　　　　　　　　　　　　　　　　1 000
　　贷:其他收入　　　　　　　　　　　　　　　　　　　　　　1 000

6. 期末结转

期末,将本账户的余额转入非限定性净资产,借记"其他收入"科目,贷记"非限定性净资产"科目。如果存在限定性的其他收入,将其金额转入限定性净资产,借记"其他收入"科目,贷记"限定性净资产"科目。期末结转后,本账户应无余额。

(1) 将其他收入转入非限定性净资产:

借:其他收入
　　贷:非限定性净资产

(2) 将其他收入转入限定性净资产:

借:其他收入
　　贷:限定性净资产

【例5-41】　2×24年12月31日,某非营利组织"其他收入"账户余额63 000元,均为非限定性收入。

借:其他收入　　　　　　　　　　　　　　　　　　　　63 000
　　贷:非限定性净资产　　　　　　　　　　　　　　　　　　63 000

 延伸阅读5-1 ··

确定将限定性净资产转为非限定性净资产的金额的情况

《民间非营利组织会计制度》(以下简称《民非制度》)第五十六条规定的限定性净资产中所称的"限制",是指由民间非营利组织之外的资产提供者或者国家有关法律、行政法规所设置的。该限制只有在比民间非营利组织的宗旨、目的或章程等关于资产使用的要求更为具体明确时,才能成为《民非制度》所称的"限制"。

民间非营利组织应当根据《民非制度》第五十七条的规定,区分以下限制解除的不同情况,确定将限定性净资产转为非限定性净资产的金额:

(1) 对于因资产提供者或者国家有关法律、行政法规要求在收到资产后的特定时期之内使用该项资产而形成的限定性净资产,应当在相应期间之内按照实际使用的相关资产金额转为非限定性净资产。

（2）对于因资产提供者或者国家有关法律、行政法规要求在收到资产后的特定日期之后使用该项资产而形成的限定性净资产，应当在该特定日期全额转为非限定性净资产。

（3）对于因资产提供者或者国家有关法律、行政法规设置用途限制而形成的限定性净资产，应当在使用时按照实际用于规定用途的相关资产金额转为非限定性净资产。

其中，对固定资产、无形资产仅设置用途限制的，应当自取得该资产开始，按照计提折旧或计提摊销的金额，分期将相关限定性净资产转为非限定性净资产。在处置固定资产、无形资产时，应当将尚未重分类的相关限定性净资产全额转为非限定性净资产。

（4）如果资产提供者或者国家有关法律、行政法规要求民间非营利组织在特定时期之内或特定日期之后将限定性净资产用于特定用途，应当在相应期间之内或相应日期之后按照实际用于规定用途的相关资产金额转为非限定性净资产。

其中，要求在收到固定资产、无形资产后的某个特定时期之内将该项资产用于特定用途的，应当在该规定时期内，对相关限定性净资产金额按期平均分摊，转为非限定性净资产。

要求在收到固定资产、无形资产后的某个特定日期之后将该项资产用于特定用途的，应当在特定日期之后，自资产用于规定用途开始，在资产预计剩余使用年限内，对相关限定性净资产金额按期平均分摊，转为非限定性净资产。

与限定性净资产相关的固定资产、无形资产，应当按照《民非制度》的规定计提折旧或计提摊销。

（5）对于资产提供者或者国家有关法律、行政法规撤销对限定性净资产所设置限制的，应当在撤销时全额转为非限定性净资产。

本 章 小 结

本章主要学习了非营利组织收入的确认与核算。通过本章的学习，我们掌握了收入的分类、收入确认和计量的原则、捐赠收入、会费收入、政府补助收入、总部拨款收入、商品销售收入、提供服务收入、让渡资产使用权收入、投资收益；了解了其他收入的确认方式。

本章重要概念

收入　捐赠收入　会费收入　政府补助收入　总部拨款收入　商品销售收入提供服务收入　让渡资产使用权收入　投资收益

本章练习

一、单项选择题

1. 非营利组织接受捐赠所取得的收入,应贷记(　　)科目。
    A."捐赠收入"　　　　　　　　B."营业外收入"
    C."其他业务收入"　　　　　　D."业务活动收入"

2. 非营利组织收到会员交来的会费,应贷记(　　)科目。
    A."其他业务收入"　　　　　　B."会费收入"
    C."捐赠收入"　　　　　　　　D."业务活动收入"

3. 非营利组织收到政府补贴,应贷记(　　)科目。
    A."会费收入"　　　　　　　　B."其他业务收入"
    C."其他收入"　　　　　　　　D."政府补助收入"

4. 非营利组织处置无形资产的净收入,应贷记(　　)科目。
    A."业务活动成本"　　　　　　B."业务活动收入"
    C."其他收入"　　　　　　　　D."主营业务收入"

5. 非营利组织确实无法支付的应付款项,都应转入(　　)科目。
    A."营业外收入"　　　　　　　B."其他业务收入"
    C."其他收入"　　　　　　　　D."应付账款"

二、多项选择题

1. 以下属于非营利组织会计中的收入核算范畴的有(　　)。
    A. 捐赠收入　　　　　　　　　B. 投资收益
    C. 主营业务收入　　　　　　　D. 政府补助收入

2. 关于非营利组织捐赠收入的会计处理,以下表述正确的有(　　)。
    A. 捐赠收入应区分限定性和非限定性
    B. 所有捐赠收入都应计入非限定性收入
    C. 限定性捐赠收入只能在指定用途内使用
    D. 捐赠收入只能以现金形式接收

3. 下列各项中,属于非营利组织可能通过提供服务获得的收入的有(　　)。
    A. 会费收入　　　　　　　　　B. 咨询服务费收入
    C. 投资收益　　　　　　　　　D. 培训费收入

4. 民间非营利组织在处理捐赠收入时,正确的做法有(　　)。
    A. 捐赠收入应在收到时立即确认
    B. 捐赠承诺应在会计报表附注中披露

C. 劳务捐赠应计入当期收入

D. 限定性捐赠收入期末应转入限定性净资产

5. 下列各项中属于民间非营利组织会计核算时应当遵循的原则有（　　）。

A. 权责发生制　　　　　　　　B. 收付实现制

C. 配比原则　　　　　　　　　D. 公允价值计量

三、判断题

1. 非营利组织的所有收入都应当被视为非限定性收入，除非有明确的捐赠协议或法律条款规定其用途或时间限制。　　　　　　　　　　　　（　　）

2. 在采用权责发生制的基础上，非营利组织应在提供服务或完成交易时确认收入，而非收到款项时。　　　　　　　　　　　　　　　　　　（　　）

3. 非营利组织的政府补助收入，无论其是否具有特定用途，都应作为非限定性收入处理。　　　　　　　　　　　　　　　　　　　　　　　（　　）

4. 非营利组织在收到捐赠物资时，如果捐赠物资的价值可以可靠计量，应将其公允价值计入捐赠收入。　　　　　　　　　　　　　　　　　（　　）

5. 捐赠者承诺的捐赠金额在捐赠实际到位之前，应直接计入非营利组织的捐赠收入账户。　　　　　　　　　　　　　　　　　　　　　　（　　）

四、简答题

1. 简述限定性收入与非限定性收入的区别。

第六章 费 用

内容提要

本章主要讲解非营利组织费用的核算,包括费用的概念和特征、费用成本、费用分类、费用的确认和计量原则;业务活动成本、税金及附加、管理费用、筹资费用、资产减值损失、所得税费用和其他费用的核算。

重点难点

本章重点为非营利组织业务活动成本、管理费用、筹资费用的核算;难点为非营利组织管理费用的核算。

学习目标

通过本章学习,学生应掌握业务活动成本、税金及附加、管理费用、筹资费用、资产减值损失、所得税费用和其他费用的核算;了解费用核算的相关规定。

知识框架

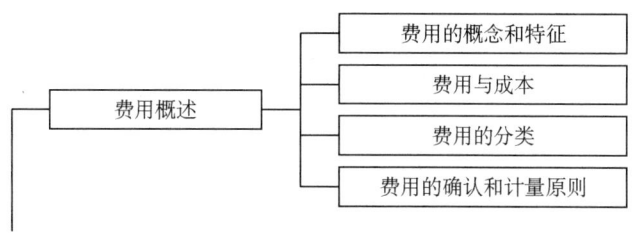

费用概述 —— 费用的概念和特征

费用与成本

费用的分类

费用的确认和计量原则

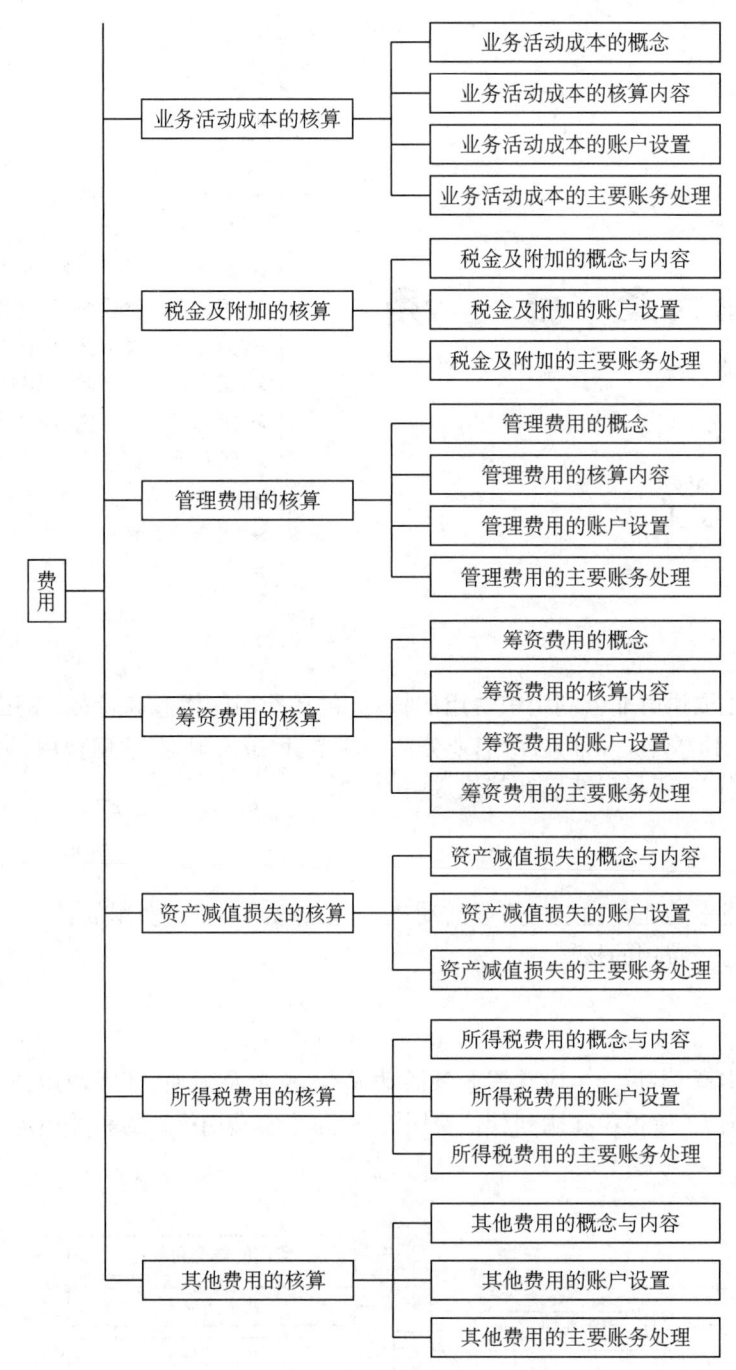

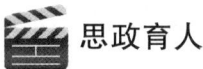 **思政育人** 　　　　　诚信为本，坚持准则

非营利组织，这个社会经济体系中的特殊群体，它的存在并非为了追求经济利润，而是承载着实现特定社会使命和公益目标的崇高理念。在这样的背景下，费用核算不仅仅是一项技术性的会计工作，更是对组织资源使用情况的严格审视和负责任的记录。

在非营利组织的日常运营中，费用核算占据着举足轻重的地位。它关乎组织内部的管理效率，是确保资源得到科学、合理利用的关键环节。每一笔费用的精确核算，都体现了非营利组织对公益事业的敬重和对捐赠者、政府及社会公众的负责。

同时，费用核算也是非营利组织对外展示诚信与透明度的一扇窗口。它能够清晰地向外界展示非营利组织资金的使用情况。这不仅有助于非营利组织赢得更多的信任与支持，还能帮助其优化资源配置，提高运营效率，从而使其更好地服务于社会公益事业。

在数字化时代，费用核算的透明度和及时性变得尤为重要。非营利组织应该充分利用现代信息技术手段，提高费用核算的效率和准确性。这不仅有利于提升组织自身的管理能力，也是组织对社会公众负责的表现。

资料来源：腾讯网.非营利组织缺乏管理费用，这是个恶性循环［EB/OL］.（2023-05-28）［2024-07-03］.https://new.qq.com/rain/a/20230528A04XXK00.html.

【思政寄语】

党的二十大报告中指出要"弘扬诚信文化，健全诚信建设长效机制"，这是提高全社会文明程度，实施公民道德建设工程的重要一环。在深入学习《非营利组织会计》的费用核算章节时，同学们不仅要掌握专业知识，更要铭记作为会计人的职业操守和社会责任。非营利组织的每一笔费用，都承载着社会的期望和公益的使命。作为未来的会计从业者，同学们应该时刻保持清醒的头脑，坚守诚信原则，确保每一分钱的合理使用和透明核算。应让非营利组织的资金发挥最大效用，助力社会公益事业发展。

第一节 | 费 用 概 述

一、费用的概念和特征

（一）费用的概念

费用是指民间非营利组织为开展业务活动所发生的、导致本期净资产减少的经济利益或者服务潜力的流出。费用应当按照其功能分为业务活动成本、税金及附加、管理费用、筹资费用、资产减值损失、所得税费用和其他费用等。

民间非营利组织对于各项费用应当按是否存在限定区分为非限定性费用和限定性费用进行核算。如果资产提供者对资产的使用设置了时间限制或（和）用途限制，则所确认的相关费用为限定性费用；除此之外，为非限定性费用。期末，民间非

营利组织应当将本期限定性费用结转至净资产项下的限定性净资产，非限定性费用结转至净资产项下的非限定性净资产，作为净资产的减项。

（二）费用的特征

非营利组织的费用具有以下特征。

（1）费用会引起资产减少或者负债增加（或者两者兼而有之），并最终将导致非营利组织资源的减少，包括经济利益的流出和服务潜力的降低，具体表现为非营利组织的现金或非现金资产的流出、耗费或者毁损等，如银行存款或现金的减少、固定资产以折旧形式表现的损耗、物料的消耗、工资的支付等。

（2）费用将导致本期净资产的减少。这里所指的"本期"是指费用的发生当期，即费用的确认时点。也就是说，只有一项流出导致某一会计期间净资产减少时，才能确认一项费用。费用最终将减少非营利组织的资产，根据"资产＝负债＋净资产"的会计等式，引起资产总额减少的情况包括负债的减少和净资产的减少。值得注意的是，只有同时引起净资产减少的经济利益或者服务潜力流出才是费用。比如，非营利组织以银行存款（资产）偿还一项应付账款（负债），这种情况下，资产和负债减少了相同的金额，并没有影响净资产，因此，此项资产流出不构成费用。

二、费用与成本

在我国，费用与成本是两个经常使用的概念，两者之间既有联系也有区别。费用是指非营利组织为开展业务活动所发生的、导致本期净资产减少的经济利益或者服务潜力的流出。而对于成本的概念，不同情况下解释各异。通常认为，广义的成本是指为取得资产或劳务所发生的支出。比如，固定资产的成本是指取得该项固定资产的买价、支付的运输费、保险费以及固定资产达到预定可使用状态之前的借款费用等。又如，存货的成本是指取得存货的采购成本、加工成本和其他成本等。狭义的成本则是指商品的生产成本，即为生产商品而发生的并按一定对象归集的各种耗费。

与之相关的常用概念还有"业务活动成本""期间费用""生产成本""制造费用"等。其中，"业务活动成本"是指非营利组织为了实现其业务活动目标、开展其项目活动或者提供服务所发生的费用。实际上，业务活动成本是按照项目、服务或业务种类等进行归集的费用，如商品销售成本、提供服务成本、会员服务成本、对外捐赠成本等。比如，会员服务成本就是按照业务种类对与会员服务相关的人员费用、免费提供的杂志及服务等成本以及其他直接或间接费用的归集。"期间费用"通常是指非营利组织发生的，不能合理地归属于具体项目或对象，而只能按照一定会计期间归集的费用，包括管理费用、筹资费用和其他费用。"生产成本"是指非营利组织为生产商品（产品）而发生的并按一定对象（如商品品种、批次等）所归集的各种耗费。"制造费用"是指非营利组织为生产商品(产品)而发生的并将按照一定的方法分摊计入商品(产品)成本的各项间接耗费。

三、费用的分类

非营利组织在对费用的会计核算中,应当按照费用功能的不同,将费用分为业务活动成本、税金及附加、管理费用、筹资费用、资产减值损失、所得税费用和其他费用等。

1. 业务活动成本

业务活动成本是指民间非营利组织为了实现其业务活动目标、开展其项目活动或者提供服务所发生的费用。如果民间非营利组织从事的项目、提供的服务或者开展的业务比较单一,则可以将相关费用全部归集在"业务活动成本"项目下进行核算和列报。如果民间非营利组织从事的项目、提供的服务或者开展的业务种类较多,则民间非营利组织应当在"业务活动成本"项目下分别项目、服务或者业务大类进行核算和列报,以反映更加充分的成本信息;同时这也有利于将成本信息与相关收入信息比较,从而更好地考察非营利组织的绩效。

2. 税金及附加

税金及附加是指民间非营利组织业务活动发生的消费税、城市维护建设税、教育费附加、房产税、城镇土地使用税、车船税、印花税等相关税费。

3. 管理费用

管理费用是指非营利组织为组织和管理其业务活动所发生的各项费用。

4. 筹资费用

筹资费用是指非营利组织为筹集业务活动所需资金而发生的费用。

5. 资产减值损失

资产减值损失是指民间非营利组织计提各项资产减值准备所形成的损失。

6. 所得税费用

所得税费用是指有企业所得税缴纳义务的民间非营利组织按规定缴纳企业所得税所形成的费用。

7. 其他费用

其他费用是指非营利组织发生的、无法归属到业务活动成本、管理费用或者筹资费用中的费用。

此外,非营利组织为了加强其内部管理,还可以同时将费用按照性质进行分类,如人员工资及福利费、折旧和摊销费、租金、水电费、邮电通信费、资产减值损失、利息费用、税收费用等。非营利组织可以将费用的功能分类与性质分类结合起来,编制内部使用的矩阵式费用明细表,如表6-1所示。

表 6-1   **费用明细表**

费用分类	业务活动成本	税金及附加	管理费用	筹资费用	资产减值损失	所得税费用	其他费用
一、人员费用							
其中:在职人员工资							
奖金							
津贴							
退休人员工资							
住房公积金							
住房补贴							
医疗费							
职工困难补助							
社会保障缴费							
补贴							
加班费							
其他福利费							
人员费用小计:							
二、物料费用							
其中:销售存货成本							
自用存货成本							
存货盘亏损失							
捐赠资本成本							
固定资产折旧							
固定资产处置净损失							
无形资产摊销							
无形资产处置净损失							
其他物料耗费							
物料费用小计:							
三、资产减值损失							
其中:存货跌价损失							
应收款项坏账损失							

（续表）

费用分类	业务活动成本	税金及附加	管理费用	筹资费用	资产减值损失	所得税费用	其他费用
短期投资跌价损失							
长期投资减值损失							
固定资产减值损失							
无形资产减值损失							
资产减值损失小计：							
四、日常费用							
其中:办公费							
印刷费							
服务费							
水电费							
邮寄费							
电话通信费							
取暖费							
物业管理费							
交通费							
差旅费							
修理费							
聘请中介费							
租赁费							
会议费							
业务招待费							
其他日常费用							
日常费用小计：							
五、税费							
其中:所得税							
城市维护建设税							
教育费附加							
文化事业建设费							

（续表）

费用分类	业务活动成本	税金及附加	管理费用	筹资费用	资产减值损失	所得税费用	其他费用
其他税费							
税费小计：							
六、其他							
其中：预计负债形成的损失							
退还受赠资产							
其他费用小计：							
七、合计：							

四、费用的确认和计量原则

（一）非营利组织费用确认和计量的基本原则

非营利组织在确认和计量费用时，应当遵循《民间非营利组织会计制度》中规定的基本原则。

（1）会计期间原则。非营利组织的业务活动是不断地进行的。为了准确核算一定期间的成本和费用，非营利组织应将业务活动期划分为若干个相等的会计期间，按期计算业务活动成本和其他费用。费用核算中的分期，必须与会计核算年度的分期相一致，这样有利于各项核算工作的开展。会计期间原则可以帮助非营利组织划分应计入当期费用和应予以资本化的支出。如果某项支出的效益及于几个会计期间，则该项支出应予以资本化，不能作为当期的费用。如果某项支出的效益仅及于一个会计期间，则应当确认为当期费用。

（2）权责发生制原则。对于本期收入和支出的确认，在会计处理方法上有权责发生制和收付实现制两种。非营利组织的会计核算是以权责发生制作为基础的，即凡是当期已经发生或者应由当期负担的费用，不论其是否支付，都要计入当期费用，凡是不应由当期负担的费用，虽在当期支付，也不应计入当期费用。从成本角度看，贯彻权责发生制原则，主要是解决分清当期发生的费用是否都由当期业务活动负担。

（3）配比原则。非营利组织在会计核算中，所发生的费用应当与其相关的收入相配比，同一会计期间内的各项收入和与其相关的费用，应当在该会计期间内确认。根据配比原则，为获得当期收入所发生的费用，应当在当期确认为费用，如当期已经售出并确认收入的商品，其成本也应当在当期确认为费用。

（4）历史成本计价原则。非营利组织的各项业务活动成本和管理费用、筹资费用、其他费用等应当按照业务活动发生时的实际成本入账,并在会计报告中也按该成本反映。这一原则的依据在于成本费用是客观交易事实的反映,体现了"客观性原则"的要求。但它有一定的局限性,当发生物价变动时,历史成本不能确切地反映非营利组织的实际资产情况和业务活动情况。

(5)一致性原则。一致性原则要求非营利组织所采用的核算方法必须前后一致,使各期费用资料有一个统一的口径,前后一致,以便分析比较与考核。

(二)非营利组织费用确认的具体原则

根据《民间非营利组织会计制度》的规定,非营利组织应当在单位含有经济利益或服务潜力的资源已经流出本单位,资产将带来的未来经济利益或服务潜力预期将减少,或者资产预期不能带来未来经济利益或服务潜力时,确认相应的费用。具体来说,应当在同时满足以下三个条件时确认费用。

(1)含有经济利益或服务潜力的资源流出非营利组织,或者承担了相应的负债。

(2)能够引起当期净资产的减少。

(3)费用的金额能够可靠地计量。

(三)非营利组织费用计量的具体原则

根据《民间非营利组织会计制度》的规定,民间非营利组织发生的业务活动成本、税金及附加、管理费用、筹资费用、资产减值损失、所得税费用和其他费用,应当在发生时按其发生额计入当期费用。

根据历史成本计价原则,一般费用的发生都有明确的数额,并有发生费用的原始凭证,因此费用的计量应以历史成本为依据。如果非营利组织的某些费用属于多项业务活动,或者属于业务活动、管理活动和筹资活动等共同发生的,而且不能直接归属于某一类活动,则应当将这些费用按照合理的程序和方法在各项活动中进行分配。

二维码 6-1
浅谈民间非盈利组织特定业务的会计核算

相关思考6-1

费用核算与组织透明度的关系

费用核算是非营利组织透明度的重要体现。准确的费用核算不仅能够向捐赠者、政府和社会公众展示资金使用的合规性和效率,还能增强组织的公信力。在数字化时代,如何利用现代信息技术手段提高费用核算的透明度和及时性?在数字化时代,利用现代信息技术手段提高费用核算的透明度和及时性是非常必要的。通过建立在线财务报告系统,非营利组织可以让利益相关者随时查询组织的费用开支情况,这既是对组织自身管理能力的提升,也是对社会公众负责的表现。

具体来说,在线财务报告系统可以实现费用的实时录入、自动分类和汇总,确保数据的准确性和及时性。同时，系统还可以设置不同的访问权限，让捐赠者、政府和社会公众等利益相关者根据自己的需求查询相关信息。此外，通过数据分析功能，非营利组织还可以对费用开支情况进行深入分析，发现问题并及时改进，进一步提高资金使用的效率和合规性。

第二节 | 业务活动成本的核算

一、业务活动成本的概念

根据《民间非营利组织会计制度》的规定，业务活动成本是指非营利组织为了实现其业务活动目标、开展其项目活动或者提供服务所发生的费用。

二、业务活动成本的核算内容

业务活动成本是按照项目、服务或业务种类等进行归集的费用。如果非营利组织的某些费用是因业务活动、管理活动或筹资活动等共同发生，而且不能直接归属于某一类活动，则应当将这些费用按照合理的方法在各项活动中进行分配。

对于非营利组织而言，业务活动所耗费的资源主要包括材料费用、工资费用、折旧费、利息等，各项要素费用的分配均按照"谁受益，谁负担"的原则，分配到各个项目、服务或者业务活动种类中。其中，直接费用直接计入，间接费用通过分配计入，对于为业务活动发生的、无法合理分摊至某项或某类业务活动的间接费用，应当计入业务活动成本（业务活动费）。

在多种功能分类之间分配费用时，既要合理，也要考虑重要性原则和成本效益原则。进行分配的基础可以是财务数据，也可以是非财务数据。比如，既参加业务活动，又参加管理活动的人员工资，可以按照该职工分别为两项活动工作的时间进行分配。

在实务中，业务活动成本的构成有以下两种情况。

1. 直接费用

直接费用是指直接为某项或某类业务活动发生的、应当计入当期费用的费用。最常见的直接费用包括商品销售成本，捐献项目成本，直接从事某项业务活动的职工工资和福利费，为某项业务活动所支付的运输费、广告费、包装费等费用，某项业务活动应负担的相关税金及附加等。这些直接费用在发生并经确认后，应记入"业务活动成本"科目的相关明细项目。

2. 间接费用

间接费用是指同时为若干项业务活动所发生的、应计入当期费用的费用，如间

二维码 6-2
基于"基本
指引"和"具
体指引"的
民办高职院
校成本核算
研究

接折旧费用、间接维修费用、间接人工费用等。间接费用应当按照系统、合理的方法进行分摊，计入相关业务活动成本。因此，在间接费用的分配过程中设定适当的分配标准，选择适当的分配方法，是确保费用计算公允的关键。

一般来说，间接费用的分配步骤如下。

（1）确定间接费用分配率：

$$间接费用分配率＝间接费用总额/各项业务活动分配标准数之和$$

（2）确定某项业务活动应负担的间接费用额：

$$某项业务活动应负担的间接费用额＝该项业务活动分配标准数×间接费用分配率$$

对于为业务活动发生的、无法合理分摊至某项或某类业务活动的间接费用，应当计入业务活动成本（业务活动费）。

三、业务活动成本的账户设置

非营利组织应设置"业务活动成本"账户核算业务活动成本。民间非营利组织的业务活动成本应当按照是否存在限定区分为非限定性费用和限定性费用，设置"非限定性费用""限定性费用"明细科目，进行明细核算。民间非营利组织作为委托人设立慈善信托的，应当在"业务活动成本"科目下设置"慈善信托支出"明细科目，进行明细核算。

"业务活动成本"账户借方登记当期业务活动成本的实际发生额，贷方登记当期冲减的费用金额、本期结转到限定性净资产和非限定性净资产的业务活动成本。平时余额在借方，反映非营利组织当期累计发生的业务活动成本。期末，民间非营利组织应当将本期限定性费用结转至净资产项下的限定性净资产，非限定性费用结转至净资产项下的非限定性净资产，作为净资产的减项，"业务活动成本"科目应无余额。

如果非营利组织从事的项目、提供的服务或者开展的业务比较单一，则可以将相关费用全部归集在"业务活动成本"账户下进行核算和列报；如果非营利组织从事的项目、提供的服务或者开展的业务种类较多，则非营利组织应当在"业务活动成本"账户下分项目、服务或者业务大类进行核算和列示。

各非营利组织根据本单位业务活动的实际情况，在"业务活动成本"账户下设置明细项目。例如，社会团体可以设置"提供服务成本""商品销售成本""研究项目成本"等明细账户；基金会可以设置"捐献项目成本""商品销售成本""提供服务成本"等明细账户；民办医院可以设置"医疗服务成本""医药销售成本"等明细账户；民间学校可以设置"学生教育成本""科研项目成本""后勤服务成本"等明细账户。

在"业务活动成本"账户下设置的明细账户一般包括如下几个。

（1）销售商品成本，用于核算非营利组织当期所出售商品的实际成本，以及与销售商品有关的直接费用和间接费用。

（2）提供服务成本，用于核算非营利组织当期所提供服务的实际成本，以及与提供服务有关的直接费用和间接费用。

（3）会员服务成本，用于核算非营利组织当期免费向会员提供的相关商品和服务的实际成本，以及与会员服务有关的直接费用和间接费用。

（4）捐献项目成本，用于核算非营利组织对外捐献款项、捐出商品的实际成本，以及与捐献有关的直接费用和间接费用。

（5）专项补助成本，用于核算非营利组织当期为政府专项资金补助项目所发生的直接费用和间接费用。

（6）业务活动费，用于核算非营利组织的业务活动发生的、无法合理分摊至某项业务活动的间接费用。

二维码 6-3
公立医院项目成本核算方法的演进与对比分析

四、业务活动成本的主要账务处理

非营利组织发生的业务活动成本，应当按照其发生额计入当期费用。

（一）发生时

发生的业务活动成本，借记"业务活动成本"科目，贷记"现金""银行存款""存货""应付账款"等科目。民间非营利组织收到退回的捐赠资产，按照退回的金额，借记"现金""银行存款""存货"等科目，贷记"业务活动成本"科目。

【例 6-1】 2×24 年 6 月 20 日，某非营利组织为腾飞公司提供服务，领用存货一批，价值 3 000 元。

借：业务活动成本　　　　　　　　　　　　　　　　　　　　　　　3 000
　　贷：存货　　　　　　　　　　　　　　　　　　　　　　　　　　　　3 000

（二）期末结转

期末，将"业务活动成本"科目各明细科目的余额分别转入限定性净资产和非限定性净资产，借记"限定性净资产"科目，贷记"业务活动成本——限定性费用"明细科目，借记"非限定性净资产"科目，贷记"业务活动成本——非限定性费用"明细科目。期末结转后，"业务活动成本"科目应无余额。

【例 6-2】 2×24 年 3 月 31 日，某非营利组织结转当月发生的业务活动成本 86 000 元，其中，限定性费用 26 000 元，非限定性费用 60 000 元。

分别转入"非限定性净资产""限定性净资产"。

借：非限定性净资产　　　　　　　　　　　　　　　　　　　　　　60 000
　　贷：业务活动成本——非限定性费用　　　　　　　　　　　　　　　60 000

借：限定性净资产　　　　　　　　　　　　　　　　　　　26 000
　　贷：业务活动成本——限定性费用　　　　　　　　　　　26 000

 **延伸阅读6-1**

国际视角下的非营利组织业务活动成本核算

在国际上，不同国家和地区对非营利组织的业务活动成本核算存在着细微而重要的差异。这些差异反映了各地会计实践的特点。

以美国为例，其非营利组织会计准则（FASB ASC 958）对业务活动成本的透明度和可比性提出了高标准要求。该准则鼓励非营利组织详细披露主要项目活动的成本结构，包括直接成本和间接成本的分配方法，以及任何重大的成本变动原因。这种高度透明的成本报告制度，有助于捐赠者、政府监管部门和社会公众全面了解非营利组织的运营效率和资源使用情况。

英国和德国等欧洲国家在业务活动成本核算方面则更注重成本效益分析。这些国家的非营利组织倾向于通过精细的成本核算，来评估不同项目或服务的成本效益，从而优化资源配置，提升服务效率。例如，某些非营利组织会采用作业成本法（activity-based costing，ABC）来更准确地分配间接成本，确保成本信息能够真实反映各项活动的实际消耗。

此外，一些国际组织和非营利组织联盟也在积极推动全球范围内业务活动成本核算标准的统一与协调。例如，国际财务报告准则（IFRS）虽然主要针对营利性企业，但其关于成本核算的基本原则和方法也为非营利组织提供了有益的参考。

第三节 | 税金及附加的核算

一、税金及附加的概念与内容

税金及附加是指民间非营利组织在业务活动中发生的消费税、城市维护建设税、教育费附加、房产税、城镇土地使用税、车船税、印花税等相关税费。这些税费是民间非营利组织在运营过程中必须承担的经济负担，也是其财务成本的重要组成部分。税金及附加的核算对于准确反映民间非营利组织的财务状况和经营成果具有重要意义。

根据最新修订的《民间非营利组织会计制度》（财会〔2024〕25号），税金及附加应当按照其实际发生额进行核算，并在发生时计入当期费用。这有助于民间非营利组织及时了解其税负情况，合理规划财务活动。

二、税金及附加的账户设置

非营利组织应设置"税金及附加"账户核算税金及附加。该科目属于费用类科

二维码6-4
非营利组织
如何申请税
收优惠

197

目,用于归集和反映民间非营利组织在业务活动中发生的各项税费。通常情况下,民间非营利组织的税金及附加被视为非限定性费用。然而,如果存在限定性的税金及附加,则应在"税金及附加"科目下进一步设置"非限定性费用"和"限定性费用"两个明细科目,以进行详细的分类核算。为了满足更细致的核算需求,非营利组织还可以在"税金及附加"科目下设置诸如"消费税""城市维护建设税""教育费附加""房产税""城镇土地使用税""车船税""印花税"等明细科目,以全面、准确地反映各项税费的发生情况。发生税金及附加时计入借方,期末结转时计入贷方,期末结转至"非限定性净资产"或"限定性净资产"科目,期末结转后,"税金及附加"科目应无余额。

三、税金及附加的主要账务处理

(一)发生相关税费

当民间非营利组织发生消费税、城市维护建设税、教育费附加、房产税、城镇土地使用税、车船税、印花税等相关税费时,应按照实际支付金额借记"税金及附加"科目,贷记"银行存款""应交税费"等科目。

【例6-3】 2×24年6月21日某民间非营利组织本月应缴纳城市维护建设税5 000元,教育费附加3 000元,已以银行存款支付。

借:税金及附加——城市维护建设税   5 000
  税金及附加——教育费附加   3 000
  贷:银行存款   8 000

若该组织采用预提方式核算税费,则预提时应借记"税金及附加"科目,贷记"应交税费"科目;实际支付时再借记"应交税费"科目,贷记"银行存款"科目。

(二)期末结转

期末,将"税金及附加"科目的余额转入非限定性净资产,借记"非限定性净资产"科目,贷记"税金及附加"科目。如果存在限定性税金及附加,则将其金额转入限定性净资产,借记"限定性净资产"科目,贷记"税金及附加"科目。期末结转后,"税金及附加"科目应无余额。

【例6-4】 接[例6-3]已知上述税费为非限定性费用,期末结转时:

借:非限定性净资产   8 000
  贷:税金及附加——城市维护建设税   5 000
    税金及附加——教育费附加   3 000

第四节 | 管理费用的核算

一、管理费用的概念

管理费用是指民间非营利组织为组织和管理其业务活动所发生的各项费用，包括民间非营利组织理事会或者类似权力机构经费和行政管理人员的工资、奖金、福利费、住房公积金、住房补贴、社会保障费、残保金、离退休人员工资及补助，以及办公费、水电费、邮电费、物业管理费、差旅费、折旧费、修理费、租赁费、无形资产摊销费、资产盘亏损失、因预计负债所产生的损失、聘请中介机构费和因民间非营利组织自身原因应偿还的受赠资产或政府补助资产等。其中，福利费应当依法根据民间非营利组织的管理权限，按照理事会或类似权力机构等的规定据实列支。

二、管理费用的核算内容

非营利组织管理费用具体如下。

（一）管理部门职工方面的费用

管理部门职工方面的费用主要包括以下几个方面。

（1）人员薪金，是指在职人员工资、奖金、津贴、福利费以及其他工资性质的支出等。

（2）工会经费，是指按职工工资总额一定比例计提并拨付给工会使用的经费。

（3）职工教育费，是指用于职工培训、学习的费用，以提高职工的文化水平，学习先进技术。

（4）住房公积金、住房补贴。

（5）社会保障费，是指按规定缴纳的医疗保险，失业保险、养老保险、工伤保险和生育保险。

（6）离退休人员工资与补助，是指支付给退休职工的退休金、医疗费、生活补助、福利费等。

（二）管理部门日常经费

管理部门日常经费主要包括以下几个方面。

（1）部门经费，是指行政管理部门直接发生的办公费、物料消耗、差旅费、水电费、邮寄费、通信费、物业管理费等。

（2）理事会费，是指单位理事会或类似权力机构及其成员为执行职权而发生的各项费用，包括成员津贴、差旅费、会议费等。

（3）咨询费，是指向有关咨询机构进行经营管理等咨询所支付的费用或支付单位经济顾问、法律顾问、技术顾问的费用。

（4）聘请中介机构费，是指聘请会计师事务所进行审计、验资、资产评估等发生的费用。

（5）诉讼费，是指向法院起诉或应诉而支付的费用。

（6）业务招待费，是指为业务活动的合理需要而支付的招待费用，应据实列入管理费用。

（三）资产耗费

资产耗费主要包括以下几个方面。

（1）无形资产摊销，是指当期计提的无形资产摊销。

（2）固定资产折旧，是指当期对行政管理所用固定资产计提的折旧。

（3）资产盘亏，是指资产的盈亏净额。

（4）资产毁损、报废或其他方式处置的净损失。

（四）其他

其他是指不包括在以上各项又应列入管理费用的费用，如因确认预计负债而确认的费用等。

❓ 相关思考6-2 ···

业务活动成本与管理费用的界限

在非营利组织的费用核算中，准确界定业务活动成本与管理费用是一项重要的挑战。业务活动成本通常与特定项目或服务直接相关，如项目执行过程中的人工费、材料费、运输费等。而管理费用则更多地支持组织的整体运营，如办公费、水电费、人员工资及福利等。在实际操作中，确实存在某些费用既支持业务活动又服务于组织管理。例如，某些行政人员的工资可能既参与了业务活动的筹备和协调工作，也承担了组织日常管理的职责。对于这类费用的合理分摊，会计人员需要具备高度的专业判断和灵活的操作技巧。一种常见的做法是采用比例分摊法，即根据业务活动和管理活动所占用的资源比例来分配费用。另一种常见的做法是直接追溯法，即尽可能地将费用直接追溯到具体的业务活动或管理活动中。在实际操作中，会计人员应根据组织的实际情况和费用的性质，选择最合适的分摊方法，并确保分摊过程的合理性和准确性。

三、管理费用的账户设置

非营利组织应设置"管理费用"账户核算管理费用。一般情况下，民间非营利组织的管理费用为非限定性费用。如果存在限定性管理费用，则应当在"管理费用"科目设置"非限定性费用""限定性费用"明细科目，进行明细核算。

发生管理费用时记入借方，期末结转时记入贷方，期末结转至"非限定性净资产"或"限定性净资产"科目，期末结转后，"管理费用"账户应无余额。

本账户应当按照管理费用种类设置明细账进行明细核算。非营利组织可以根据具体情况编制管理费用明细表，以满足内部管理等有关方面的信息需要。

四、管理费用的主要账务处理

非营利组织发生的管理费用，应当在发生时按其发生额计入当期费用。

（一）现金、存货、固定资产等盘亏

现金、存货、固定资产等盘亏，根据管理权限报经批准后，按照相关资产账面价值扣除可以收回的保险赔偿和过失人的赔偿等后的金额，借记"管理费用"科目，按照可以收回的保险赔偿和过失人赔偿等，借记"现金""银行存款""其他应收款"等科目，按照已提取的累计折旧，借记"累计折旧"科目，按照相关资产的账面余额，贷记相关资产科目。

【例6-5】　2×24年6月30日，某非营利组织进行全面盘点，结果如下：盘亏现金60元；盘亏甲材料，账面价值1 000元；盘亏设备一台，账面余额50 000元，已提折旧19 000元。经批准予以核销。

现金盘亏：

借：管理费用		60
贷：现金		60

存货盘亏：

借：管理费用		1 000
贷：存货		1 000

固定资产盘亏：

借：管理费用		31 000
累计折旧		19 000
贷：固定资产		50 000

（二）提取行政管理用固定资产折旧

提取行政管理用固定资产折旧，借记"管理费用"科目，贷记"累计折旧"科目。

【例6-6】　2×24年3月31日，某非营利组织计提本月折旧费，其中行政管理用折旧额为3 600元，生产用设备的折旧额为2 500元。

借：管理费用		3 600
业务活动成本		2 500
贷：累计折旧		6 100

(三) 无形资产摊销

无形资产摊销时,借记"管理费用"科目,贷记"无形资产"科目。

【例 6-7】 2×24 年 3 月 31 日,某非营利组织摊销无形资产,金额为 2 100 元。

借:管理费用　　　　　　　　　　　　　　　　　　　　　　　2 100
　　贷:无形资产　　　　　　　　　　　　　　　　　　　　　　　2 100

(四) 发生的应归属于管理费用的应付工资、应交税金

发生的应归属于管理费用的应付工资、应交税金等,借记"管理费用"科目,贷记"应付职工薪酬""应交税金"等科目。

【例 6-8】 2×24 年 5 月 31 日,某非营利组织计算当期应付工资总金额为 49 000 元,其中行政管理部门 21 000 元,服务部门 28 000 元。

借:管理费用　　　　　　　　　　　　　　　　　　　　　　 21 000
　　业务活动成本　　　　　　　　　　　　　　　　　　　　 28 000
　　贷:应付职工薪酬　　　　　　　　　　　　　　　　　　　 49 000

(五) 因确认预计负债而确认的损失

对于因确认预计负债而确认的损失,借记"管理费用"科目,贷记"预计负债"科目。

【例 6-9】 2×24 年 6 月 30 日,某非营利组织向银行贴现的票据,由于付款单位付款困难,形成该组织的预计负债,金额为 60 000 元。

借:管理费用　　　　　　　　　　　　　　　　　　　　　　 60 000
　　贷:预计负债　　　　　　　　　　　　　　　　　　　　　 60 000

(六) 发生的其他管理费用

发生的其他管理费用,借记"管理费用"科目,贷记"现金""银行存款"等科目。

【例 6-10】 2×24 年 7 月 31 日,某非营利组织购买办公用打印纸 500 元,以银行存款支付,不考虑相关税费。

借:管理费用　　　　　　　　　　　　　　　　　　　　　　　　500
　　贷:银行存款　　　　　　　　　　　　　　　　　　　　　　　500

(七) 期末结转

期末,将"管理费用"科目的余额转入非限定性净资产,借记"非限定性净资产"科目,贷记"管理费用"科目。如果存在限定性管理费用,则将其金额转入限定性净资产,借记"限定性净资产"科目,贷记"管理费用"科目。期末结转后,"管理费用"

账户应无余额。

【例6-11】 2×24年12月31日，某非营利组织"管理费用"科目借方余额为127 600元，都为非限定性费用，转入"非限定性净资产"。

借：非限定性净资产　　　　　　　　　　　　　　　　　　127 600
　　贷：管理费用　　　　　　　　　　　　　　　　　　　　　　127 600

延伸阅读6-2

国际红十字会管理费用控制的实践探索与启示

管理费用控制是非营利组织提高运营效率、实现可持续发展的关键所在。在全球范围内，众多非营利组织通过创新管理理念、引入先进管理工具以及构建完善的费用控制机制，成功实现了管理费用的有效控制。其中，国际红十字会的精益管理实践尤为引人注目，为国内外非营利组织提供了宝贵的借鉴与启示。

国际红十字会是全球最大的人道主义组织之一，其在管理费用控制方面的精益管理实践堪称典范。国际红十字会深知，高效的管理费用控制是实现其全球救援和援助使命的重要保障。因此，该组织不断探索和实践各种有效的管理费用控制措施。

首先，国际红十字会通过优化业务流程，大幅减少了不必要的行政环节和重复工作。其深入分析了各个业务流程的效率和必要性，对冗余和繁琐的环节进行了精简和优化。例如，在物资采购和分配方面，国际红十字会采用了先进的供应链管理系统，实现了物资的实时跟踪和高效配送，大大降低了物流成本和管理费用。

其次，国际红十字会积极推行无纸化办公系统，充分利用云计算和大数据技术，实现了文档的在线存储、共享和协作。这一举措不仅大幅减少了纸张和印刷费用，还提高了工作效率和信息的安全性。通过数字化办公，国际红十字会的工作人员可以随时随地访问和处理文件，打破了时间和空间的限制，进一步提升了组织的运营效率。

此外，国际红十字会还建立了严格的费用审批制度和内部控制机制。其明确规定了各项费用的审批流程和权限，确保每一笔开支都经过严格审核和合理控制。同时，国际红十字会还定期对财务状况进行审计和评估，及时发现和纠正问题，确保财务的透明度和合规性。

国际红十字会的精益管理实践为国内外非营利组织提供了宝贵的借鉴与启示。首先，非营利组织应该注重业务流程的优化和精简，消除不必要的行政环节和重复工作，提高工作效率和管理水平。其次，非营利组织应该积极引入先进的信息化技术，如云计算、大数据和人工智能等，实现管理的数字化和智能化。通过数字化办公和在线协作，非营利组织可以大幅降低管理成本，提高工作效率。同时，非营利组织还应该建立健全的费用审批制度和内部控制机制，确保每一笔开支都经过严格审核和合理控制。此外，非营利组织还应该定期对财务状况进行审计和评估，及时发现和纠正问题，确保财务的透明度和合规性。

第五节 筹资费用的核算

一、筹资费用的概念

筹资费用是指非营利组织为筹集业务活动所需资金而发生的费用,包括非营利组织为获得捐赠资产而发生的费用以及应当计入当期费用的借款费用、汇兑损失(减汇兑收益)等。

二、筹资费用的核算内容

非营利组织筹资费用的核算内容如下。

(1)非营利组织为了获得捐赠资产而发生的费用,包括举办募款活动费,准备、印刷和发放募款宣传资料费以及其他与募款或者争取捐赠有关的费用。

(2)借款费用,是指应当计入当期费用的借款费用,主要包括利息支出、债券溢价折价的摊销及金融机构手续费等。利息支出是指非营利组织向银行和其他金融机构支付的短期借款利息、长期借款利息(不包括与固定资产购建有关的,在固定资产尚未完工交付使用或尚未办理竣工决算手续之前发生的,应计入固定资产购建成本的利息支出)、商业汇票贴现利息,以及向投资者支付的应付债券利息和向供货单位支付的应付票据利息。非营利组织的利息支出还包括逾期未归还银行贷款时,银行在正常贷款利率基础上加收的罚息。

金融机构手续费是指非营利组织与银行及其他金融机构发生的有关费用,如非营利组织采用各种结算方式时向金融机构支付的手续费,或委托金融机构发行债券时支付的费用等。

(3)汇兑损失,是指因向银行出售或购入外汇而产生的银行买入价、卖出价与记账所采用的汇率之间的差额,以及月度(季度、年度)终了,各种外币账户的外币期末余额,按照期末规定汇率折合的记账人民币金额与原账面人民币金额之间的差额等。

(4)其他筹资费用。

三、筹资费用的账户设置

非营利组织应设置"筹资费用"账户核算筹资费用。一般情况下,民间非营利组织的筹资费用为非限定性费用,如果存在限定性筹资费用,则应当在"筹资费用"科目设置"非限定性费用""限定性费用"明细科目,进行明细核算。发生筹资费用时记入借方,冲减或期末结转时记入贷方。会计期末,应当将"筹资费用"账户的借方发生额转入"非限定性净资产"或"限定性净资产"账户,期末结转后,本账户应无余额。

民间非营利组织按照国务院有关部门的有关规定核算募捐成本的,应当在"筹资费用"科目设置"募捐成本"明细科目,进行明细核算。

四、筹资费用的主要账务处理

非营利组织发生的筹资费用,应当在发生时按其发生额计入当期费用。

(一) 发生筹资费用

发生的筹资费用时,借记"筹资费用"科目,贷记"预提费用""银行存款""长期借款"等科目。发生应冲减筹资费用的利息收入、汇兑收益,借记"银行存款""长期借款"等科目,贷记"筹资费用"科目。

【例 6-12】　2×24 年 4 月 30 日,某非营利组织以银行存款支付短期借款的利息 2 800 元。

借:筹资费用　　　　　　　　　　　　　　　　　　　　　　　　2 800
　　贷:银行存款　　　　　　　　　　　　　　　　　　　　　　　　2 800

(二) 期末结转

期末,将"筹资费用"科目的余额转入非限定性净资产,借记"非限定性净资产"科目,贷记"筹资费用"科目。如果存在限定性筹资费用,则将其金额转入限定性净资产,借记"限定性净资产"科目,贷记"筹资费用"科目。期末结转后,"筹资费用"科目应无余额。

【例 6-13】　2×24 年 12 月 31 日,某非营利组织的"筹资费用"账户借方余额为 39 500 元,为非限定性费用,转入"非限定性净资产"账户。

借:非限定性净资产　　　　　　　　　　　　　　　　　　　　　39 500
　　贷:筹资费用　　　　　　　　　　　　　　　　　　　　　　　　39 500

第六节 | 资产减值损失的核算

一、资产减值损失的概念与内容

资产减值损失是指民间非营利组织计提各项资产减值准备所形成的损失,是资产的可收回金额低于其账面价值所造成的损失。在非营利组织中,资产减值损失主要发生在长期投资、固定资产、无形资产等长期资产上。这些资产由于市场环境变化、技术进步、使用磨损或其他原因,可能导致其未来经济利益流入低于其账面价值,从而需要进行减值处理。资产减值损失的确认和计量是反映资产实际价值、保证会计信息真实性和完整性的重要环节。

二、资产减值损失的账户设置

非营利组织应设置"资产减值损失"账户核算资产减值损失。该科目属于损益类科目,用于核算非营利组织计提各项资产减值准备所形成的损失。在资产减值损失实际发生时,借记"资产减值损失"科目,贷记相应的资产减值准备科目(如"固定资产减值准备""无形资产减值准备"等科目)。

民间非营利组织的资产减值损失应当按照计提减值准备的资产是否存在限定区分为非限定性费用和限定性费用,设置"非限定性费用""限定性费用"明细科目,进行明细核算。

此外,为了反映已计提减值准备的资产价值在后续期间的恢复情况(如适用),还需设置相应的转回科目或进行相应账务处理。

三、资产减值损失的主要账务处理

(一)计提资产减值准备

因提取短期投资、应收款项、存货、长期投资、固定资产、无形资产等资产减值准备而确认的资产减值损失,应借记"资产减值损失"科目,贷记相关资产减值准备科目。

(二)冲减或转回资产减值准备

若后续期间已计提减值准备的资产价值得以恢复(且该恢复不是暂时的),或原计提减值准备的基础不再存在,则可冲减或转回已计提的资产减值准备。冲减或转回时,应借记相关资产减值准备科目,贷记"资产减值损失"科目。

(三)期末结转

期末,将"资产减值损失"科目各明细科目的余额分别转入限定性净资产和非限定性净资产,借记"限定性净资产"科目,贷记"资产减值损失——限定性费用"明细科目,借记"非限定性净资产"科目,贷记"资产减值损失——非限定性费用"明细科目。期末结转后,"资产减值损失"科目应无余额。

【例6-14】 2×24年12月31日,某民间非营利组织在2×24年度对其资产进行了减值测试,并根据测试结果计提了相应的资产减值准备。具体计提情况如下:短期投资减值准备5 000元(其中限定性费用2 000元,非限定性费用3 000元),应收账款减值准备3 000元(均为非限定性费用),固定资产减值准备10 000元(其中限定性费用4 000元,非限定性费用6 000元)。2×24年12月,该组织收回了部分应收账款,经评估确认原计提的应收账款减值准备中 1 000 元可以转回。期末,该组织将"资产减值损失"科目的余额转入限定性净资产和非限定性净资产。

(1) 计提资产减值准备:

计提短期投资减值准备:

借:资产减值损失——非限定性费用　　　　　　　　　　　　　　　　3 000
　　资产减值损失——限定性费用　　　　　　　　　　　　　　　　　2 000
　　　贷:短期投资减值准备　　　　　　　　　　　　　　　　　　　　5 000

计提应收账款减值准备:

借:资产减值损失——非限定性费用　　　　　　　　　　　　　　　　3 000
　　　贷:应收账款减值准备　　　　　　　　　　　　　　　　　　　　3 000

计提固定资产减值准备:

借:资产减值损失——非限定性费用　　　　　　　　　　　　　　　　6 000
　　资产减值损失——限定性费用　　　　　　　　　　　　　　　　　4 000
　　　贷:固定资产减值准备　　　　　　　　　　　　　　　　　　　10 000

(2) 转回应收账款减值准备:

借:应收账款减值准备　　　　　　　　　　　　　　　　　　　　　　1 000
　　　贷:资产减值损失——非限定性费用　　　　　　　　　　　　　　1 000

(3) 期末结转资产减值损失至净资产:

非限定性费用余额＝3 000＋3 000－1 000＝5 000(元)

借:非限定性净资产　　　　　　　　　　　　　　　　　　　　　　　5 000
　　　贷:资产减值损失——非限定性费用　　　　　　　　　　　　　　5 000

限定性费用余额＝2 000＋4 000＝6 000(元)

借:限定性净资产　　　　　　　　　　　　　　　　　　　　　　　　6 000
　　　贷:资产减值损失——限定性费用　　　　　　　　　　　　　　　6 000

第七节 | 所得税费用的核算

一、所得税费用的概念与内容

所得税费用,是指有企业所得税缴纳义务的民间非营利组织按规定缴纳企业所得税所形成的费用。对于民间非营利组织而言,所得税费用是其经营活动中不可或缺的一部分,它反映了组织在遵守国家税收法规的同时,对其经济成果所承担的税收义务。所得税费用的核算应遵循税法规定,确保税收的准确性和合规性。

二、所得税费用的账户设置

非营利组织应设置"所得税费用"账户来核算所得税费用。该科目属于损益类科目,专门用于反映非营利组织在一定期间内因经营活动而产生的应交所得税金额。在所得税费用实际发生时,即根据税法规定计算出应交所得税时,借记"所得税费用"科目,贷记"应交税费——应交所得税"科目。对于民间非营利组织而言,若其所得税费用与特定资产或项目存在限定性关系,虽然通常情况下所得税费用直接计入非限定性费用,但若存在特殊限定情况,也可考虑按照是否需要限定使用的要求,在"所得税费用"科目下设置"非限定性费用"(若默认或主要情况为非限定性则可不单独列出)和"限定性费用"(如存在特殊限定情况)明细科目,以进行明细核算。不过,实际操作中,所得税费用通常直接作为非限定性费用处理,因为其影响的是组织整体的税收负担。此外,为了全面反映所得税费用的变动情况,包括可能的调整或差异处理(如暂时性差异导致的递延所得税),非营利组织还需根据税法与会计制度的差异,设置相应的递延所得税资产或递延所得税负债科目,或进行相应账务处理,以确保所得税费用的核算准确、完整。

三、所得税费用的主要账务处理

(一)计算并确认所得税费用

发生所得税缴纳义务时,按照支付的金额,借记"所得税费用"科目,贷记"应交税费"等科目。

(二)期末结转

期末,将"所得税费用"科目本期发生额转入非限定性净资产,借记"非限定性净资产"科目,贷记"所得税费用"科目。期末结转后,"所得税费用"科目应无余额。

【例 6-15】 2×24 年度,某民间非营利组织根据税法规定,计算出当期应纳税所得额为 200 000 元,适用税率为 25%,应交所得税为 50 000 元。该组织已于当年12 月 15 日预缴所得税 30 000 元,年末需补缴所得税 20 000 元。同时,该组织将"所得税费用"科目的余额转入"非限定性净资产"。

(1)计算并确认所得税费用:

借:所得税费用 50 000
　　贷:应交税费——应交所得税 50 000

（2）预缴所得税(此步骤在之前月份已完成,此处仅为说明完整流程)：

借：应交税费——应交所得税　　　　　　　　　　　　30 000
　　贷：银行存款　　　　　　　　　　　　　　　　　　　　30 000

（3）年末补缴所得税：

借：应交税费——应交所得税　　　　　　　　　　　　20 000
　　贷：银行存款　　　　　　　　　　　　　　　　　　　　20 000

（4）期末结转所得税费用：

借：非限定性净资产　　　　　　　　　　　　　　　　50 000
　　贷：所得税费用　　　　　　　　　　　　　　　　　　　50 000

第八节　其他费用的核算

一、其他费用的概念与内容

其他费用是指非营利组织发生的、无法归属到上述费用中的费用,包括固定资产处置净损失、无形资产处置净损失、从事受托代理业务时发生的应归属于其自身的费用、设立与实现本组织业务活动目标不相关的民间非营利组织的相关支出等。

二、其他费用的账户设置

非营利组织应设置"其他费用"账户核算其他费用。发生其他费用时记入该账户借方,冲减或期末结转时记入贷方。一般情况下,民间非营利组织的其他费用为非限定性费用,如果存在限定性其他费用,则应当在"其他费用"科目下设置"非限定性费用""限定性费用"明细科目,进行明细核算。会计期末,应当将"其他费用"账户的借方发生额转入"非限定性净资产""限定性净资产"账户。期末结转后,该账户应无余额。

民间非营利组织按规定出资设立与实现本组织业务活动目标不相关的民间非营利组织的,相关出资金额记入"其他费用"科目。"其他费用"账户应当按照费用种类设置明细账,进行明细核算。

三、其他费用的主要账务处理

非营利组织发生的其他费用,应当在发生时按其发生额计入当期费用。

（一）固定资产处置净损失

发生固定资产处置净损失，借记"其他费用"科目，贷记"固定资产清理"科目。

【例 6-16】 2×24 年 5 月 31 日，某非营利组织处置一台电脑，账面余额 5 000 元，已提折旧 2 850 元，以现金支付清理费用 200 元，变价收入 1 600 元，存入银行。

（1）转入清理：

借：固定资产清理	2 150
累计折旧	2 850
贷：固定资产	5 000

（2）发生清理费：

借：固定资产清理	200
贷：现金	200

（3）收到变价收入：

借：银行存款	1 600
贷：固定资产清理	1 600

（4）固定资产处置净损失：
固定资产清理＝1 600－2 150－200＝－750（元）

借：其他费用	750
贷：固定资产清理	750

（二）无形资产处置净损失

发生的无形资产处置净损失，按照实际取得的价款，借记"银行存款"等科目，按照该项无形资产的账面余额，贷记"无形资产"科目，按照已计提的摊销金额，借记"累计摊销"科目，按照其差额，借记"其他费用"科目。

【例 6-17】 2×24 年 6 月 30 日，某公益基金会因业务调整，决定处置其拥有的一项专利权。该专利权原值为 800 000 元，已计提累计摊销 400 000 元，账面净值（即账面余额减去累计摊销）为 400 000 元。经过与潜在买家的谈判，最终以 350 000 元的价格成功出售该专利权。现需编制会计分录以反映此无形资产处置过程及产生的净损失。

借：银行存款	350 000
累计摊销	400 000
其他费用——无形资产处置净损失	50 000
贷：无形资产	800 000

（三）期末结转

期末，将"其他费用"科目的余额转入非限定性净资产，借记"非限定性净资产"科目，贷记"其他费用"科目。如果存在限定性其他费用，则将其金额转入限定性净资产，借记"限定性净资产"科目，贷记"其他费用"科目。期末结转后，"其他费用"科目应无余额。

【例6-18】　2×24年12月31日，某非营利组织的"其他费用"账户借方余额为26 000元，为非限定性费用，转入"非限定性净资产"。

借：非限定性净资产　　　　　　　　　　　　　　　　26 000
　　贷：其他费用　　　　　　　　　　　　　　　　　　　　26 000

本 章 小 结

本章详细阐述了非营利组织会计中的费用核算体系，全面介绍了费用的概念、分类及核算原则。本章通过业务活动成本、税金及附加、管理费用、筹资费用、资产减值损失、所得税费用和其他费用等关键费用的核算讲解，使学生深入理解了非营利组织费用核算的实务操作。

本 章 重 要 概 念

业务活动成本　税金及附加　管理费用　筹资费用　其他费用　所得税费用
资产减值损失

本 章 练 习

一、单项选择题

1. 非营利组织为开展业务活动所发生的、导致本期净资产减少的经济利益或服务潜力的流出，称为（　　）。

　　A. 费用　　　　　　　　　　　　B. 收入

　　C. 成本　　　　　　　　　　　　D. 利润

2. 下列各项中，不属于非营利组织的业务活动成本的是（　　）。

　　A. 商品销售成本　　　　　　　　B. 会员服务成本

　　C. 管理人员工资　　　　　　　　D. 捐献项目成本

3. 非营利组织为筹集业务活动所需资金而发生的费用，应计入（　　）。

    A. 业务活动成本　　　　　　　　B. 管理费用

    C. 筹资费用　　　　　　　　　　D. 所得税费用

4. 各项中,属于非限定性费用的是( )。

    A. 限定性捐赠收入对应的成本　　B. 政府补助项目成本

    C. 无特定用途的日常管理费用　　D. 特定捐赠用途的项目成本

5. 非营利组织计提的固定资产减值准备所形成的损失,应计入( )。

    A. 业务活动成本　　　　　　　　B. 资产减值损失

    C. 管理费用　　　　　　　　　　D. 所得税费用

二、业务题

某非营利组织当期发生如下业务。

1. 计提本月行政管理用固定资产折旧5 000元。请编写相关会计分录。

2. 支付本月城市维护建设税和教育费附加共计3 000元。请编写相关会计分录。

3. 收到退回的捐赠物资,价值2 000元。请编写相关会计分录。

4. 计提短期借款利息500元。请编写相关会计分录。

三、简答题

1. 简述非营利组织费用的主要分类。

2. 在非营利组织会计中,管理费用通常包括哪些内容?

第七章 年终清理结算和财务会计报告

内容提要

本章主要讲解年终清理结算的主要事项、年终结账的程序;财务会计报告的法定要求、编制目的、构成、种类、编制要求;资产负债表、业务活动表、现金流量表的概念、内容和编制;会计报表附注;其他应当在财务会计报告中披露的相关信息和资料。

重点难点

本章重点为年终清理结算、年终结账的程序、财务会计报告的构成和种类、资产负债表的编制、业务活动表的编制、现金流量表的编制;难点为资产负债表的编制、业务活动表的编制、现金流量表的编制。

学习目标

通过本章学习,学生应掌握财务会计报告的编制目的、构成和种类,资产负债表、业务活动表、现金流量表的概念、内容、编制目的和编制方法;了解年终清理结算的主要事项,年终结账的程序,会计报表附注的内容,其他应当在财务会计报告中披露的相关信息和资料。

知识框架

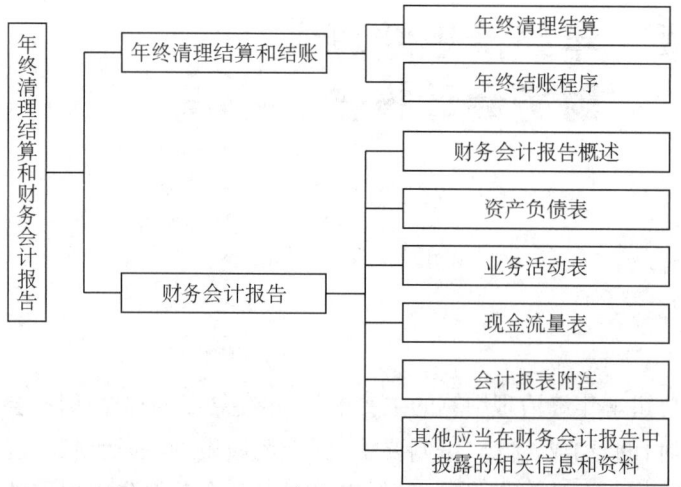

思政育人　政府监管民办学校财务的三个关键环节

国家一直在强调引导规范民办教育发展,强调不管是营利性还是非营利性,民办教育都是公益事业。很多人只是感觉到民办学校的财务要求越来越严格,还没意识到这是系统性规范。按照国家和地方的法律、办法,所谓的系统性规范就是从民办学校财务的前、中、后三个阶段,也即入口的收费规范、中间的资金监管与后面的办学成本监审入手,实现规范、公益引导。

首先是收费。各省基本出台了民办学校收费管理办法,明确规定收费范围、项目和标准;严禁收取与招生入学挂钩的捐资助学款;不得擅自设立服务性收费和代收费项目;食堂、校服、课后服务等代收费和服务费要自愿和不得获取差价;不得以家委会名义摊派费用;严格执行教育收费公示制度等等。

其次是资金监管。探索建立学校收费专项审计制度,重点监管通过违法关联交易从学校转移办学收益等行为;对应收及预付款项应当及时清理结算,不得长期挂账;非义务教育阶段学校应当严格控制对外投资,义务教育阶段学校不得对外投资;义务教育阶段学校不得从事经营活动;收入全部缴入经教育行政部门备案的学校银行账户。

最后是办学成本监审。法律规定,学校收费主要用于教育教学活动、改善办学条件和保障教职工待遇并依据有关法律法规提取发展基金,学校所有的支出要能装到这三个筐里,否则不能列入办学成本。各省出台的民办学校办学成本监审办法,都明确规定了可以列入办学成本的项目和标准,对超出部分不予承认,认为其不能作为学校收费的依据。

有关部门对民办学校监管的三个环节都提出了具体的要求,形成了对民办学校财务工作的前中后全流程监管,即入口规范不能乱收费,中间不能跑冒滴漏,后头就能准确测算办学成本,然后倒过来确定学校的收费标准,形成技术性监管闭环。

按照法律的规定,学校的收费以办学成本和市场需求等因素为基础,遵循公平、合法和诚实信用原则,考虑经济效益与社会效益,这里面最实在的、可以明确依据的就是办学成本。

民办学校监管三个环节的风险是不同的:收费不规范容易引起违规违法,导致行政处罚;资金使用不规范不但是违规违法,还有可能触及刑事责任,比如挪用资金罪、职务侵占罪、受贿罪、隐匿销毁会计凭证账簿会计报告罪、涉税犯罪等;办学成本核算上,如果会计人员水平不够,该算的没算,不该算的算进来,会导致学校办学的财务支撑严重变形。

目前最危险的是第二个环节的历史旧账。民办学校办学多年,日积月累,如果大额资金去向不明,可能就会出大事。

监管已经在各地陆续展开:规范收费,检查服务费、代收费,杜绝乱收费;开展财务审计,规范关联交易、支出采购、票据管理;审核办学成本,核定收费标准;核查获取办学收益或分配剩余资产的情况;备案账户、账户监管、预收费监管;要求学校披露关联交易、办学条件、教育质量、财务状况等等。

资料来源:马学雷.政府监管民办学校财务的三个关键环节[EB/OL].(2024-07-02)[2024-07-11].https://mp.weixin.qq.com/s/OS0n4vLXQUrnVAZ1KYj0kw.

【思政寄语】

党的二十大报告中指出要"弘扬诚信文化,健全诚信建设长效机制"。诚信是中华民族的传统美德之一,也是社会主义核心价值观的重要组成部分。人无信不立,国无信不兴。诚信是规范行为的内在动力和精神支撑。一个诚信的人,会自觉遵守各种规范,因为他深知自己的言行会对他人和社会产生影响,因此会尽力做到言行一致,不违背良心和道德。同时,符合规范的行为也能够进一步巩固和提升个人的诚信品质,因为规范本身就是诚信的一种实践。

会计诚信是社会经济关系发展到一定阶段的产物,是传统"诚信"理念的发展与延伸。会计诚信要求会计人员立足会计实践,力行诚实守信,自觉遵守规范,确保会计信息的真实性和准确性。会计人必须不断提高自身的职业道德水平和专业素养,为经济社会的健康发展贡献自己的力量。

第一节 | 年终清理结算和结账

一、年终清理结算

非营利组织年终清理结算的主要事项如下。

(一) 清理核对各项收入和支出,确保企业所得税计算准确

凡是属于本年的各项收入都要及时入账。属于本年的各项支出,都要按规定的支出用途如实列报。

(二) 清理各项往来账款

非营利组织的各项往来款项,年终前应逐笔进行清理。按照有关规定应转作各项收入或支出的往来款项要及时转入各有关账户,编入本年决算。

(三)清理货币资金

(1)年终要及时同开户银行对账,使银行存款日记账的账面余额和银行对账单的余额核对相符。

(2)现金账面余额要同库存现金核对相符。

(四)清理财产物资

年终前,应对各项财产物资进行清理盘点,发生盘盈、盘亏的,要及时查明原因,按规定作出处理,调整账务,做到账实相符、账账相符。

二、年终结账程序

非营利组织应在年终清算的基础上进行结账。年终结账包括年终转账、结清旧账、记入新账三个环节。

(一)年终转账

账目核对无误后,先计算出各账户借方、贷方的12月份合计数和全年累计数,结出12月月末余额。其后,编制结账前的"资产负债表",试算平衡后,再将应对冲结转的各个收支账户的余额按年终冲转办法,填制12月31日的记账凭证,办理结账冲转。

(二)结清旧账

(1)对年终无余额的账户,结出全年总累计数,然后在下面画双红线,表示本账户全部结清。

(2)对年终有余额的账户,在"全年累计数"下行"摘要"栏内注明"结转下年"字样,再在下面画双红线,表示年终余额转入新账,结清旧账。

(三)记入新账

根据上年度各账户余额,编制年终决算的"资产负债表"和有关明细表,将表中所列的各账户的年终余额数(不编记账凭证)直接记入新年度相应的各有关账户,并在"摘要"栏注明"上年结转"字样,以区别新年度发生数。

第二节 | 财务会计报告

一、财务会计报告概述

(一)财务会计报告的法定要求

《中华人民共和国会计法》规定,任何单位,包括非营利组织都必须定期编制财务会计报告,财务会计报告应当根据经过审核的会计账簿记录和有关资料编制。

《中华人民共和国会计法》还规定,财务会计报告应当由单位负责人和主管会计工作的负责人、会计机构负责人签名并盖章;设置总会计师的单位,还须由总会计师签名并盖章。单位负责人应当保证财务会计报告真实、完整。

财务会计报告是反映民间非营利组织某一特定日期的财务状况和某一会计期间的业务活动情况和现金流量等会计信息的书面文件。

(二) 财务会计报告的编制目的

财务会计报告是提供财务信息的载体,编制财务会计报告的主要目的是为报告使用者提供各种决策有用的财务信息。非营利组织财务会计报告的使用者非常广泛,包括非营利组织的管理人员、捐赠人、组织会员、组织服务对象、政府管理部门以及社会大众等。非营利组织的财务会计报告可以为这些报告使用者提供关于组织控制的资源状况、负债水平、资金使用情况及其效果、现金流量等各种财务信息,以供其决策使用。但是,编制财务会计报告只是为人们使用财务信息提供前提条件,报告本身并不能确定或影响决策的结果。财务会计报告作为使用者决策的工具,其主要作用如下。

1. 为非营利组织管理当局提供决策所需信息

非营利组织的财务会计报告通过一定表格及附注的形式,反映了组织所控制的经济资源、所承担的负债水平、所取得的收入以及相配比的费用、现金流量状况等,从而可以反映出该组织的经济活动情况、偿债能力、运营绩效和现金周转情况。其有利于组织的管理当局及时发现组织运营中存在的问题,尽快作出决策,采取有效措施,改善组织的运营管理。同时,管理当局也可以利用财务会计报告提供的信息,并运用会计的预测、决策和控制职能加强财务管理,使有限的资源充分发挥作用,获取更大的社会效益。

2. 满足非营利组织资源提供者的信息需求

非营利组织的资源主要来自捐赠人、会员、提供服务对象、政府部门和社会大众等,这些外部资源提供者虽然不要求经济利益上的回报,但对资源的投向、使用和收回等方面还是非常关注的,如资金捐赠人可能会要求非营利组织按照公正的原则或提前约定的用途使用和支配资产。非营利组织通过定期对外提供财务会计报告,可以向资源提供者披露相关的财务和绩效信息,提高信息的透明度,有利于资源提供者和社会对组织加强监督。

3. 为政府管理部门等其他会计信息使用者提供决策信息

非营利组织定期编制财务会计报告不仅可以满足内部管理当局和外部资源提供者的信息需要,还可以满足政府管理部门、债权人、员工等使用者的信息要求。例如,政府管理部门利用财务会计报告所提供的信息,可及时掌握非营利组织的运营和管理情况,便于其对组织的运营情况进行检查分析。对债权人而言,其通过阅读分析财务会计报告,可了解非营利组织的偿债能力,了解组织债权的保障、利息的获得情况,以及组织是否有足够的能力按期偿还债务等,以便为自身的信贷和融资决策提供依据。

（三）财务会计报告的构成

财务会计报告由会计报表、会计报表附注和其他应当在财务会计报告中披露的相关信息和资料构成。

（1）会计报表是财务会计报告的主体和核心,反映单位基本的财务状况、运营绩效和现金流量。《民间非营利组织会计制度》规定,非营利组织的会计报表至少应当包括资产负债表、业务活动表和现金流量表三张基本报表。

（2）会计报表附注是指为会计报表使用者理解会计报表的内容而对会计报表的编制基础、编制依据、编制原则和方法及主要项目等所作的解释。

（3）其他应当在财务会计报告中披露的相关信息和资料是非营利组织财务会计报告的重要组成部分。它全面扼要地提供非营利组织财务、营运活动等的全貌,分析总结非营利组织业绩和存在的不足,是财务会计报告使用者了解和考核有关业务活动开展情况的重要资料。

（四）财务会计报告的种类

财务会计报告分为年度财务会计报告和中期财务会计报告。短于一个完整的会计年度的期间(如半年度、季度和月度)编制的财务会计报告被称为中期财务会计报告。年度财务会计报告则是以整个会计年度为基础编制的财务会计报告。

其中,年度财务会计报告至少应当于年度终了后 4 个月内对外提供。如果要求对外提供中期财务会计报告的,应当在规定的时间内对外提供。

 延伸阅读7-1

会计报表的分类

会计报表是财务会计报告的主体,可以根据需要,按照不同标准对其进行分类。

1. 按照会计报表反映的内容分类

会计报表按照反映的内容,可以分为静态报表和动态报表。静态报表是综合反映一定时点资产、负债和净资产情况的会计报表,如资产负债表;动态报表是反映一定时期内经营业绩和现金流量情况的会计报表,如业务活动表和现金流量表。

2. 按照会计报表的编报时间分类

会计报表按照编报的时间,可以分为月报、季报、半年报和年报。其中,月报要求简明扼要,及时反映;年报要求披露完整,反映全面;季报在财务信息的详细程度方面,介于月报和年报之间。

3. 按照会计报表的编制基础分类

会计报表按照编制基础,可以分为个别会计报表、合并会计报表和汇总会计报表。

（1）个别会计报表各项目所反映的内容,仅仅包括非营利组织本身的财务数字。

（2）合并会计报表是由有分支机构的非营利组织(非营利组织母体)编制的,包括组织本身及其所控制的其他具有独立法人资格的组织的会计报表有关数字,它可以向报表使用者提供非营利组织及其控制的其他组织的总体财务状况和经营成果。

（3）汇总报表是由非营利组织的主管机构或行业协会,根据所属非营利组织报送的个别会计报表,连同本单位会计报表简单汇总编制而成的会计报表。它反映由若干个组织所构成的一个系统的财务状况和经营成果。

4. 按照会计报表的服务对象分类

会计报表按照服务对象,可分为内部报表和外部报表。

（1）内部报表是指为适应内部经营管理需要而编制的不对外公开的会计报表。内部报表一般不需要统一规定的格式,也没有统一的指标体系。

（2）外部报表是指向外提供的,供政府部门、其他组织和个人使用的会计报表。

（五）财务会计报告的编制要求

编制财务会计报告需要满足合法性、真实性、完整性、便于理解、相关可比、编报及时等基本编制要求。

（1）合法性。非营利组织编制和对外提供财务会计报告应该符合有关法律、法规的规定。具体而言,应该遵循《中华人民共和国会计法》和《民间非营利组织会计制度》等的规定。

（2）真实性。非营利组织的财务会计报告应该如实地反映组织的资产状况、业务活动及现金流量状况等,做到内容真实、数字准确、资料可靠,而不应该弄虚作假,勾抹粉饰。如果报告信息不真实可靠,甚至提供虚假信息资料,则势必会导致报告使用者不能作出正确决策。

（3）完整性。非营利组织的财务会计报告必须完整地反映组织的资产状况、业务活动及现金流量状况等,不能残缺不全,更不能故意隐瞒、遗漏。为此,非营利组织在编制财务会计报告时,应该按照规定的报告种类、格式和内容进行编报,不得漏编漏报。对于某些重要的会计事项,非营利组织应当在报表附注中加以说明。

（4）便于理解。非营利组织的财务会计报告提供的信息必须清晰、简明、通俗易懂,能为报告使用者理解和利用。提供财务信息的目的在于信息利用,如果报告提供的信息晦涩难懂,不可理解,使用者就不能作出可靠的判断,所提供的报告信息也毫无用途。

（5）相关可比。非营利组织的财务会计报告所提供的信息必须与报告使用者的决策需要相关联并具有可比性。如果报告信息能够使使用者了解报告主体的过去、现在,并有利于使用者预测变化趋势,为使用者提供有关可比信息,则可认为报告信息相关可比。

（6）编报及时。非营利组织的财务会计报告的编制和报送必须及时迅速，不得无故延误。报告信息只有讲究时效性，才能便于信息被及时利用，并使信息发挥其应有作用。

二、资产负债表

（一）资产负债表的概念

资产负债表是反映非营利组织在某一特定日期的财务状况，包括非营利组织所拥有或控制的经济资源、所承担的现时义务和净资产的构成情况的会计报表。

（二）资产负债表的内容

根据《民间非营利组织会计制度》的规定，非营利组织的资产负债表采用账户式结构。报表分为左右两方，左方列示资产各项目，反映过去的交易或事项形成并由非营利组织所控制的资源。资产应当按照其流动性分类分项列示，包括流动资产、非流动资产和受托代理资产。右方列示负债和净资产各项目，负债反映过去的交易或事项形成的现时义务。负债应当按照其流动性分类分项列示，包括流动负债、长期负债和受托代理负债。净资产按照相关资产是否受到限制，分为非限定性净资产和限定性净资产。资产负债表左右双方平衡，编制依据为：资产＝负债＋净资产。

（三）资产负债表的格式

资产负债表反映非营利组织某一会计期末全部资产、负债和净资产的情况，其编制是以日常会计核算记录的数据为基础进行归类、整理和汇总，并加工成报告项目的过程。我国非营利组织的资产负债表主体部分的各项目都列有"年初余额"和"期末余额"两个栏目，是一种比较资产负债表。

资产负债表的格式参见表7-1。

表7-1　　　　　　　　　　　**资产负债表**　　　　　　　　　　会民非01表

编制单位：　　　　　　　　　年　月　日　　　　　　　　　单位：元

资产	年初余额	期末余额	负债和净资产	年初余额	期末余额
流动资产：			流动负债：		
货币资金			短期借款		
短期投资			应付款项		
应收款项			应付职工薪酬		
预付账款			应交税费		
存货			预收账款		

（续表）

资产	年初余额	期末余额	负债和净资产	年初余额	期末余额
待摊费用			预提费用		
一年内到期的长期投资			一年内到期的长期负债		
其他流动资产			其他流动负债		
流动资产合计			流动负债合计		
非流动资产：			长期负债：		
长期投资：			长期借款		
长期股权投资			长期应付款		
长期债券投资			预计负债		
其他长期投资			其他长期负债		
长期投资合计			长期负债合计		
固定资产：			受托代理负债：		
固定资产原价			受托代理负债		
减：累计折旧			负债合计		
固定资产净值					
在建工程					
固定资产清理					
固定资产合计			净资产：		
文物资源			非限定性净资产		
无形资产：			限定性净资产		
无形资产原价			净资产合计		
减：累计摊销					
无形资产净值					
受托代理资产：					
受托代理资产					
资产合计			负债和净资产合计		

（四）资产负债表的编制

1. "年初余额"栏的填列

"年初余额"栏内的各项数字，应当根据上年年末资产负债表"期末余额"栏内数字填列。如果本年度资产负债表中的各个项目的名称和内容同上年度不相一致,则应对上年年末资产负债表各项目的名称和数字按照本年度的规定进行调整,填入本表"年初余额"栏内。

2."期末余额"栏的数据取得方式

"期末余额"是指某一项目在会计期末的数字,即中期期末或者年末的数字。资产负债表各项目"期末余额"的数据,一般可以通过以下几种方式取得。

(1)直接根据总账账户的余额填列,如固定资产原价、累计折旧、固定资产清理、短期借款、应付职工薪酬、应交税费、非限定性净资产和限定性净资产等项目。

(2)根据几个总账账户的余额计算填列。如"货币资金"项目,应当根据"现金""银行存款""其他货币资金"账户的期末余额合计分析填列(但应当扣除受托代理形成的货币资金部分);"应收款项"项目应当根据"应收账款""应收票据""其他应收款"等账户的余额计算填列;"应付款项"项目应当根据"应付账款""应付票据""其他应付款"等账户的余额计算填列等。

(3)根据总账账户和明细账户的余额分析计算填列。如"长期借款"项目,应根据"长期借款"总账账户余额扣除"长期借款"账户所属的明细科目中反映的将于1年内到期的长期借款部分分析计算填列。这些项目有长期债权投资、长期借款、长期应付款等。

(4)根据有关资产账户与其备抵账户抵销后的净额填列。如"短期投资"项目,应根据"短期投资"账户的期末余额减去"短期投资跌价准备"账户的期末余额后的金额填列。这些项目有应收款项、短期投资、存货、长期股权投资、长期债权投资等。

3."期末余额"各项目的内容和填列方法

(1)"货币资金"项目,反映非营利组织期末库存现金、存放银行的各类款项以及其他货币资金的合计数。本项目应当根据"现金""银行存款""其他货币资金"账户的期末余额合计填列。如果非营利组织的受托代理资产为现金、银行存款或其他货币资金且通过"现金""银行存款""其他货币资金"账户核算,还应当扣减"现金""银行存款""其他货币资金"账户中"受托代理资产"明细账户的期末余额。

(2)"短期投资"项目,反映非营利组织持有的各种能够随时变现并且持有时间不准备超过1年(含1年)的投资,包括短期股票、债券投资和短期委托贷款、委托投资等。本项目应当根据"短期投资"账户的期末余额,减去"短期投资跌价准备"科目的期末余额后的金额填列。

(3)"应收款项"项目,反映非营利组织期末应收票据、应收账款和其他应收款等应收未收款项。本项目应当根据"应收票据""应收账款""其他应收款"账户的期末余额合计,减去"坏账准备"账户的期末余额后的金额填列。

(4)"预付账款"项目,反映非营利组织预付给商品或者服务供应单位等的款项。本项目应当根据"预付账款"账户的期末余额填列。

(5)"存货"项目,反映非营利组织在日常业务活动中持有以备出售或捐赠的,或者为了出售或捐赠仍处在生产过程中的,抑或将在生产、提供服务或日常管理过程中耗用的材料物资、商品等。本项目应当根据"存货"账户的期末余额,减去"存货跌价准备"账户的期末余额后的金额填列。

(6)"待摊费用"项目,反映非营利组织已经支出,但应当由本期和以后各期分别负担的、分摊期在1年以内(含1年)的各项费用,如预付保险费、预付租金等。本项目应当根据"待摊费用"账户的期末余额填列。

(7)"一年内到期的长期投资"项目,反映非营利组织将在1年内(含1年)到期的长期债权投资或其他长期投资。本项目应当根据"长期债权投资"和"其他长期投资"账户的期末余额中将在1年内(含1年)到期的长期债权投资余额和其他长期投资余额,减去"长期投资减值准备"账户的期末余额中1年内(含1年)到期的长期债权投资减值准备余额和其他长期投资减值准备余额后的金额填列。

(8)"其他流动资产"项目,反映非营利组织除以上流动资产项目外的其他流动资产。本项目应当根据有关账户的期末余额分析填列。如果其他流动资产价值较大,则应当在会计报表附注中单独披露其内容和金额。

(9)"流动资产合计"项目,反映非营利组织期末流动资产的合计数。本项目应当按照本表中"货币资金""短期投资""应收款项""预付账款""存货""待摊费用""一年内到期的长期投资""其他流动资产"项目金额的合计数填列。

(10)"长期股权投资"项目,反映非营利组织不准备在1年内(含1年)变现的各种股权性质的投资的可收回金额。本项目应当根据"长期股权投资"账户的期末余额,减去"长期投资减值准备"账户的期末余额中长期股权投资减值准备余额后的金额填列。

(11)"长期债权投资"项目,反映非营利组织不准备在1年内(含1年)变现的各种债权性质的投资的可收回金额。本项目应当根据"长期债权投资"账户的期末余额,减去"长期投资减值准备"账户的期末余额中长期债权投资减值准备余额,再减去将在1年以内(含1年)到期的长期债权投资余额后的金额填列。

(12)"其他长期投资"项目,反映非营利组织不准备在1年以内(含1年)变现的,除股权和债权以外的其他各类投资的可收回金额。本项目应当根据"其他长期投资"科目的期末余额,减去"长期投资减值准备"科目的期末余额中其他长期投资减值准备余额,再减去将在1年以内(含1年)到期的其他长期投资余额后的金额填列。

(13)"长期投资合计"项目,反映非营利组织期末长期投资的合计数。本项目应当按照本表中"长期股权投资""长期债权投资""其他长期投资"项目金额的合计数填列。

（14）"固定资产原价"项目，反映非营利组织固定资产的原价。本项目应当根据"固定资产"科目的期末余额填列。

（15）"累计折旧"项目，反映非营利组织期末固定资产已计提的累计折旧金额。本项目应当根据"累计折旧"科目的期末余额填列。

（16）"固定资产净值"项目，反映非营利组织固定资产的账面价值。本项目应当根据"固定资产"科目的期末余额，减去"累计折旧"科目和"固定资产减值准备"科目（如有）的期末余额后的金额填列。

（17）"在建工程"项目，反映非营利组织期末各项未完工程的实际支出，包括交付安装的设备价值、已耗用的材料、工资和费用支出、预付出包工程的价款等。本项目应当根据"在建工程"账户的期末余额填列。

（18）"固定资产清理"项目，反映非营利组织因出售、毁损、报废等原因转入清理但尚未清理完毕的固定资产的账面价值，以及固定资产清理过程中发生的清理费用和变价收入等各项金额的差额。本项目应当根据"固定资产清理"账户的期末借方余额填列；如果"固定资产清理"账户期末为贷方余额，则以"－"号填列。

（19）"固定资产合计"项目，反映非营利组织期末固定资产的合计数。本项目应当按照本表中"固定资产净值""在建工程""固定资产清理"项目金额的合计数填列。

（20）"文物资源"项目，反映非营利组织按照《中华人民共和国文物保护法》等有关法律、行政法规规定被认定为文物的有形资产和尚未被认定为文物的古籍等藏品。本项目应当根据"文物资源"科目的期末余额填列。

（21）"无形资产"项目，反映非营利组织拥有的为开展业务活动、出租给他人或为管理目的而持有的没有实物形态的非货币性长期资产，包括专利权、非专利技术、商标权、著作权、土地使用权等。本项目应当根据"无形资产"账户的期末余额填列。

（22）"累计摊销"项目，反映非营利组织期末无形资产已计提的累计摊销金额。本项目应当根据"累计摊销"科目的期末余额填列。

（23）"无形资产净值"项目，反映非营利组织的无形资产的账面价值。本项目应当根据"无形资产"科目的期末余额，减去"累计摊销"科目和"无形资产减值准备"科目（如有）的期末余额后的金额填列。

（24）"长期待摊费用"项目，反映非营利组织已经发生但应由本期和以后各期负担的分摊期限在 1 年以上（不含 1 年）的各项费用，如以经营租赁方式租入的固定资产发生的改良支出等。本项目应当根据"长期待摊费用"科目的期末余额填列。

（25）"非流动资产合计"项目，反映非营利组织期末非流动资产的合计数。本项目应当按照本表中"长期投资合计""固定资产合计""文物资源""无形资产净值""长期待摊费用"项目金额的合计数填列。

（26）"受托代理资产"项目，反映非营利组织接受委托方委托从事受托代理业务而收到的资产。本项目应当根据"受托代理资产"账户的期末余额填列。如果非营利组织的受托代理资产为现金、银行存款或其他货币资金且通过"现金""银行存款""其他货币资金"账户核算，还应当加上"现金""银行存款""其他货币资金"账户中"受托代理资产"明细账户的期末余额填列。

（27）"资产总计"项目，反映非营利组织期末资产的总计数。本项目应当按照本表中"流动资产合计""非流动资产合计""受托代理资产"项目金额的总计数填列。

（28）"短期借款"项目，反映非营利组织向银行或其他金融机构等借入的、尚未偿还的期限在1年以下（含1年）的各种借款。本项目应当根据"短期借款"账户的期末余额填列。

（29）"应付款项"项目，反映非营利组织期末应付票据、应付账款和其他应付款等应付未付款项。本项目应当根据"应付票据""应付账款""其他应付款"账户的期末余额合计填列。

（30）"应付职工薪酬"项目，反映非营利组织应付未付的职工薪酬。本项目应当根据"应付职工薪酬"科目的期末贷方余额填列；如果"应付职工薪酬"科目期末为借方余额，以"－"号填列。

（31）"应交税费"项目，反映非营利组织应交未交的各种税费。本项目应当根据"应交税费"账户的期末贷方余额填列；如果"应交税费"账户期末为借方余额，则以"－"号填列。

（32）"预收账款"项目，反映非营利组织向服务和商品购买单位等预收的各种款项。本项目应当根据"预收账款"账户的期末余额填列。

（33）"预提费用"项目，反映非营利组织预先提取的已经发生但尚未实际支付的各项费用。本项目应当根据"预提费用"账户的期末贷方余额填列。

（34）"一年内到期的长期负债"项目，反映非营利组织承担的将于1年内（含1年）偿还的长期负债。本项目应当根据有关长期负债科目的期末余额中将在1年内（含1年）到期的金额分析填列。

（35）"其他流动负债"项目，反映非营利组织除以上流动负债之外的其他流动负债。本项目应当根据有关账户的期末余额填列。如果其他流动负债金额较大，则应当在会计报表附注中单独披露其内容和金额。

（36）"流动负债合计"项目，反映非营利组织期末流动负债的合计数。本项目应当按照本表中"短期借款""应付款项""应付职工薪酬""应交税费""预收账款""预提费用""一年内到期的长期负债""其他流动负债"项目金额的合计数填列。

(37)"长期借款"项目,反映非营利组织向银行或其他金融机构等借入的期限在1年以上(不含1年)的各种借款本息。本项目应当根据"长期借款"账户的期末余额减去其中将于1年内(含1年)到期的长期借款余额后的金额填列。

(38)"长期应付款"项目,反映非营利组织承担的各种长期应付款,如融资租入固定资产发生的应付租赁款。本项目应当根据"长期应付款"账户的期末余额减去其中将于1年内(含1年)到期的长期应付款余额后的金额填列。

(39)"预计负债"项目,反映非营利组织对因或有事项所产生的现时义务而确认的负债。本项目应当根据"预计负债"账户的期末余额填列。

(40)"其他长期负债"项目,反映非营利组织除以上长期负债项目之外的其他长期负债。本项目应当根据有关账户的期末余额减去其中将于1年内(含1年)到期的其他长期负债余额后的金额分析填列。如果其他长期负债金额较大,则应当在会计报表附注中单独披露其内容和金额。

(41)"长期负债合计"项目,反映非营利组织期末长期负债的合计数。本项目应当按照本表中"长期借款""长期应付款""预计负债""其他长期负债"项目金额的合计数填列。

(42)"受托代理负债"项目,反映非营利组织因从事受托代理业务、接受受托代理资产而产生的负债。本项目应当根据"受托代理负债"账户的期末余额填列。

(43)"负债合计"项目,反映非营利组织期末负债的合计数。本项目应当按照本表中"流动负债合计""长期负债合计""受托代理负债"项目金额的合计数填列。

(44)"非限定性净资产"项目,反映非营利组织拥有的非限定性净资产期末余额。本项目应当根据"非限定性净资产"账户的期末余额填列。

(45)"限定性净资产"项目,反映非营利组织拥有的限定性净资产期末余额。本项目应当根据"限定性净资产"账户的期末余额填列。

(46)"净资产合计"项目,反映非营利组织期末净资产的合计数。本项目应当按照本表中"非限定性净资产""限定性净资产"项目金额的合计数填列。

(47)"负债和净资产总计"项目,反映非营利组织期末负债和净资产的总计数。本项目应当按照本表中"负债合计""净资产合计"项目金额的合计数填列。

三、业务活动表

(一)业务活动表的概念

业务活动表是反映非营利组织在某一会计期间内开展业务活动实际情况的报表,反映了非营利组织在某一会计期间的运营绩效,因此又称绩效报表。

二维码7-1
开业五年,总负债11亿元,大型民营医院被破产清算

（二）业务活动表的内容

业务活动表是按照非营利组织的各项收入、费用及其构成分项编制而成的。与企业不同,非营利组织不存在核算利润的问题,因此,业务活动表将某一会计期间的收入和同一期间的费用进行配比,来计算出非营利组织在一定时期的净资产的变动额和具体构成。业务活动表的内容主要包括如下几项。

（1）构成一定会计期间收入的各项要素,包括捐献收入、会费收入、提供服务收入、政府补助收入、商品销售收入、总部拨款收入、投资收益和其他收入。同时,各种收入又分为限定性收入和非限定性收入。

（2）构成一定会计期间费用的各项要素,包括业务活动成本、税金及附加、管理费用、筹资费用、资产减值损失、所得税费用和其他费用。

（3）一定会计期间内限定性净资产转为非限定性净资产的金额。

（4）一定会计期间内非限定性净资产转为限定性净资产的金额。

（5）一定会计期间内以前年度净资产调整的金额。

（6）一定会计期间内净资产的变动额。

（三）业务活动表的格式

业务活动表的格式参见表7-2。

二维码7-2
落实税惠减免 激励非营利组织动力活力

表7-2　　　　　　　　　　业务活动表　　　　　　　　会民非02表

编制单位：　　　　　　　年　　月　　日　　　　　　　　单位:元

资产	本月数			本年累计数		
	非限定性	限定性	合计	非限定性	限定性	合计
一、收入						
捐赠收入						
会费收入						
提供服务收入						
政府补助收入						
商品销售收入						
总部拨款收入						
投资收益						
其他收入						
收入合计						
二、费用						
业务活动成本						

（续表）

资产	本月数		本年累计数	
其中：				
税金及附加				
管理费用				
筹资费用				
资产减值损失				
所得税费用				
其他费用				
费用合计				
三、限定性净资产转为非限定性净资产				
四、非限定性净资产转为限定性净资产				
五、以前年度净资产调整				
六、净资产变动额（若为净资产减少额，以"－"号填列）				

（四）业务活动表的编制

1. 各栏反映的内容

（1）"本月数"栏反映各项目的本月实际发生数；在编制季度、半年度等中期财务会计报告时，应当将本栏改为"本季度数""本半年度数"等本中期数栏，反映各项目本中期的实际发生数。在提供上年度比较报表时，应当增设可比期间栏目，反映可比期间各项目的实际发生数。如果本年度业务活动表规定的各个项目的名称和内容同上年度不一致，则应对上年度业务活动表各项目的名称和数字按照本年度的规定进行调整，填入本表上年度可比期间栏目内。

（2）"本年累计数"栏反映各项目自年初起至报告期末止的累计实际发生数。

（3）"非限定性"栏反映本期非限定性收入的实际发生数，本期费用的实际发生数和本期由限定性净资产转为非限定性净资产的金额。

（4）"限定性"栏反映本期限定性收入的实际发生数和本期由限定性净资产转为非限定性净资产的金额（以"－"号填列）。

在提供上年度比较报表项目金额时，限定性和非限定性栏目的金额可以合并填列。

2. 各项目的内容和填列方法

(1) "捐赠收入"项目,反映非营利组织接受其他单位或者个人捐赠所取得的收入总额。本项目应当根据"捐赠收入"账户的发生额填列。

(2) "会费收入"项目,反映非营利组织根据章程等的规定向会员收取的会费总额。本项目应当根据"会费收入"账户的发生额填列。

(3) "提供服务收入"项目,反映非营利组织根据章程等的规定向其服务对象提供服务取得的收入总额。本项目应当根据"提供服务收入"账户的发生额填列。

(4) "政府补助收入"项目,反映非营利组织接受政府拨款或者政府机构给予的补助而取得的收入总额。本项目应当根据"政府补助收入"账户的发生额填列。

(5) "商品销售收入"项目,反映非营利组织销售商品等所形成的收入总额。本项目应当根据"商品销售收入"账户的发生额填列。

(6) "总部拨款收入"项目,反映境外非政府组织代表机构从其总部取得的拨款收入。本项目应当根据"总部拨款收入"账户的发生额填列。

(7) "投资收益"项目,反映非营利组织以各种方式对外投资所取得的投资净损益。本项目应当根据"投资收益"账户的贷方发生额填列;如果为借方发生额,则以"—"号填列。

(8) "其他收入"项目,反映非营利组织除上述收入项目之外所取得的其他收入总额。本项目应当根据"其他收入"账户的发生额填列。

上述(1)~(8)项收入项目应当区分"限定性"和"非限定性"分别填列。

(9) "业务活动成本"项目,反映非营利组织为了实现其业务活动目标、开展其项目活动或者提供服务所发生的费用。本项目应当根据"业务活动成本"账户的发生额填列。

非营利组织应当根据其所从事的项目、提供的服务或者开展的业务等具体情况,按照"业务活动成本"账户中各明细账户的发生额填列业务活动成本的各组成部分。非营利组织作为委托人设立慈善信托的,应当在"业务活动成本"项目下,列报"设立慈善信托支出"项目,按照"业务活动成本"科目中"设立慈善信托支出"明细科目的发生额填列。

(10) "税金及附加"项目,反映非营利组织业务活动发生的消费税、城市维护建设税、教育费附加、房产税、城镇土地使用税、车船税、印花税等相关税费。本项目应当根据"税金及附加"账户的发生额填列。

(11) "管理费用"项目,反映非营利组织为组织和管理其业务活动所发生的各项费用总额。本项目应当根据"管理费用"账户的发生额填列。

(12) "筹资费用"项目,反映非营利组织为筹集业务活动所需资金而发生的各项费用总额,包括非营利组织获得捐赠资产而发生的费用,以及应当计入当期费用的借款费用、汇兑损失(减汇兑收益)等。本项目应当根据"筹资费用"账户的发生额填列。非营利组织按照国务院有关部门的有关规定核算募捐成本的,应当在"筹资费用"项目下列报"募捐成本"项目,按照"筹资费用"科目中"募捐成本"明细科目的发生额填列。

(13)"资产减值损失"项目,反映非营利组织各项资产减值准备所形成的损失。本项目应当根据"资产减值损失"账户的发生额填列。

(14)"所得税费用"项目,反映有企业所得税缴纳义务的非营利组织按规定缴纳企业所得税所形成的费用。本项目应当根据"所得税费用"账户的发生额填列。

(15)"其他费用"项目,反映非营利组织除以上费用项目之外发生的其他费用总额。本项目应当根据有关账户的发生额填列。

上述(9)~(15)项费用项目应当区分"限定性"和"非限定性"分别填列。

(16)"限定性净资产转为非限定性净资产"项目,反映非营利组织当期从限定性净资产转入非限定性净资产的金额。本项目应当根据"限定性净资产""非限定性净资产"账户的发生额分析填列。

(17)"非限定性净资产转为限定性净资产"项目,反映非营利组织当期从非限定性净资产转入限定性净资产的金额。本项目应当根据"非限定性净资产""限定性净资产"科目的发生额分析填列。

(18)"以前年度净资产调整"项目,反映非营利组织当期调整以前年度净资产的金额。本项目应当根据"以前年度净资产调整"科目的发生额分析填列。

(19)"净资产变动额"项目,反映非营利组织当期净资产变动的金额。本项目应当根据本表"收入合计"项目的金额,减去"费用合计"项目的金额,再加上"限定性净资产转为非限定性净资产""非限定性净资产转为限定性净资产""以前年度净资产调整"项目的金额后填列。

四、现金流量表

(一)现金流量表的概念

非营利组织的现金流量表是反映非营利组织在一定会计期间内有关现金和现金等价物的流入和流出的报表。现金是指非营利组织的库存现金以及可以随时用于支付的存款,包括现金、可以随时用于支付的银行存款和其他货币资金;现金等价物是指非营利组织持有的期限短、流动性强、易于转换为已知金额现金、价值变动风险很小的投资(除特别指明外,以下所指的现金均包含现金等价物)。

相关思考 7-1

期限短的含义

这里所指的期限短一般指投资从购买日起,3个月内到期。比如,非营利组织购买的、从购买日起 3 个月或更短时间内即将到期或即可转换为现金的短期债券投资等。

非营利组织应当根据实际情况确定现金等价物的范围,并且一贯性保持其划分标准。如果改变划分标准,应当视为会计政策变更。非营利组织确定现金等价物的原则及其变更,应当在会计报表附注中披露。

(二)编制现金流量表的目的

编制现金流量表主要是为了给非营利组织会计报表使用者提供非营利组织一定会计期间内现金和现金等价物流入和流出的信息,以便报表使用者了解和评价非营利组织获取现金和现金等价物的能力,并据以预测非营利组织的未来现金流量。现金流量表能够说明非营利组织一定期间内现金流入和流出的原因,说明非营利组织的偿债能力;也能够用来分析非营利组织未来获取现金的能力,分析非营利组织投资和理财活动对运营状况和财务状况的影响,有助于对非营利组织的整体财务状况作出客观评价。

(三)现金流量表的内容

根据《民间非营利组织会计制度》的规定,我国非营利组织的现金流量表属于年度报表,可提供非营利组织一定会计期间现金流量的信息。现金流量表采用报告式,在格式设计上主要依照现金流量的性质,依次分类反映业务活动产生的现金流量、投资活动产生的现金流量和筹资活动产生的现金流量,最后汇总反映非营利组织现金及现金等价物的净增加额。在有外币现金流量及境外控制实体的现金流量折算为人民币的非营利组织,现金流量表正表中还应单设"汇率变动对现金的影响"项目。

(四)现金流量的分类

非营利组织一定时期内的现金流入和流出是由各种因素产生的。为了给会计报表的使用者提供非营利组织现金流量的具体信息,要对非营利组织各项业务发生的现金流量进行合理的分类。

现金流量是指非营利组织现金和现金等价物的流入和流出。非营利组织通过接受捐赠、收取会费、销售商品或提供服务、出售固定资产及从银行借款等取得的现金,即为现金流入;而非营利组织通过捐赠支出、购买存货、购建固定资产及偿还银行借款等支出的现金,即为现金流出。现金流量是衡量非营利组织运营状况是否良好、偿债能力强弱的重要指标。

非营利组织在一定时期内发生的现金流量分为三类,即业务活动产生的现金流量、投资活动产生的现金流量和筹资活动产生的现金流量。

1. 业务活动产生的现金流量

业务活动是指非营利组织除投资活动和筹资活动以外的所有交易或事项,包括接受捐赠、收取会费、销售商品或提供服务、捐赠支出、购买存货、支付工资等。

2. 投资活动产生的现金流量

投资活动是指非营利组织长期资产的购建和不包括在现金等价物范围内的投资及其处置活动,包括取得和收回投资、购建和处置固定资产、购买和处置无形资产等。

3. 筹资活动产生的现金流量

筹资活动是指非营利组织债务规模和构成发生变化的活动,包括取得和偿还借款、偿付利息等。

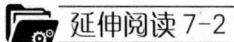 延伸阅读7-2

业务与现金流量的关系

应当注意,并不是非营利组织所有的业务活动都影响现金流量。非营利组织的业务按其与现金流量的关系可分为以下三类。

(1) 现金各项目之间的增减变动。对于这一类业务,账务处理时的借方、贷方都是现金,因而不会影响现金流量的增减变动,如从银行提取现金或将现金存入银行等业务。

(2) 非现金各项目之间的增减变动。对于这一类业务,账务处理时的借方、贷方都不是现金,当然也不会影响现金流量的增减变动,如以固定资产清偿债务,用原材料或固定资产等对外投资等经营业务。

(3) 现金各项目与非现金各项目之间的增减变动。对于这一类业务,账务处理时的借方、贷方中,一方是现金,另一方不是现金,所以,这类业务必然影响现金流量的增减变动,如用现金购买原材料、用现金对外投资、收回长期债权投资等。

(五) 现金流量表的格式

现金流量表的格式参见表7-3。

表7-3　　　　　　　　　　　　　**现金流量表**　　　　　　　　　　会民非03表

编制单位:　　　　　　　　　　　　年度　　　　　　　　　　　　　单位:元

项目	本年金额	上年金额
一、业务活动产生的现金流量:		
接受捐赠收到的现金		
收取会费收到的现金		
提供服务收到的现金		
销售商品收到的现金		
政府补助收到的现金		
收到的其他与经营活动有关的现金		

（续表）

项目	本年金额	上年金额
现金流入小计		
提供捐赠或者资助支付的现金		
支付给员工以及为员工支付的现金		
购买商品、接受服务支付的现金		
各项税费支付的现金		
支付的其他与业务活动有关的现金		
现金流出小计		
业务活动产生的现金流量净额		
二、投资活动产生的现金流量：		
收回投资所收到的现金		
取得投资收益所收到的现金		
处置固定资产、无形资产和其他非流动资产所收回的现金		
收到的其他与投资活动有关的现金		
现金流入小计		
购建固定资产、无形资产和其他非流动资产所支付的现金		
对外投资所支付的现金		
支付的其他与投资活动有关的现金		
现金流出小计		
投资活动产生的现金流量净额		
三、筹资活动产生的现金流量：		
借款所收到的现金		
收到的其他与筹资活动有关的现金		
现金流入小计		
偿还借款所支付的现金		
偿还利息所支付的现金		
支付的其他与筹资活动有关的现金		
现金流出小计		
筹资活动产生的现金流量净额		
四、汇率变动对现金的影响额		
五、现金及现金等价物净增加额		

现金流量表应当按照业务活动产生的现金流量、投资活动产生的现金流量和筹资活动产生的现金流量分别反映。本表所指的现金流量是指现金的流入和流出。

(六) 现金流量表的编制

1. 编制方法

业务活动产生的现金流量可以按照直接法和间接法两种方法进行列报。

(1) 直接法。直接法指通过现金收入和现金支出的主要类别直接反映来自非营利组织经营活动的现金流量,现金流量按现金流入和现金流出总额来反映。采用直接法列报业务活动产生的现金流量一般是以业务活动表中的本期各收入为起点,调整与业务活动有关项目的增减变动,然后计算出业务活动产生的现金流量。

(2) 间接法。间接法是指以本期净资产变动额为起点,通过调整不涉及现金的收入、费用等项目的增减变动,调整不属于业务活动的现金收支项目,据此计算并列示业务活动的现金流量。

非营利组织应当采用直接法编制业务活动产生的现金流量。采用直接法列报业务活动现金流量时,有关现金流量的信息可以从会计记录中直接获得,也可以在业务活动表收入和费用数据基础上,通过调整存货和与业务活动有关的应收应付款项的变动、投资以及固定资产折旧、无形资产摊销等项目后获得。

2. 各项目的内容和填列方法

(1) "接受捐赠收到的现金"项目,反映非营利组织接受其他单位或者个人捐赠取得的现金。本项目可以根据"现金""银行存款""捐赠收入"等账户的记录分析填列。

(2) "收取会费收到的现金"项目,反映非营利组织根据章程等的规定向会员收取会费取得的现金。本项目可以根据"现金""银行存款""应收账款""会费收入"等账户的记录分析填列。

(3) "提供服务收到的现金"项目,反映非营利组织根据章程等的规定向其服务对象提供服务取得的现金。本项目可以根据"现金""银行存款""应收账款""应收票据""预收账款""提供服务收入"等账户的记录分析填列。

(4) "销售商品收到的现金"项目,反映非营利组织销售商品取得的现金。本项目可以根据"现金""银行存款""应收账款""应收票据""预收账款""商品销售收入"等账户的记录分析填列。

(5) "政府补助收到的现金"项目,反映非营利组织接受政府拨款或者政府机构给予的补助而取得的现金。本项目可以根据"现金""银行存款""政府补助收入"等账户的记录分析填列。

(6) "收到的其他与业务活动有关的现金"项目,反映非营利组织收到的除以上业务之外的现金。本项目可以根据"现金""银行存款""其他应收款""其他收入"等账户的记录分析填列。

（7）"提供捐赠或者资助支付的现金"项目，反映非营利组织向其他单位和个人提供捐赠或者资助支出的现金。本项目可以根据"现金""银行存款""业务活动成本"等账户的记录分析填列。

（8）"支付给员工以及为员工支付的现金"项目，反映非营利组织开展业务活动支付给员工以及为员工支付的现金。本项目可以根据"现金""银行存款""应付职工薪酬"等账户的记录分析填列。

非营利组织支付的在建工程人员的职工薪酬等，在本表"购建固定资产、无形资产和其他非流动资产所支付的现金"项目中反映。

（9）"购买商品、接受服务支付的现金"项目，反映非营利组织购买商品、接受服务而支付的现金。本项目可以根据"现金""银行存款""应付账款""应付票据""预付账款""业务活动成本"等账户的记录分析填列。

（10）"各项税费支付的现金"项目，反映非营利组织按规定支付的各种税费，包括本期发生并支付的税费，以及本期支付以前各期发生的税费和预缴的税金。本项目可以根据"税金及附加""现金""银行存款""应交税费"等科目的记录分析填列。

（11）"支付的其他与业务活动有关的现金"项目，反映非营利组织除上述项目之外支付的其他与业务活动有关的现金。本项目可以根据"现金""银行存款""其他应付款""管理费用""其他费用"等账户的记录分析填列。

（12）"收回投资所收到的现金"项目，反映非营利组织出售、转让或者到期收回除现金等价物之外的短期投资、长期投资而收到的现金，不包括长期投资收回的股利、利息，以及收回的非现金资产。本项目可以根据"现金""银行存款""短期投资""长期股权投资""长期债权投资""其他长期投资"等账户的记录分析填列。

（13）"取得投资收益所收到的现金"项目，反映非营利组织因对外投资而取得的现金股利、利息，以及从被投资单位分回利润收到的现金，不包括股票股利。本项目可以根据"现金""银行存款""投资收益"等账户的记录分析填列。

（14）"处置固定资产、无形资产和其他非流动资产所收回的现金"项目，反映非营利组织处置固定资产、无形资产和其他非流动资产所取得的现金，减去为处置这些资产而支付的有关费用之后的净额。由于自然灾害所造成的固定资产等长期资产损失而收到的保险赔款收入，也在本项目反映。本项目可以根据"现金""银行存款""固定资产清理"等账户的记录分析填列。

（15）"收到的其他与投资活动有关的现金"项目，反映非营利组织除上述各项目之外收到的其他与投资活动有关的现金。其他现金流入如果金额较大的，应当单列项目反映。本项目可以根据"现金""银行存款"等有关账户的记录分析填列。

（16）"购建固定资产、无形资产和其他非流动资产所支付的现金"项目，反映非营利组织购买和建造固定资产，取得无形资产和其他非流动资产所支付的现金，不包括为购建固定资产而发生的借款利息资本化的部分，以及融资租入固定资产支付的租赁费。借款利息和融资租入固定资产支付的租赁费，在筹资活动产生的现金流量中反映。本项目可以根据"现金""银行存款""固定资产""无形资产""在建工程"等账户的记录分析填列。

（17）"对外投资所支付的现金"项目，反映非营利组织进行对外投资所支付的现金，包括取得除现金等价物之外的短期投资、长期投资所支付的现金，以及支付的佣金、手续费等附加费用。本项目可以根据"现金""银行存款""短期投资""长期股权投资""长期债权投资""其他长期投资"等账户的记录分析填列。

（18）"支付的其他与投资活动有关的现金"项目，反映非营利组织除上述各项目之外支付的其他与投资活动有关的现金。如果其他现金流出金额较大，则应当单列项目反映。本项目可以根据"现金""银行存款"等有关账户的记录分析填列。

（19）"借款所收到的现金"项目，反映非营利组织举借各种短期、长期借款所收到的现金。本项目可以根据"现金""银行存款""短期借款""长期借款"等账户的记录分析填列。

（20）"收到的其他与筹资活动有关的现金"项目，反映非营利组织除上述项目之外收到的其他与筹资活动有关的现金。如果其他现金流入金额较大，则应当单列项目反映。本项目可以根据"现金""银行存款"等有关账户的记录分析填列。

（21）"偿还借款所支付的现金"项目，反映非营利组织以现金偿还债务本金所支付的现金。本项目可以根据"现金""银行存款""短期借款""长期借款"等账户的记录分析填列。

（22）"偿付利息所支付的现金"项目，反映非营利组织实际支付的借款利息、债券利息等。本项目可以根据"现金""银行存款""短期借款""长期借款""筹资费用"等账户的记录分析填列。

（23）"支付的其他与筹资活动有关的现金"项目，反映非营利组织除上述项目之外支付的其他与筹资活动有关的现金，如融资租入固定资产所支付的租赁费。本项目可以根据"现金""银行存款""长期应付款"等有关账户的记录分析填列。

（24）"汇率变动对现金的影响额"项目，反映非营利组织外币现金流量及境外所属分支机构的现金流量折算为人民币时，所采用的现金流量发生日的汇率或期初汇率折算的人民币金额与本表"现金及现金等价物净增加额"中外币现金净增加额按期末汇率折算的人民币金额之间的差额。

（25）"现金及现金等价物净增加额"项目，反映非营利组织本年度现金及现金等价物变动的金额。本项目应当根据本表"业务活动产生的现金流量净额""投资活动产生的现金流量净额""筹资活动产生的现金流量净额"和"汇率变动对现金的影响额"项目的金额合计填列。

五、会计报表附注

(一)会计报表附注的概念

会计报表附注是为了方便会计报表使用者理解会计报表的内容而对会计报表的编制基础、编制依据、编制原则和方法及主要项目等所作的解释。

(二)提供会计报表附注的目的

提供会计报表附注的目的是在保持会计报表正文简练的基础上,提供一些与报表的数据相关的信息。它不仅能增进会计信息的可理解性、突出会计信息的重要性和提高会计信息的可比性,而且可以反映作为整个会计报表组成部分的非数量信息以及其他比报表本身更为详细的信息,说明报表中个别项目的质量和条件限制等。财务会计报告的使用者通过阅读会计报表及其相关的附注,能为其决策提供更充分的信息。

(三)会计报表附注的内容

非营利组织的会计报表附注至少应当披露以下内容。

(1)会计报表编制基础及遵循《民间非营利组织会计制度》的声明。

(2)理事会或者类似权力机构成员和员工的数量、变动情况以及获得的薪金等报酬情况的说明。

(3)重要会计政策和会计估计及其变更情况的说明。

(4)分支机构、代表机构设立情况的说明,包括分支机构、代表机构名称、设立时间、负责人情况等。

(5)会计报表重要项目及其增减变动情况的说明。

(6)资产提供者设置了时间限制或(和)用途限制的相关资产情况的说明。

(7)受托代理业务情况的说明,包括受托代理资产的构成、计价基础和依据、用途等。

(8)重大资产减值情况的说明。

(9)公允价值无法可靠取得的受赠资产和其他资产的名称、数量、来源和用途等情况的说明。

(10)文物资源(包括按照名义金额计量的文物资源)类型、数量、来源等情况的说明。

(11)对外承诺和或有事项情况的说明。

(12)接受服务捐赠情况的说明。

（13）长期股权投资中,对被投资单位持有股份情况的说明,包括名称、股份取得方式、认缴金额及出资时间、实缴金额及出资时间、持股比例情况等。

（14）对被投资单位具有控制、共同控制或重大影响的长期股权投资情况的说明,包括对被投资单位的影响程度及变动情况、被投资单位当年实现的净利润或发生的净亏损(财务会计报告报出日前未获得被投资单位已经审计的净利润或净亏损金额的,可按估计值披露,同时注明为估计值,并在下一年度财务会计报告中披露当年实际值)等。

（15）担任慈善信托的委托人和受托人的情况,包括参与的所有慈善信托的设立、变更、终止、信托事务处理情况和财产状况等。

（16）出资设立其他民间非营利组织情况的说明。

（17）资产负债表日后非调整事项的说明。

（18）发生关联方交易的说明,包括关联方关系的性质、交易类型及交易要素等。交易要素至少包括交易的金额,未结算项目的金额、条款和条件,未结算应收项目的坏账准备金额,定价政策等。

（19）发生的重大差错更正的说明。

（20）有助于理解和分析会计报表需要说明的其他事项。

六、其他应当在财务会计报告中披露的相关信息和资料

二维码 7-4
民间非营利
组织财务信
息披露的国
际经验借鉴

根据《民间非营利组织会计制度》的规定,其他应当在财务会计报告中披露的相关信息和资料如下。

（1）非营利组织的登记情况、宗旨、组织结构以及人员配备情况。

（2）非营利组织的业务活动基本情况、年度计划和预算完成情况、计划与实际产生差异的原因分析、下一会计期间业务活动计划和预算等。

（3）对非营利组织业务活动有重大影响的其他事项。

本 章 小 结

本章主要学习了年终清理结算和财务会计报告。通过本章的学习,我们熟悉了非营利组织年终清理与结账的主要内容;掌握了财务会计报告的编制目的、构成、种类;了解了资产负债表、业务活动表和现金流量表的概念及编制;掌握了会计报表附注的概念、主要内容及其他应当在财务会计报告中披露的相关信息和资料。

本章重要概念

年终清理 年终结账 财务会计报告 资产负债表 业务活动表 现金流量表 附注 其他应当在财务会计报告中披露的相关信息和资料

本 章 练 习

一、单项选择题

1. 非营利组织年终结账工作不包括( )。
   A. 年终清理 B. 年终转账
   C. 结清旧账 D. 记入新账

2. 非营利组织的会计报表不包括( )。
   A. 资产负债表 B. 业务活动表
   C. 现金流量表 D. 利润表

3. 反映非营利组织在某一特定日期的财务状况的报表是( )。
   A. 资产负债表 B. 业务活动表
   C. 现金流量表 D. 收入费用表

4. 下列不属于业务活动表中项目的是( )。
   A. 捐赠收入 B. 销售费用
   C. 业务活动成本 D. 投资收益

5. 非营利组织在一定时期内发生的现金流量不包括( )。
   A. 利润分配活动产生的现金流量 B. 投资活动产生的现金流量
   C. 筹资活动产生的现金流量 D. 业务活动产生的现金流量

二、判断题

1. 资产负债表的编制依据是:资产＝负债＋净资产。 ( )

2. 财务会计报告由会计报表、会计报表附注和其他应当在财务会计报告中披露的相关信息和资料构成。 ( )

3. 业务活动表属于静态报表。 ( )

4. 现金流量表是反映非营利组织在一定会计期间内有关现金和现金等价物的流入和流出的报表 ( )

5. 非营利组织应当采用间接法编制业务活动产生的现金流量。 ( )

三、简答题

1. 年终结账包括哪几个主要程序?

2. 什么是结清旧账？如何操作？

3. 资产负债表中"应收账款"项目如何填列？

4. 资产负债表中"预付账款"项目如何填列？

5. 业务活动表中"收入"和"费用"主要包括哪些项目？

6. 现金流量表主要包括哪几部分的内容？

第八章　特殊交易或事项的会计处理

内容提要

本章主要讲解非营利组织特殊交易或特殊事项的会计处理方法,特殊交易或事项主要包括受托代理业务、非货币性交易、租赁、资产负债表日后事项与会计政策变更等。非营利组织对这些特殊交易和特殊事项的会计处理原则与企业会计基本一致,但具体处理方法略有不同。

重点难点

本章重点为非营利组织受托代理业务、非货币性交易、租赁的核算;难点为非货币性交易、租赁的会计处理,资产负债表日后事项以及会计政策变更等相关知识。

学习目标

通过本章学习,学生应掌握非营利组织受托代理业务、非货币性交易、租赁的核算;了解非营利组织资产负债表日后事项以及会计政策变更的相关规定。

知识框架

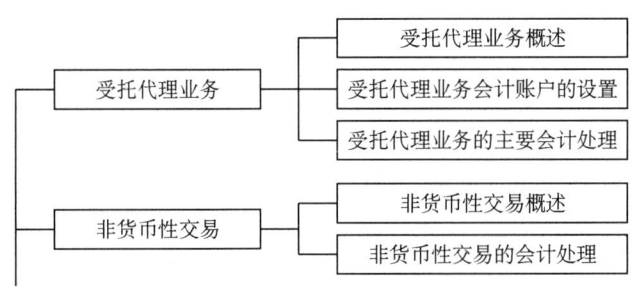

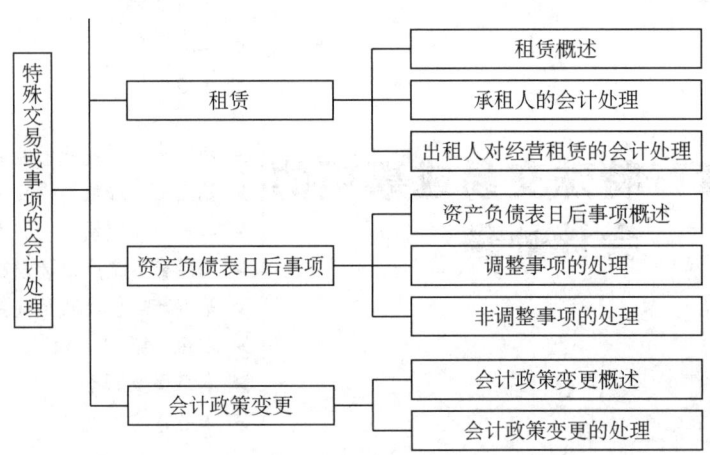

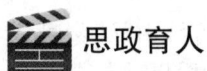 思政育人 　　稳步有序推进《民间非营利组织
　　　　　　　　　　会计制度》修订的实施工作

　　社会组织改革与发展深入推进,对非营利组织会计改革提出迫切要求。《民间非营利组织会计制度》(以下简称《民非制度》)自 2005 年 1 月 1 日实施以来,对规范民间非营利组织(以下简称"民非组织")会计行为、提高民非组织会计信息质量发挥了积极的作用。但是非营利组织在数量增加的同时,体量也在不断增长,业务模式也越来越灵活多样。随着非营利组织自身不断发展壮大,其对加强和完善会计核算提出更高要求。应在充分梳理相关法律法规要求,听取有关主管部门、各类民非组织意见建议,借鉴国际先进经验的基础上,稳步有序推进《民非制度》修订和实施工作,以适应非营利组织改革发展需要。2021 年非营利组织召开《民非制度》修订座谈会,建立包括主管部门、民非组织、中介机构和研究机构等在内的工作团队,正式启动修订工作。2022 年,民非组织充分开展调查研究,通过组织研究课题、广泛开展实地调研和组织座谈等方式,充分了解制度执行情况和会计核算需求,研究形成《民非制度》修订征求意见稿。2023 年,民非组织就征求意见稿向社会公开征求意见,根据反馈意见修改完善后修订印发《民非制度》,配套出台制度新旧衔接规定,并做好宣传培训、政策解读等工作。2024 年,民非组织会同有关主管部门做好修订后《民非制度》的贯彻实施工作,及时回应执行过程中的问题。

　　资料来源:财政部.深化政府及非营利组织会计改革 夯实现代财政制度基础——《会计改革与发展"十四五"规划纲要》系列解读之二[EB/OL].(2021-12-16)[2021-12-17].http://kjs.mof.gov.cn/zhengcejiedu/202112/t20211230_3779801.htm.

　　【思政寄语】

　　在推进社会组织改革与发展的征程中,非营利组织会计制度的完善与更新,不仅是对规范管理的追求,更是对诚信精神的坚守,这一精神应当深深植根于每一位会计人员的内心。我们要以《民间非营利组织会计制度》的修订与实施为契机,不断提升自身的专业素养和道德水平,确保会计信息的真实、准确、完整,为非营利组织的稳健运行提供坚实保障。同时在工作中,我们要始终秉持诚信、审慎的原则,坚守职业道德底线,不断提高自身的责任心和使命感。我们要用诚信的精神,推动非营利组织会计工作的不断进步,为构建和谐社会、实现中华民族伟大复兴的中国梦贡献力量。最后,让我们携手共进,以诚信为基,以责任为重,共同推动非营利组织会计制度的完善与发展,为非营利组织的繁荣稳定注入新的活力。

第一节 | 受托代理业务

一、受托代理业务概述

(一) 受托代理业务的概念

非营利组织的受托代理业务是指有明确的转赠或者转交协议,或者虽然无协议但同时满足以下条件的业务。

(1) 民间非营利组织在取得资产的同时即产生了向具体受益人转赠或转交资产的现时义务,不会导致自身净资产的增加。

(2) 民间非营利组织仅起到中介而非主导发起作用,帮助委托人将资产转赠或转交给指定的受益人,并且没有权利改变受益人,也没有权利改变资产的用途。

(3) 委托人已明确指出了具体受益人个人的姓名或受益单位的名称,包括从民间非营利组织提供的名单中指定一个或若干个受益人。

(二) 受托代理业务和捐赠业务的区别

非营利组织所从事的受托代理业务与接受捐赠业务有本质上的差别。在接受捐赠业务中,非营利组织获得了捐赠资产,并拥有了捐赠资产的所有权和使用权;而在受托代理业务中,资产并不是捐赠给非营利组织的,它是委托人捐赠给指定的组织和个人的,非营利组织本身的净资产并没有增加。同时,资产转给指定的组织和个人时,通常也不是以非营利组织的名义赠与受赠人,仍然是以委托人的名义赠与受赠人。鉴于这种区别,非营利组织在进行会计处理时,应当将受托代理业务与捐赠业务区分开来。

二维码 8-1
"指定的"受益人

【例 8-1】 2×24 年 6 月 20 日,王海捐赠给某社会团体 100 000 元,要求用于奖励上半年科技比赛前 10 名人员。该社会团体对科技比赛已有明确规则,比赛结果也已确定。捐赠人对比赛结果表示同意,且明确规定了每位获奖人员获得的奖金金额。对于该社会团体,这种情况属于受托代理业务。

【例 8-2】 2×24 年 12 月 31 日,李婷捐赠给某社会团体 120 000 元,要求用于奖励下半年获得科技比赛的一等奖、二等奖、三等奖的人员。该社会团体对科技比赛已有明确规则,但比赛结果尚未确定,捐赠人只是规定了获得一等奖、二等奖、三等奖的金额,具体比赛结果由该社会团体按照既定规则确定。对于该社会团体,这种情况属于限定性捐赠。

(三)受托代理业务的处理原则

受托代理资产一旦进入非营利组织,就属于被非营利组织所控制的资源,而且非营利组织有义务将该资产转交给受赠人。因此,我国《民间非营利组织会计制度》规定非营利组织应当对受托代理资产进行确认和计量,并且在确认一项受托代理资产时,应当同时确认一项受托代理负债。非营利组织应当在资产负债表中单列项目反映所确认的受托代理资产和受托代理负债,以全面反映其资产负债状况,这样也有助于在会计报表中综合反映其业务开展情况。

二、受托代理业务会计账户的设置

设置"受托代理资产"和"受托代理负债"两个会计账户用于核算受托代理业务。其中,"受托代理资产"账户用于核算非营利组织接受委托方委托从事受托代理业务而收到的资产,"受托代理负债"账户用于核算非营利组织因从事受托代理业务、接受受托代理资产而产生的负债。

非营利组织应当设置受托代理资产登记簿,并根据具体情况,在"受托代理资产"和"受托代理负债"账户下,根据指定的受赠组织或个人,或者指定的应转交的组织或个人设置明细账,进行明细核算。"受托代理资产"账户期末余额在借方,反映非营利组织期末尚未转出的受托代理资产价值。"受托代理负债"账户期末余额在贷方,反映非营利组织尚未清偿的受托代理负债。

三、受托代理业务的主要会计处理

受托代理资产的核算详见第二章第八节中的"受托代理资产的核算";受托代理负债的核算详见第三章第四节中的"受托代理负债的核算"。

第二节 | 非货币性交易

一、非货币性交易概述

(一)非货币性交易的概念

非营利组织的非货币性交易是指交易双方以非货币性资产进行的交换,这种交换不涉及或只涉及少量的货币性资产,即补价,非货币交易的交易对象主要是非货币性资产。

通常情况下,非营利组织在运营过程中发生的各项交易是货币性交易,如用现金购买存货或固定资产、用现金支付工资等,用货币性资产来交换非货币性资产,如存货、固定资产、无形资产等。在这里,所交换的货币性资产的金额,是计量非营利组织收到的非货币性资产成本的基础,也是计量非营利组织转出非货币性资产的收益或损失的基础。而非货币性交易一般不涉及货币性资产,表现为交易双方以非货币性资产与非货币性资产相交换。

非货币性交易中,有时可能涉及少量的货币性资产。在换出或换入非货币资产的同时,非营利组织可能支付或收到一定金额的货币性资产,这部分货币性资产称为补价。在判断涉及补价的交易是属于货币性交易还是非货币性交易时,通常以补价占整个交易金额的比例为依据。一般来说,如果支付的货币性资产占换入资产公允价值的比例或占换出资产公允价值与支付的货币性资产之和的比例低于25%(含25%),则视为非货币性交易;如果这一比例高于25%(不含25%),则视为货币性交易。

(二)货币性资产交易与非货币性资产交易的区别

1. 货币性资产和非货币性资产

(1)货币性资产是指民间非营利组织持有的货币资金和收取固定或可确定金额的货币资金的权利,包括现金、应收账款、应收票据以及准备持有至到期的债券投资等。这里的现金包括库存现金、银行存款和其他货币资金。

货币性资产是相对于非货币性资产而言的,区分两者的主要依据是资产在将来为非营利组织带来的经济利益,即货币金额是否是固定的或可确定的。如果资产在将来为非营利组织带来的经济利益,即货币金额是固定的或可确定的,则该资产是货币性资产;反之,如果资产在将来为非营利组织带来的经济利益,即货币金额是不固定的或不可确定的,则该资产是非货币性资产。

一般来说,非营利组织资产负债表所列示的项目中属于货币性资产的项目有货币资金、准备持有至到期的债券投资、应收票据、应收账款等。

(2)非货币性资产是指非营利组织货币性资产以外的资产,包括存货、固定资产、无形资产、股权投资及不准备持有至到期的债券投资等。

非货币性资产有别于货币性资产的最基本特征是,其在将来为非营利组织带来的经济利益,即货币金额是不固定的或不可确定的。例如,非营利组织持有固定资产的主要目的是经营活动,并且通过折旧方式将其磨损价值转移到成本费用中,然后通过商品销售、提供服务等活动产生收入。

由于固定资产在使用过程中为非营利组织带来的经济利益,即货币金额是不固定的或不可确定的,因此,固定资产属于非货币性资产。

一般来说,资产负债表所列示的项目中属于非货币性资产项目的有存货、股权投资、不准备持有至到期的债券投资、固定资产、文物文化资产、在建工程及无形资产等。

2. 货币性交易和非货币性交易的主要区别

(1) 货币性交易涉及货币性资产的交换,这种交换有现金的流入或流出,或者能够在预定的期间内实现流入或流出现金。这种交易有确定的金额,虽然应收账款可能无法收回或无法全部收回,但是在实务中可以估计出其可收回金额。但是非货币性交易不涉及现金的流入或流出,或者只涉及少量的现金流入或流出。

(2) 货币性交易所换入的资产成本的计量,是以所放弃的货币性资产金额为基础的,如非营利组织购入固定资产,实际支付现金 10 万元,则购入固定资产的实际成本为所放弃的银行存款(货币性资产)的金额,即 10 万元。同时货币性交易所交换的货币性资产的金额,也是计量非营利组织换出非货币性资产的收益或损失的基础。非货币性交易不涉及或只涉及少量的货币性资产,因此,换入资产成本的计量基础以及换出资产损益的计量基础与货币性交易不同,需要运用不同的计量标准。

(三) 非货币性交易的分类

如果从非货币性交易所涉及资产的种类和构成上看,非货币性交易可分为整体非货币性资产交易、多项非货币性资产交易和单项非货币性资产交易三类。

1. 整体非货币性交易

整体非货币性交易一般发生在整体资产置换和整体资产对外投资等资产重组业务中。

(1) 整体资产置换业务是指一家非营利组织以其经营活动所涉及的全部资产(含对应负债,下同)或其独立核算的分支机构与另一家非营利组织的经营活动所涉及的全部资产或其独立核算的分支机构进行整体交换,资产置换双方的法人实体都不解散的业务。

(2) 整体资产对外投资业务指一家非营利组织不需解散,而将其经营活动所涉及的全部资产或其独立核算的分支机构转让给另一家非营利组织,以换取接受资产的非营利组织的股权的业务。

2. 多项非货币性交易

多项非货币性交易是指一次非货币性交易同时涉及多个类别或多个项目的非货币性资产,但这些资产并不具有独立的盈利能力的业务。

3. 单项非货币性交易

单项非货币性交易的对象仅为单个项目或品种的非货币性资产。

二、非货币性交易的会计处理

非营利组织如发生非货币性交易,应区分是否涉及补价,进行相应的会计

二维码 8-2
关于账面价
值

处理。

（一）如果非货币性交易没有涉及补价

如果非货币性交易没有涉及补价，则以换出资产的公允价值，加上应支付的相关税费，作为换入资产的入账价值。

换入资产的入账价值＝换出资产的公允价值＋应支付的相关税费

（二）如果非货币性交易中发生补价

如果非货币性交易中发生补价，应区别不同情况处理。

（1）支付补价的非营利组织，应以换出资产的公允价值加上补价和应支付的相关税费，作为换入资产的入账价值。

换入资产的入账价值＝换出资产的公允价值＋补价＋应支付的相关税费

如有确凿证据表明换入资产的公允价值更加可靠的，则以换入资产的公允价值和应支付的相关税费作为换入资产的初始计量金额，换入资产的公允价值减去支付补价的公允价值，与换出资产账面价值之间的差额计入当期损益。

（2）收到补价的非营利组织，应按以下公式确定换入资产的入账价值：

换入资产入账价值总额＝换出资产公允价值－补价＋应支付的相关税费

如有确凿证据表明换入资产的公允价值更加可靠的，则以换入资产的公允价值和应支付的相关税费作为换入资产的初始计量金额，换入资产的公允价值加上收到补价的公允价值，与换出资产账面价值之间的差额计入当期损益。

（三）如果同时换入多项资产

如果同时换入多项资产，应按换入各项资产的公允价值占换入资产公允价值总额的比例，对换出资产的公允价值总额和应支付的相关税费进行分配，以确定各项换入资产的入账价值。

第三节　租　赁

一、租赁概述

（一）租赁的概念

租赁是指在约定的期间内，出租人将资产使用权让予承租人以获取租金的协议。租赁的主要特征是转移资产的使用权，而非转移资产的所有权，而且这种转移是有偿的，取得使用权一方以支付租金为代价。这个特征使租赁有别于资产购置、不转移资产使用权的服务合同，如劳务合同、运输合同、保管合同、仓储合同等以及

二维码 8-3
与资产所有
权有关的风
险和报酬

无偿提供使用权的借用合同。

在租赁交易中,非营利组织既可能是作为承租人,也可能是作为出租人。

(二) 租赁分类的一般原则

以与租赁资产所有权有关的风险和报酬归属于出租人或承租人的程度为依据,可以将租赁分为融资租赁和经营租赁两类,这种分类是根据租赁的经济实质而非其法律形式来区分两种不同的租赁。也就是说,一项租赁应否认定为融资租赁,不在于租赁合同的形式,而应视出租人是否将租赁资产的风险和报酬转移给承租人而作出判断。如果一项租赁实质上转移了与资产所有权有关的所有风险和报酬,则无论租赁合同采取什么形式,都应将该项租赁认定为融资租赁。如果一项租赁实质上并没有转移与资产所有权有关的全部风险和报酬,那么应将该项租赁认定为经营租赁。

 延伸阅读8-1 ....

租赁交易需要说明的几点

1. 融资租赁是指实质上转移了与资产所有权有关的全部风险和报酬的租赁。至于所有权,最终可能转移,也可能不转移。

2. 承租人和出租人应当在租赁开始日将租赁分为融资租赁和经营租赁。非营利组织应当将起租日作为租赁开始日,自租赁开始日出租人和承租人对同一项租赁进行分类,能够体现与租赁资产所有权有关的风险和报酬是否发生了转移的要求,不能提前对租赁进行分类,也不能延后对租赁进行分类。但是,在售后租赁交易中,租赁开始日是指买主(即出租人)向卖主(即承租人)支付第一笔款项之日。

3. 原则上,承租人和出租人对同一项租赁所划归的类型应当一致,即一项租赁,如果承租人将其认定为融资租赁,则出租人也应将其认定为融资租赁,从而避免同一项资产在承租人和出租人双方作重复反映,或者都不作反映。但是,如果存在独立于承租人和出租人,但在财务上有能力担保的第三方对出租人的资产余值提供了担保,则可能导致一项租赁被租赁双方归为不同的类型。

4. 如果承租人和出租人在租赁期内的某一时间同意改变租赁合同的条款(续租除外),由此改变了原来对租赁的分类,则出租人和承租人均应当根据修订后的租赁合同,重新对租赁进行分类。但是,由于租赁资产使用年限或担保余值的改变等导致会计估计的变更,或发生承租人违约等事项,不应当对租赁重新分类。

(三) 租赁分类的具体标准

通常而言,非营利组织在对租赁进行分类时,应当全面考虑租赁期届满时租赁资产所有权是否转移给承租人、承租人是否有购买租赁资产的选择权以及租赁期占租赁资产尚可使用年限的比例等各种因素。满足以下一项或数项标准的租赁,应当认定为融资租赁。

（1）在租赁期届满时，租赁资产的所有权转移给承租人。

（2）承租人有购买租赁资产的选择权，所订立的购价预计将远低于行使选择权时租赁资产的公允价值，因而在租赁开始日就可以合理确定承租人将会行使这种选择权。

（3）租赁期占租赁资产尚可使用年限的大部分，通常指租赁期占租赁期开始日租赁资产尚可使用年限的 75％以上（含 75％）。但是，如果租赁资产在开始租赁前已使用年限超过该资产全新时可使用年限的大部分，则该项标准不适用。

（4）就承租人而言，租赁开始日最低租赁付款额的现值几乎相当于租赁开始日租赁资产原账面价值。一般来说，"几乎相当于"是指 90％（含 90％）以上。这里所称的最低租赁付款额，是指在租赁期内，承租人应支付或可能被要求支付的各种款项（不包括或有租金和履约成本）。但是，如果租赁资产在开始租赁前已使用年限超过该资产全新时可使用年限的大部分，则该条标准不适用。

（5）租赁资产性质特殊，如果不作重新改制，则只有承租人才能使用。这条标准是指租赁资产是出租人根据承租人对资产型号、规格等方面的特殊要求专门购买或建造的，具有专购、专用性质。这些租赁资产如果不作较大的重新改制，则其他单位通常难以使用。这种情况下，该项租赁也应当认定为融资租赁。

二、承租人的会计处理

（一）承租人对融资租赁的会计处理

1. 融资租入资产的确认和其金额的确定

根据《民间非营利组织会计制度》的规定，在租赁开始日，承租人应当按照租赁协议或者合同确定的价款、运输费、途中保险费、安装调试费以及融资租入固定资产达到预定可使用的状态前发生的借款费用等，确定融资租入资产的入账价值，借记"固定资产——融资租入固定资产"科目，贷记"长期应付款"科目。

作为承租人的非营利组织对于融资租赁中应支付的租金，应当按照租赁协议规定的金额和支付时间，进行确认和计量。

2. 初始直接费用的会计处理

初始直接费用指在租赁谈判和签订租赁合同过程中承租人发生的、可直接归属于租赁项目的费用，通常有印花税、佣金、律师费、差旅费和谈判费等。承租人发生的初始直接费用，应在实际发生时确认为当期费用，借记"管理费用"等科目，贷记"银行存款""现金"等科目。

3. 租赁资产折旧的计提

计提租赁资产折旧时，承租人应采用与自有应计提折旧资产相一致的折旧政策。同自有应计提折旧资产一样,租赁资产的折旧方法一般有直线法(即年限平均法)、工作量法、年数总和法和双倍余额递减法等。

承租人应根据租赁合同的规定来确定租赁资产的折旧期间。如果能够合理确定租赁期届满时承租人将会取得租赁资产所有权,则应以租赁开始日租赁资产的尚可使用年限作为折旧期间;如果无法合理确定租赁期届满时承租人能够取得租赁资产的所有权,则应以租赁期与租赁资产尚可使用年限两者中较短者作为折旧期间。

4. 租赁期届满时的会计处理

租赁期届满时,承租人应分别返还租赁资产、留购租赁资产和优惠续租租赁资产进行相应的会计处理。

(1) 返还租赁资产的,租赁期届满,承租人向出租人返还租赁资产时,借记"长期应付款""累计折旧"科目,贷记"固定资产——融资租入固定资产"科目。

(2) 留购租赁资产的,承租人在支付购买借款时,借记"固定资产"科目,贷记"银行存款"等科目;同时借记"固定资产"科目,贷记"固定资产——融资租入固定资产"科目。

(3) 承租人行使优惠续租选择权,则应当视同该项租赁一直存在而作出相应的账务处理。

【例 8-3】 2×20 年 12 月 6 日,甲非营利组织与乙租赁公司签订了一份租赁合同,合同条款如下。

① 租赁标的物:服务器 3 台。

② 起租日:服务器运抵甲方之日(2×21 年 1 月 1 日)。

③ 租赁期:自起租日起 3 年(2×21 年 1 月 1 日至 2×23 年 12 月 31 日)。

④ 租金支付金额及方式:自起租日起每年年末支付 96 000 元。

⑤ 该批服务器在 2×21 年 1 月 1 日乙方的账面价值为 300 000 元。

⑥ 该批服务器为全新,预计使用年限为 4 年。

⑦ 租赁期届满时,甲享有优惠购买该批服务器的选择权,购买价为 15 000 元。

其他事项:甲方按照固定资产折旧政策,每月提取折旧 8 000 元;2×23 年 12 月 31 日,租赁期满,甲方将该服务器返还给乙方。

甲非营利组织的会计处理:

(1) 判断租赁类型。

租赁期 3 年,占资产尚可使用年限 4 年的 75%,满足融资租赁的标准;租金 [96 000×3＝288 000(元)]占租赁开始日租赁资产原账面价值(300 000 元)的 96%,也满足融资租赁的标准,因此,认定该项租赁为融资租赁。

(2) 计算并确定融资租入资产的入账价值。

该批服务器的入账价值等于租赁合同所确定的价款(租金):

服务器的入账价值＝96 000×3＝288 000(元)

（3）会计处理如下：

① 2×21 年 1 月 1 日，租入服务器。

借：固定资产——融资租入固定资产   288 000
  贷：长期应付款——乙租赁公司   288 000

② 2×21 年 12 月 31 日，支付租金。

借：长期应付款——乙租赁公司   96 000
  贷：银行存款   96 000

2×22 年 12 月 31 日，支付租金分录同上。

2×23 年 12 月 31 日，支付租金分录同上。

③ 2×21 年 1 月 31 日，计提服务器折旧。

借：管理费用   8 000
  贷：累计折旧   8 000

2×21 年 2 月至 2×23 年 12 月的计提折旧分录同上。

④ 2×23 年 12 月 31 日，租赁期满返还租入资产。

借：累计折旧   288 000
  贷：固定资产——融资租入固定资产   288 000

（二）承租人对经营租赁的会计处理

在经营租赁下，与租赁资产所有权有关的风险和报酬并没有实质上转移给承租人，承租人不承担租赁资产的主要风险，承租人对经营租赁的会计处理比较简单。其主要问题是解决应支付的租金与计入当期费用的关系。承租人在经营租赁下发生的租金应当在租赁期内的各个期间按直线法确认为费用；如果其他方法更合理，也可以采用其他方法。

某些情况下，出租人可能对经营租赁提供激励措施，如免租期、承担承租人某些费用等。在出租人提供了免租期的情况下，应将租金总额在整个租赁期内，而不是在租赁期扣除免租期后的期间内进行分摊；在出租人承担了承租人的某些费用的情况下，应将该费用从租金总额中扣除，并将租金余额在租赁期内进行分摊。

一般的会计处理为：承租人确认各期租金费用时：

借：业务活动成本/管理费用/待摊费用/长期待摊费用等
  贷：银行存款/现金等

此外,为了保证租赁资产的安全和有效使用,承租人应设置"经营租赁资产"备查簿作备查登记,以反映和监督租赁资产的使用、归还和结存情况。

【例 8-4】 2×20 年 12 月 6 日,非营利组织 A 向非营利组织 B 租入轿车一台,租期为 3 年。设备原值 600 000 元,预计使用年限 5 年。租赁合同规定,租赁开始日(2×21 年 1 月 1 日),A 组织向 B 组织一次性预付租金 100 000 元,第 1 年年末支付租金 100 000 元,第 2 年年末支付租金 100 000 元,第 3 年年末支付租金 150 000 元,租赁期届满后 B 组织收回轿车,3 年的租赁总额为 450 000 元。

非营利组织 A 的会计处理如下:

此项租赁没有满足融资租赁的任何一条标准,因此应作为经营租赁处理。确认租金费用时,不能依据各期实际支付租金的金额确认,而应采用直线法分摊确认各期的租金费用。此项租赁的租金费用总额为 450 000 元,按直线法计算,每年应分摊的租金费用为 150 000 元。

① 2×21 年 1 月 1 日,预付租金。

借:长期待摊费用   100 000
  贷:银行存款   100 000

② 2×21 年 12 月 31 日,支付租金。

借:管理费用   150 000
  贷:银行存款   100 000
    长期待摊费用   50 000

③ 2×22 年 12 月 31 日,支付租金。

借:管理费用   150 000
  贷:银行存款   100 000
    长期待摊费用   50 000

④ 2×23 年 12 月 31 日,支付租金。

借:管理费用   150 000
  贷:银行存款   150 000

三、出租人对经营租赁的会计处理

相关思考 8-1

作为出租人,非营利组织能够从事融资租赁业务吗

根据国家有关法律、法规的规定,非营利组织目前尚不能从事融资租赁业务,因此,非营利组织作为出租人,只能从事经营租赁业务。

(一) 出租人经营租赁概述

在经营租赁下,与租赁资产所有权有关的风险和报酬实质上并没有转移给承租人,出租人对经营租赁的会计处理也比较简单,主要问题是解决应收的租金与确认为当期收入之间的关系、经营租赁资产折旧的计提。在经营租赁下,租赁资产的所有权始终归出租人所有,因此,出租人仍应按自有资产的处理方法,将租赁资产反映在资产负债表上。

(二) 出租人对经营租赁的会计处理

如果经营租赁资产属于固定资产,则应当采用出租人对类似应计提折旧资产通常所采用的折旧政策计提折旧;否则,应当采用合理的方法进行摊销。出租人在经营租赁下收取的租金应当在租赁期内的各个期间按直线法确认为收入;如果其他方法更合理,也可以采用其他方法。

某些情况下,出租人可能对经营租赁提供激励措施,如免租期、承担承租人某些费用等。在出租人提供了免租期的情况下,应将租金总额在整个租赁期内,而不是在租赁期扣除免租期后的期间内进行分配;在出租人承担了承租人的某些费用的情况下,应将该费用从租金总额中扣除,并将租金余额在租赁期内进行分配。

(1) 非营利组织在确认各期租金收入时:

借:银行存款/其他应收款——应收经营租赁款等
　　贷:其他收入——经营租赁收入等

如果经营租金收入对于该非营利组织而言属于主要的业务活动收入,则可以增设"经营租金收入"账户核算,在确认各期租金收入时:

借:银行存款/应收账款——应收经营租赁款等
　　贷:经营租金收入等

(2) 出租人发生的初始直接费用和承租人发生的初始直接费用相类似,通常也有印花税、佣金、律师费、差旅费和谈判费等。作为出租人的非营利组织在直接费用发生时,按照实际发生的金额确认为当期费用:

借:管理费用/待摊费用等
　　贷:银行存款/现金等

【例 8-5】 承[例 8-4],假设此租金收入不属于 B 非营利组织的主要业务活动收入,作出 B 非营利组织的会计处理。B 非营利组织,对经营租赁收入按直线法分配,每年应确认收入 150 000 元。

① 2×21 年 1 月 1 日,收到预付租金。

借：银行存款 100 000
　　贷：预收账款 100 000

② 2×21 年 12 月 31 日,收到租金。

借：银行存款 100 000
　　贷：预收账款 100 000

③ 2×21 年 12 月 31 日,确认收入。

借：预收账款 150 000
　　贷：其他收入——租金收入 150 000

④ 2×21 年 1 月 1 日至 2×23 年 12 月 31 日,各月计提折旧。

借：管理费用(600 000÷5÷12) 10 000
　　贷：累计折旧 10 000

⑤ 2×22 年 12 月 31 日,收到租金。

借：银行存款 100 000
　　贷：预收账款 100 000

⑥ 2×22 年 12 月 31 日,确认收入。

借：预收账款 150 000
　　贷：其他收入——租金收入 150 000

⑦ 2×23 年 12 月 31 日,收到租金,确认收入。

借：银行存款 150 000
　　贷：其他收入——租金收入 150 000

第四节　资产负债表日后事项

一、资产负债表日后事项概述

(一) 资产负债表日后事项的定义

财务会计报告反映非营利组织在规定日期(资产负债表日)的财务状况、经营成果以及截止到规定日期为止的现金流量的变动情况。在实际工作中,有些交易或者事项是在资产负债表日以后、财务会计报告批准日之前发生的,而且这些交易或者事项对非营利组织报告期的财务状况和运营绩效可能会产生较大的影响。为了使财务会计报告的使用者能够全面、客观地了解非营利组织的财务信息,就必须评价这些交易或者事项,以确定这些交易或者事项是否应该调整将要报出的报告期的财务报告,或仅仅在附注中进行说明即可,以便使用者能够获取与公布日最为相关的可以利用的信息。

资产负债表日后事项是指资产负债表日至财务会计报告批准报出日之间发生的需要调整或说明的有利事项或不利事项。《中华人民共和国会计法》第十一条规定:"会计年度自公历 1 月 1 日起至 12 月 31 日止。"年度资产负债表日是指 12 月 31 日。资产负债表日后事项不含 12 月 31 日发生的事项。

财务会计报告批准报出日是指董事会、理事会或类似权力机构批准财务报告报出的日期,通常是指对财务报告的内容负有法律责任的单位或个人批准财务会计报告向非营利组织外部公布的日期。这里的"对财务会计报告的内容负有法律责任的单位或个人"一般是指单位负责人、董事会、理事会或类似的权力机构。

(二)资产负债表日后事项的涵盖区间

资产负债表日后事项涵盖的期间是指资产负债表日后至财务会计报告批准报出日之间,但是不包括资产负债表日发生的事项,因此,其实际涵盖的期间是从资产负债表日的次日起,截至财务会计报告批准报出的当日。

值得说明的是,董事会、理事会以及其他类似权力机构批准财务会计报告可以对外公布的日期至非营利组织实际对外公布的日期之间发生的事项,也属于资产负债表日后事项,按照资产负债表日后事项的处理原则进行处理。由此影响财务会计报告对外公布日期的,以董事会、理事会以及其他类似权力机构再次批准对外公布的日期为准。

【例 8-6】 甲非营利组织 2×23 年的年度财务会计报告于 2×24 年 2 月 12 日编制完成,注册会计师完成整个年度审计工作并签署审计报告的日期为 2×24 年 4 月 10 日,经理事会批准财务报告可以对外公布的日期为 2×24 年 4 月 16 日,财务会计报告实际对外公布的日期为 2×24 年 4 月 19 日,会员大会召开日期为 2×24 年 5 月 6 日。

二维码 8-4
调整事项与
非调整事项
的确定

则财务会计报告批准报出日为 2×24 年 4 月 16 日,资产负债表日后事项的时间区间为 2×24 年 1 月 1 日(含 1 月 1 日,下同)至 2×24 年 4 月 16 日。

(三)资产负债表日后事项的内容

对于资产负债表日后事项,应当区分调整事项和非调整事项进行处理。对于非营利组织的资产负债表日后事项,应当区分调整事项和非调整事项进行处理。

1. 调整事项

根据《民间非营利组织会计制度》的规定,调整事项是指资产负债表日后至财务会计报告批准报出日之间发生的,为资产负债表日已经存在的情况提供了新的或进一步的证据,有助于对资产负债表日存在情况有关的金额作出重新估计的事项。非营利组织应当就调整事项,对资产负债表日所确认的相关资产、负债和净资产,以及资产负债表日所属期间的相关收入、费用等进行调整。

(1)调整事项的主要特点如下。

① 在资产负债表日或以前已经存在,资产负债表日后得以证实的事项。

② 对按资产负债表日存在状况编制的会计报表存在重大影响的事项。

(2)主要的调整事项如下。

① 已证实非营利组织的资产发生了减损。这一事项是指在年度资产负债表日以前,或在年度资产负债表日,根据当时资料判断非营利组织的某项资产可能发生了损失或永久性减值,但没有最后确定是否会发生,因而按照当时最好的估计金额反映在会计报表中。但在年度资产负债表日至财务会计报告批准报出日之间,所取得的新的或进一步的证据能证明该事实成立,即某项资产已经发生了损失或永久性减值,则应对资产负债表日所作的估计予以修正。

② 销售退回。这一事项是指在资产负债表日以前或资产负债表日,非营利组织根据合同规定所销售的物资已经发出,当时认为与该项物资所有权相关的风险和报酬已经转移,货款能够收回,根据收入确认原则确认了收入并结转了相关成本费用。即在资产负债表日非营利组织确认为已经销售,并在会计报表上反映。但在资产负债表日后至财务会计报告批准报出日之间所取得的证据证明该批已确认为销售的物资确实已退回,应作为调整事项,进行相关的账务处理,并调整资产负债表日编制的会计报表有关收入、费用、资产、负债和净资产等项目的数字。

③ 非营利组织已确定的获得或支付的赔偿。这一事项是指在资产负债表日以前,或资产负债表日已经存在的赔偿事项,资产负债表日至财务会计报告批准报出日之间提供了新的证据,表明非营利组织能够收到赔偿款或需要支付赔偿款。这一新的证据如果对资产负债表日所作的估计需要调整,则应对会计报表进行调整。

④ 重大会计差错。这一事项是指非营利组织发现的使本期编制的报表不再具有可靠性的会计差错,一般是指差错的性质比较严重或者差错的金额比较大。该差错会影响报表使用者对非营利组织过去、现在或者未来的情况作出评价或者预测,则认为性质比较严重,如未遵循非营利组织会计制度、财务舞弊等原因而产生的差错。通常情况下,导致差错的交易或者事项对报表某一具体项的影响或者累积影响金额占该类交易或者事项对报表同一项目的影响金额的10%及以上,则认为金额比较大。非营利组织滥用会计政策、会计估计及其变更,应当作为重大会计差错予以更正。本报告期发现的与前期相关的重大会计差错,如影响收入、费用的,应当按照其对收入、费用的影响数或者累积影响数调整发现当期期初的相关净

资产项目,并调整其他相关项目的期初数;如不影响收入、费用,则应当调整发现当期相关项目的期初数。经上述调整后,视同该差错在差错发生的期间已经得到更正。

2. 非调整事项

非调整事项是指资产负债表日后至财务会计报告批准报出日之间才发生的,不影响资产负债表日的存在情况,但不加以说明将会影响财务会计报告使用者作出正确估计和决策的事项。非营利组织应当在会计报表附注中披露非调整事项的性质、内容,以及对财务状况和业务活动情况的影响。如无法估计其影响的,应当说明理由。

非调整事项的主要特点包括:① 资产负债表日并未发生或存在,完全是日后才发生的事项。② 对理解和分析财务会计报告有重大影响的事件。

主要的非调整事项如下。

(1) 对外巨额投资。这一事项是指非营利组织在资产负债表日后决定对外巨额投资。这一事项属于非营利组织的重大事项,虽然这一事项与非营利组织资产负债表日存在状况无关,但应对这一事项进行披露,以使财务报告使用者了解非营利组织对外巨额投资可能带来的影响。

(2) 自然灾害导致的资产损失。这一事项是指资产负债表日后发生的、由于自然灾害导致的资产损失。自然灾害导致的资产损失,不是非营利组织主观上能够决定的,而是不可抗力造成的。但这一事项对非营利组织财务状况所产生的影响,如果不加以披露,则有可能使财务会计报告使用者产生误解,导致其作出错误的决策。因此,自然灾害导致的资产损失应作为一个非调整事项在会计报表附注中进行披露。

(3) 外汇汇率发生较大变动。这一事项是指在资产负债表日后发生的外汇汇率的较大变动。由于非营利组织已经在资产负债表日按照当时的汇率对有关账户进行调整,故无论资产负债表日后的汇率如何变化,均不应影响按资产负债表日的汇率折算的会计报表数字。但是,如果资产负债表日后汇率发生较大变化,则应对由此产生的影响在会计报表附注中进行披露。

(4) 重大的净资产重分类。这一事项是指非营利组织在资产负债表日后至财务会计报告报出日之间发生的金额重大的限定性净资产和非限定性净资产之间的重分类。非营利组织净资产的重分类将会直接影响到净资产的结构组成,这个信息对财务会计报告使用者而言非常重要,因此,这个事项虽然与资产负债表日的存在状态无关,但如果金额重大,则需要在会计报表附注中进行披露。

(5) 发生重大的会计政策变更。这一事项是指非营利组织在资产负债表日后至财务会计报告报出日之间决定对某些重大会计政策进行变更。重大会计政策变更将会影响报告期后的财务状况和运营结果,应当作为非调整事项,在会计报表附注中进行披露。

二、调整事项的处理

非营利组织在资产负债表日后发生的事项,首先应当区分是属于调整事项还是非调整事项。对于其中的调整事项,应进行相关的账务处理,并调整资产负债表日已编制的会计报表;对于其中的非调整事项,应在会计报表附注中披露。

资产负债表日后发生的调整事项,应当如同资产负债表所属期间发生的事项一样,作出相关账务处理,并对资产负债表日已编制的会计报表作相应的调整。这里的"会计报表"包括资产负债表、业务活动表以及相应附注和现金流量表附注。由于资产负债表日后事项发生在次年,上年度的有关账目已经结转,特别是收入费用类科目在结账后已无余额,因此,资产负债表日后发生的调整事项,应当分别以下情况进行账务处理。

(1)如果因调整增加以前年度收入、减少以前年度费用而涉及调整非限定性净资产或限定性净资产,则应当就调整后"以前年度净资产调整"涉及非限定性净资产或限定性净资产的科目余额转入"非限定性净资产"或"限定性净资产"科目,即借记"非限定性净资产"或"限定性净资产"科目,贷记"以前年度净资产调整"相关明细科目。

如果因调整减少以前年度收入、增加以前年度费用而涉及调整非限定性净资产或限定性净资产,则应当就调整后"以前年度净资产调整"涉及非限定性净资产或限定性净资产的科目余额转入"非限定性净资产"或"限定性净资产"科目,即借记"以前年度净资产调整"相关明细科目,贷记"非限定性净资产"或"限定性净资产"科目。

经上述调整后,应将"以前年度净资产调整"科目的余额转入净资产,借记或贷记"非限定性净资产""限定性净资产"科目,贷记或借记"以前年度净资产调整"科目相关明细科目。期末结转后,"以前年度净资产调整"科目应无余额。

(2)报告期间资产负债表日至财务会计报告批准报出日之间发生的报告期间或以前期间的销售退回,应当作为资产负债表日后事项的调整事项处理,调整报告期间会计报表的相关项目:按照应冲减的商品销售收入,借记"非限定性净资产"科目(如果所调整收入属于限定性收入,应当借记"限定性净资产"科目),按照已收或应收的金额,贷记"银行存款""应收账款""应收票据"等科目;按照退回商品的成本,借记"存货"科目,贷记"非限定性净资产"科目(如果所调整费用属于限定性费用,应当贷记"限定性净资产"科目)。如果该项销售已发生现金折扣,则应当一并处理。

（3）通过上述账务处理后,还应同时调整会计报表相关项目的数字,包括。

① 资产负债表日编制的会计报表相关项目的数字。

② 当期编制的会计报表相关项目的年初数。

③ 提供比较会计报表时,还应调整相关会计报表的上年数(或上期数)。

④ 经过上述调整后,如果涉及会计报表附注内容的,还应当调整会计报表附注相关项目的数字。

三、非调整事项的处理

(一)非调整事项的处理原则

资产负债表日后发生的非调整事项是资产负债表日以后才发生或存在的事项,不影响资产负债表日的存在状况,不需要对资产负债表日编制的会计报表进行调整。但由于事项重大,如不加以说明,将会影响财务报告使用者作出正确的估计和决策,因此,应在会计报表附注中加以披露,即在会计报表附注中说明事项的性质、内容,以及对财务状况和业务活动情况的影响,以补充资产负债表日财务会计报告的信息。如果无法作出估计,则应当说明无法估计的理由。

(二)非调整事项的具体会计处理方法

资产负债表日后事项如属于非调整事项,由于这类事项与资产负债表日的存在状况无关,调整会计报表是不恰当的,通常会导致在获得收入或发生费用的日期之前报告这些金额。因此,对于非调整事项,不需要进行账务处理,也不需要调整会计报表。但是,财务报告应当反映最近的相关信息,以满足财务报告及时性的要求。

同时,由于这类事项可能很重大,如不加以说明,将会影响财务报告的使用者对非营利组织财务状况和经营成果作出正确的估价和决策,因而需要在会计报表附注中说明事项的内容,估计其对财务状况、经营成果的影响,以提供会计数据来补充资产负债表日编制的财务报告的信息。如无法对资产负债表日后才发生或存在的事项对财务报告数据的影响作出估计,则应说明其原因。

以下为比较常见的非调整事项的例子,均假定财务报告批准日为次年的4月30日。

【例8-7】 某非营利组织2×23年1月18日收到一批捐赠物资,价值为200万元,捐赠人当时要求该非营利组织将这批物资用于某福利机构的房屋翻新。该非营利组织于当日确认了一项限定性捐献收入,并于2×23年12月31日将尚未使用的价值120万元的物资转入限定性净资产。2×24年2月1日,捐赠人撤销了对该批捐赠物资的限制,允许该非营利组织自主使用剩余的物资。对于此项净资产的重分类,该非营利组织应在 2×23 年会计报表附注中进行披露。

【例8-8】 甲非营利组织 2×23 年 9 月销售给乙企业一批产品,货款为 100 万元,乙企业收到物资验收入库后开出 6 个月承兑的商业汇票。

甲非营利组织于 2×23 年 12 月 31 日编制 2×23 年度会计报表时,将这笔应收票据列入资产负债表"应收票据"项目内。甲非营利组织 2×24 年 1 月 20 日收到乙企业通知,乙企业由于发生火灾,大部分厂房和设备烧毁,已无力偿付所欠货款。对于这一非调整事项,甲非营利组织和乙企业均应在 2×23 年度会计报表附注中进行披露。

【例8-9】 2×23 年 1 月 20 日,甲非营利组织经董事会决定以 300 万元购买两家小型企业,使其成为甲的全资子公司,购买工作于 2×23 年 4 月 19 日结束。该非营利组织应在 2×22 年度会计报表附注中对这一非调整事项进行披露。

【例8-10】 甲非营利组织于 2×24 年 2 月 10 日向商业银行申请一笔贷款,金额为 800 万元,期限为 1 年。乙非营利组织为甲非营利组织的上述贷款提供担保。对于这一非调整事项,甲非营利组织和乙非营利组织均应在 2×23 年度会计报表附注中进行披露。

上述四个例子是实务中常见的非调整事项。根据《民间非营利组织会计制度》提供的非调整事项的判断原则,下列事项也属于非调整事项。

（1）非营利组织合并或非营利组织控制股权的出售。

（2）资产负债表日后董事会作出的债务重组的决定。

（3）资产负债表日后出现的情况引起的固定资产或投资上的减值。

第五节 | 会计政策变更

一、会计政策变更概述

(一) 会计政策概述

会计政策是指非营利组织在会计确认、计量和报告中所采用的原则、基础和会计处理方法。会计政策具有以下特点。

（1）会计政策包括不同层次,涉及具体会计原则和具体会计处理方法。会计政策定义中所指的具体原则,是指非营利组织按照《民间非营利组织会计制度》的规定和有关会计制度制定的非营利组织内部会计制度中所采用的会计原则。具体会计处理方法是指非营利组织在诸多可选择的会计方法中所选择的、适合于本组织具体情形的会计处理方法,体现了会计政策的不同层次。

（2）会计政策是在允许的会计原则和会计方法中作出的具体选择。由于非营利组织业务的复杂性和多样化,某些业务活动可以有多种会计处理方法,即存在不止一种可供选择的会计政策。例如,存货的计价,可以有先进先出法、加权平均法、个别计价法等;固定资产折旧方法可以有年限平均法、工作量法、双倍余额递减法、年数总和法等。非营利组织在发生某项业务活动时,必须从允许的会计原则和会计处理方法中选择出适合本组织特点的会计政策。

(3) 会计政策是指特定的会计原则和会计处理方法。会计政策中所讲的原则是指特定会计原则,是针对某一类会计业务的特定原则,而不是笼统地指所有的会计原则。如客观性、及时性、可比性、一贯性等原则就不属于特定的会计原则,而是一般会计原则,不属于会计政策。因为这些原则是非营利组织必须遵循的,是会计核算的基本前提,或者说是会计信息的质量要求,因此不属于会计政策。

(二) 非营利组织采用的会计政策

在我国,会计准则和会计制度属于行政法规,会计具体原则和具体会计处理方法绝大多数都是由会计准则或会计制度规定的,非营利组织基本上是在法规所允许的范围内选择适合本组织实际情况的会计政策。非营利组织在会计核算中应当采用或者允许选择采用的会计政策如下。

(1) 合并政策,即编制合并会计报表所采纳的原则,如非营利组织与被投资单位的会计年度不一致的处理原则;确定合并范围的原则等。

(2) 外币折算,即所采用的外币折算方法以及汇兑损益的处理,如外币报表折算是采用现行汇率法,还是采用时态或其他方法。

(3) 收入确认,即收入确认的原则和方法,包括交换交易收入和非交换交易收入的确认原则。

(4) 所得税,即非营利组织所得税的会计处理方法,如所得税是采用应付税款法,还是采用纳税影响会计法。

(5) 存货的计价,即非营利组织存货的计价方法。例如,是采用先进先出法,还是采用加权平均法或其他所允许的方法;是采用历史成本法,还是采用成本与可变现净值孰低法。

(6) 长期投资的核算,即长期投资的核算方法。例如,长期股权投资是采用成本法核算,还是采用权益法核算;长期债权投资的折溢价,是采用直线法摊销,还是采用实际利率法摊销。

(7) 坏账损失的核算,即坏账损失的核算方法,如对坏账损失是采用直接转销法,还是采用备抵法。

(8) 借款费用的核算,即借款费用的处理方法,如借款费用是予以资本化,还是计入当期损益。

(三) 会计政策变更

会计政策变更是指非营利组织对相同的交易或事项由原来采用的会计政策改用另一会计政策的行为,也就是说,在不同的会计期间或同一会计期间的不同时点执行不同的会计政策。会计政策变更,并不意味着以前期间的会计政策是错误的,只是由于情况发生了变化,或者掌握了新的信息、积累了更多的经验,使得变更会计政策能够更好地反映非营利组织的财务状况和经营成果。如果以前期间会计政策的运用是错误的,则属于会计差错,应按会计差错更正的会计方法进行会计处理。

❓ 相关思考8-2 ······

非营利组织采用的会计政策可以随意变更吗

根据《民间非营利组织会计制度》的规定,非营利组织采用的会计政策前后各期应当保持一致,不得随意变更。若确实需要变更会计政策,则应当将变更的情况、变更的原因及其对非营利组织财务状况和经营成果的影响,在财务会计报表中进行说明。

《民间非营利组织会计制度》规定了非营利组织变更会计政策的两种情形:

一是法律或会计制度等行政法规、规章的要求。这种情况是指如果国家制定了新会计准则或会计制度,或修订了原有的会计准则或会计制度,则要求变更会计政策。

二是这种变更提供的会计信息能够更可靠地反映非营利组织的财务状况、业务活动情况和现金流量等。

非营利组织选择会计政策,总是根据当时非营利组织所处的特定经济环境以及某类业务的实际情况作出选择。但是随着经济环境和客观情况的变化,继续采用原来的会计政策不能公允地反映该类业务实际情况时,就需要改变会计政策。例如,非营利组织原来对固定资产采用直线法计提折旧,但随着技术进步,采用加速折旧法更能反映非营利组织的财务状况和经营成果。这表明,非营利组织只有改变原来采用的会计政策,才能提供更为可靠、更为相关的信息。

二、会计政策变更的处理

(一) 会计政策变更的处理原则

根据《民间非营利组织会计制度》的规定,非营利组织应当采用追溯调整法核算会计政策的变更。如果追溯调整法不可行,则应当采用未来适用法核算。如果相关法律或会计制度等另有规定,则应当按照相关规定进行核算。

由于非营利组织只有在两种情况下可以变更其会计政策,因此,应当根据会计政策变更时的具体情况进行会计处理。

（1）根据法律或国家统一的会计制度等行政法规、规章的要求变更会计政策，分别按照情况处理。

① 如果国家对此发布了相关的会计处理办法，则按照国家发布的相关会计处理规定进行处理。例如，在《民间非营利组织会计制度》发布后，考虑到其与非营利组织原来执行的《事业单位会计制度》差异较大，财政部为此发布了《非营利组织新旧会计制度有关衔接问题的处理规定》，其中要求补提固定资产折旧、无形资产摊销，并对相关资产减值准备以及部分资产、负债项目账面价值等进行追溯调整。

② 如果国家没有发布相关的会计处理方法，则应当采用追溯调整法进行会计处理。所谓追溯调整法，是指对某项交易或者事项变更会计政策时，如同该交易或者事项初次发生时就开始采用新的会计政策，并以此对相关项目进行调整的方法。

（2）由于经济环境、客观情况的改变而变更会计政策，以便提供有关财务状况、业务活动情况和现金流量等更真实、更可靠的会计信息，在这种情况下，应当采用追溯调整法进行会计处理。

（3）在上述两种情况下，如果会计政策变更的累积影响数不能合理确定，均应当采用未来适用法进行会计处理。

 延伸阅读8-2

未来适用法

所谓未来适用法，是指将变更后的会计政策和会计估计应用于变更日及以后发生的交易或者事项，或者在会计差错发生或发现的当期更正差错的方法。

（4）如果不易区别会计政策变更和会计估计变更，均视为会计估计变更，采用未来适用法进行核算。会计估计变更，是指由于资产和负债的当前状况及预期经济利益和义务发生了变化，从而对资产或负债的账面价值或者资产的定期消耗金额进行调整。

（二）追溯调整法的会计处理

在追溯调整法下，非营利组织应当计算会计政策变更的累积影响数，并调整期初净资产，会计报表其他相关项目也相应进行调整。追溯调整法通常由以下四个步骤构成。

（1）计算会计政策变更的累积影响数。会计政策变更的累积影响数是指按变更后的会计政策对以前各期追溯计算的变更年度期初净资产应有的金额与现有的

金额之间的差额,即会计政策变更的累积影响数,是以下两个金额之间的差额:

① 在变更会计政策的当年,按变更后的会计政策对以前各期追溯计算,所得到的年初净资产金额;

② 变更会计政策当年年初的净资产金额。

上述第②项,变更会计政策当年年初的净资产,即为上期资产负债表所反映的净资产,可以从上年资产负债表项目中获得;需要计算确定的是第①项,即按变更后的会计政策对以前各期追溯计算,所得到的年初净资产金额。

(2)进行相关的账务处理。

(3)调整会计报表相关项目。

(4)在会计报表附注中予以披露。

【例 8-11】 甲非营利组织在 2×24 年以前对应收账款和其他应收款采用应收账款余额百分比法计提坏账准备。2×24 年年初,该非营利组织决定变更坏账准备的计提方法,将应收账款余额百分比法变更为账龄分析法。假设采用账龄分析法对 2×24 年期初的坏账准备不能合理进行调整,因此,该非营利组织对上述会计政策变更采用未来使用法进行处理。在 2×24 年年末,该非营利组织对其应收账款和其他应收款进行账龄分析,并据此计提当年坏账准备,而无须对以前年度的坏账准备和期初净资产进行调整。假设该非营利组织在 2×23 年年末应收账款和其他应收款的余额是 1 000 000 元,按照 3‰ 计提坏账准备,则 2×23 年年末坏账准备的期末贷方余额为 30 000 元。2×24 年年末,根据账龄分析法坏账准备的贷方余额应为 45 000 元。该非营利组织的会计处理如下:

计提 2×24 年的坏账准备

借:管理费用　　　　　　　　　　　　　　　　　　　　　　　　15 000
　　贷:坏账准备　　　　　　　　　　　　　　　　　　　　　　　　15 000

本 章 小 结

本章主要学习了非营利组织特殊交易或特殊事项的会计处理方法。通过本章的学习,我们掌握了受托代理业务、非货币性交易、租赁的核算方法;理解了资产负债表日后事项以及会计政策变更的相关规定。我们进一步明确了这些特殊交易和特殊事项在非营利组织中的会计处理原则。此外,我们探讨了会计政策变更的原因和处理原则。这些内容为我们提供了处理非营利组织特殊交易和特殊事项的全面指导,有助于我们更好地理解和应用相关会计准则和政策。

本章重要概念

受托代理业务 受托代理资产 受托代理负债 非货币性交易 补价 融资租赁 经营租赁 资产负债表日后事项 调整事项 非调整事项 会计政策 会计政策变更 追溯调整法 未来适用法

本 章 练 习

一、单选题

1. 民间非营利组织收到的受托代理资产如果是银行存款,相应的会计处理为:借记"银行存款——受托代理资产"科目,贷记( )科目。
   A. "应付账款"   B. "应付票据"
   C. "预收账款"   D. "受托代理负债"

2. 某民间非营利组织根据委托代理协议,将一批价值50 000元的教学设备转赠西部地区某学校,用于帮助其改善教学条件。应借记"受托代理负债——某学校",贷记( )科目。
   A. "应付账款——教学设备"   B. "应付票据——教学设备"
   C. "预收账款——教学设备"   D. "受托代理资产——教学设备"

3. 关于融资租赁的条件,以下描述正确的是( )。
   A. 租赁期届满时,租赁资产的所有权自动转移给承租人,但承租人没有购买租赁资产的选择权
   B. 承租人拥有购买租赁资产的选择权,且所订立的购价预计远高于行使选择权时租赁资产的公允价值
   C. 租赁期占租赁资产尚可使用年限的75％以上(含75％),且租赁开始日最低租赁付款额的现值几乎相当于租赁开始日租赁资产原账面价值的90％以上(含90％)
   D. 租赁资产性质特殊,如果作重新改制,其他单位也可以使用

4. 以下属于非货币性资产的特点的是( )。
   A. 其在未来带来的经济利益是确定且可预见的
   B. 主要涉及货币性资产的交换,有明确的现金流入或流出
   C. 其为非营利组织带来的经济利益,即货币金额可能不确定或不可确定
   D. 不包括在非营利组织的资产负债表所列示的项目中

5. 关于非营利组织调整事项的处理原则,以下描述正确的是( )。

A. 资产负债表日后发生的所有事项,均应在会计报表附注中披露,无需进行账务处理

B. 调整事项应当如同资产负债表所属期间发生的事项一样,作出相关账务处理,并调整会计报表

C. 资产负债表日后发生的调整事项,由于上年度账目已结转,因此无需进行任何调整

D. 涉及收入、费用的调整事项,应直接调整利润表中的相关项目,而非净资产科目

二、判断题

1. 受托代理资产是指民间非营利组织接受委托方委托从事受托代理业务而收到的资产。 （ ）

2. 某民间非营利组织接受某企业委托,将一批价值 50 000 元的教学设备和现款 30 000 元转赠西部地区某学校,用于帮助其改善教学条件。收到受托资产时,该民间非营利组织贷记"受托代理负债——某学校"科目。 （ ）

3. 民间非营利组织对于受托代理资产,应当一律按照公允价值进行确认和计量。 （ ）

4. 2×24 年 12 月 31 日,某民间非营利组织在资产负债表中反映受托代理资产 180 000 元和受托代理负债 180 000 元,不需要在报表附注中披露该受托代理业务的详细情况。 （ ）

5. 在经营租赁下,与租赁资产所有权有关的风险和报酬实质上并没有转移给承租人。 （ ）

三、简答题

1. 受托代理业务和捐赠业务的主要区别是什么?

2. 如何区分非货币性交易?

3. 确定融资租赁的具体标准是什么?

4. 如何判断资产负债表日后事项?

5. 在什么情况下,可以进行会计政策变更?

参 考 文 献

[1] 王彦,王建英,赵西卜.政府与非营利组织会计[M].8 版.北京:中国人民大学出版社,2024.

[2] 崔英波.政府与非营利组织会计[M].北京:经济科学出版社,2020.

[3] 杨远震,彭莉.政府与非营利组织会计[M].5 版.北京:中国财政经济出版社,2024.

[4] 民间非营利组织会计实务研究组.新编民间非营利组织会计制度解读与操作指南[M].北京:中国财政经济出版社,2021.

[5] 李贺.政府与非营利组织会计:理论实务案例实训[M].2 版.上海:上海财经大学出版社,2024.

[6] 常丽,何东平.政府与非营利组织会计[M].北京:中国人民大学出版社,2024.

[7] 罗伟峰,金舜.高校基金会会计若干问题研究:基于《若干问题的解释》[J].财会通讯,2024(15):163-166.

[8] 张思强,吕延荣.SNA 对民间非营利组织接受服务捐赠会计规范的启示[J].财会月刊,2025,46(5):68-72.